カナダ多文化主義の功罪

モザイクの狂気

レジナルド・W・ビビー
太田徳夫／町田喜義 訳

南雲堂

Mosaic Madness
The Poverty and Potential of Life in Canada
Reginald W. Bibby

「モザイクの狂気」日本語版への序

筆者が『モザイクの狂気』の中で伝えようとした色々な考えを日本の読者にも理解してもらえるということは非常に喜ばしいことである。実は、この二週間、本書の英語の三刷りの出版準備のため、再び内容を吟味する機会を得たが、カナダ及び諸外国における最近の情勢変化を考察するにつけ、本書の基本的メッセージは、文化的多元主義の現実に対処しようとしている諸外国にとっていまだに有意義なものであると思われる。

カナダでは、最近、多元主義がかなり批判の対象となっているが、その理由は漠然としたものではない。理想的には、文化の多様性を強調することは、すべての人に生活の向上をもたらすはずであったが、現実にはその反対に、多文化主義は、寛容や平等などのような命題と同義の月並みな目的そのものと化してしまっている。我々の多様性の素材は、個人的また国家的資産に変換されていない。それ故、それは祝福すべき理由にはなっていないのである。

文化の多様性は、もちろん、潜在的には計り知れない国家的財産である。ある社会が、幅広く様々な社会構造と生活様式、考えと経験、価値と信条に触れた人々によって構成されている場合、その社会がそこから汲み出せる文化の泉は飛躍的に増大する。一番大切なことは、すべての人のために、如何にその多様性を最大限活用するかを見付け出すことである。

中心となる大切なことは、人々が、「より良い」ものと「一番良い」ものとを区別できるように、共に自分達の豊富な考えや行動を見直すことができるような環境づくりをすることである。社会が文化の多様性から利益を得るとしたら、このような率直で活発な意見交換は当然必要である。

逆に、もし我々が、お互いに交流したり、批判し合ったり、我々の多様な文化から最善の要素を引き出したりすることができなければ、この多様性はすべての人の生活を豊かにすることにつながらないだろう。であるから、我々の多様性を祝福する理由はあまりないのである。これが一九九〇年代におけるカナダの現状である。

人々は、すぐさま、日本はその歴史の中で一五〇〇年余の間、人種的に見ると非常に同質であったことを指摘する。国民の大多数が、強固な社会化、特に家庭と学校における努力の結果、同様な信条、価値観、そして行動を共有すると言われる。福利の追求において、個人より集団がはるかに強調される。それは、例えば、家庭生活や友情が強調されること、他の人から認められたいという欲求、集団で行う冠婚葬祭などの儀式、道徳教育のクラス、そして権威に対する尊敬の気持ちなどに如実に見られる。

しかしながら、このような文化的同質性に対する挑戦が始まっていることを示す徴候も存在する。特に、アメリカ化という形での世界化、及び、多くの環太平洋諸国の急速な経済的、文化的発展は、日本に対してますます大きな影響を与えている。これに付帯する個人主義・自由・多元主義という顕著な命題は、他の国と同じように日本でも日増しに強く感じられるであろう。移民政策、女性の役割、高等教育への機会、文化保護の必要性、倫理的・宗教的多様性に対する対応というような事柄に関してますます意見の衝突が予測される。

カナダや他の高度に発展した社会と同様に、日本も、集団を強調するか個人を強調するか、また、見解を発表することを奨励するか、何がより良く、何が最善かを決定することの間に横たわる見失いがちな均衡を探すことを余儀なくされるであろう。

私は、『モザイクの狂気』が、日本の読者のカナダ及び多様性に対する我々のいささか独特な努力に関する理解を深める一助となることを希望する。しかし、もっと大切なことは、読者の皆さんが、自国において理想的な個人生活と社会生活を追求する時に、我々が試みてきたことから何かを学んでくれることである。

一九九四年七月

アルバータ州、レスブリッジにて

レジナルド・W・ビビー

まえがき

この本は時代を何とか解釈しようと試みたものである。昨今は必要な情報にはまったく事欠かない。それどころか、メディアと教育のおかげで、データやアイディアは我々の頭にうなるほど入っている。しかし、そのことと、それらすべてがどういう意味を持つかを理解することとはまた別の話である。我々は特定の限られた物事に専念する余り、また往々にして歴史的視点が欠如しているために、少数のことには多くの知識を持っているが、多くのことに関してはほとんど知らないという結果に陥り易い。

私の仕事についてよく御存じの読者は、私が情報を作り出すことにかなりのエネルギーを費してきたのを知っていられるであろう。私の研究の中心は、プロジェクト・カナダ全国調査と言われるもので、これは一九七五年以来、五年に一度施行されている。この大人対象の調査を補完するものとして、プロジェクト・ティーンカナダ全国青年調査があり、これは一九八四年及び一九八七年にドン・ポステルスキーと共同で行なった。

このようなデータ蒐集は、私が「シマリス的思考」と呼ぶものに起因している。シマリスが木の幹から現われて、枝を駆け巡り、後足で立って外界で何が起きているかを知ろうとするように、私も徹頭徹尾社会に好奇心を持っていると言える。率直に言って、私は、方法や理論、いや、あるいは社会学そのものにも、そんなに興味を持っていない。しかし、世界がどう動いているかを探り出すことには大いに関心を寄せている。データであれ、方法論であれ、社会学であれ、何でもシマリスの好奇心を満たすために役立つのであれば、それなりに使い道があると思っているだけである。

であるから、本書の内容はさして驚くにあたらないであろう。我々の過去と現在に関する入手可能な情報を基にして、現在起きていることに「意味付けをする」一つの試みが本書である。それ故、私より理論的な背景やデータ分析に興味のある読者は恐らくがっかりされるかもしれない。

この本を書くにあたって、筆者は他の著者に多くを負っている。カナダ社会を分析するための枠組みは、主に次の二つの著作に刺激を受けている。『心の習慣』を書いたロバート・ベラーと彼の有名な「他」の共著者（リチャード・マドセン、ウィリアム・サリバン、アン・スウィドラー、スティーブ・ティプトン）、それに、『アメリカン・マインドの終焉』のアラン・ブルームである。これらのアメリカ人達は、まったく偶然にも、アメリカ合衆国よりもカナダに適している批評を与えてくれた。

カナダ社会をこのように広範に扱う努力が可能になったのは、他の多くの著者や学者の素晴らしい貢献に多大に負うことができたからである。中でも、とりわけ次の人達が挙げられる。ハワード・パーマー（グループ間関係）、ドリス・アンダーソン（女性）、ケビン・クリスティアノ（ピエール・トルードー）、シーモア・リプセット（カナダとアメリカの比較）、そしてジェイムズ・カーティスとローン・テッパーマン編のカナダ社会生活に関する優れた分析。ギャラップ社は、古くは一九四〇年代にも遡れるその調査を通じて、カナダ人の態度・姿勢に関しての宝庫を蓄積してくれている。私は、その調査結果のいくつかを本書に掲載させてくれたカナダ・ギャラップ社に大いに感謝の意を表したい。カナダ統計局「統計カナダ」によって作成されたデータは、言うまでもなく、カナダ社会を理解するためにはこれからも必要不可欠であり続けるであろう。その素晴らしい出版物『カナダの社会動向』を通じて明らかになった事柄を含め、いわゆる「統カ」資料を使わせてもらえたことは非常にありがたかった。

本書では二つの概念をかなり頻繁に使っている。一つは個人主義である。それは、個人を全体に優先させる傾向と規定できる。もう一つは相対主義である。これは、行動規範や考えを普遍的ないしは「絶対的」ととらえずに、個人またその環境によって変化し得るものであり、結果としてそれらは選ばれたものなのであるから、同等の価値を持つ、とみなす傾向のことである。この二つの概念は、元々学者の間に起源を発するが、私の関心は、それらが象牙の塔の発祥地からさ迷い出て、どの程度平均的カナダ人の間を徘徊しているかを探ることにある。恐らく、たいていのカナダ人はこの二つのとらえにくい概念が存在していることさえもあまりはっきり認識していないであろうし、定義してほしいと言われたら困るであろう。彼らは、電気製品やＶＴＲを使うのと同じように、中身が分からずに、使用しているだけなのである。

先ず、本書に関して起こり得る可能性のある三つの問題を予測してみよう。第一は、概念に関してであるが、読者の中には、前述した二つの伝統の重荷を背負った用語の使い方が、余りにも大雑把過ぎると思われる方があるかもしれない。しかし、ここで、私にとっては、定義というものは単に概念の本質をとらえようとするためのものであるということを強調しておきたい。であるから、もし私が記述していることが、他の人が個人主義や相対主義と呼んでいるものに適合していなかったり、その全体を扱っていないとしたら、恐らく、私は自分の概念に別のレッテルを貼る必要があるであろう。しかし、私の関心はこの二つの標語にあるのではなく、カナダ社会における二つの重要なパターンにあるのである。この主題を、定義に関する論議の陰に失いたくないと思う。

第二に、データについてであるが、他の読者は、私が、この二つの概念がカナダ社会の過去と現在の色々な側面に関わってきた度合いを探りたい余り、間口を広げ過ぎたという批判をされるかもしれない。そういう人達には、歴史や、個人間また組織の中で起こっていることに関する私の取り扱い方を、この主題に焦点を当てるためのつたない解説的試みとみなして、主題そのものに注目されるようお薦めする。また、この本が対象としている広範な分野の専門家に望むことは、単に、私にもっとデータを付け加えるよう求めるだけでなく、この主題が、自分が知っている限りの情報にどのぐらい適合するかを自身に問うてもらいたいということである。

第三に、首尾一貫性についてであるが、ある読者は、私が、過度の相対主義に批判的でありながら、私自身が、家庭生活や性的な事柄や宗教のような題目について述べる時、絶対的な回答を与えていないと言うかもしれない。確かにその通りである。私が相対主義に感じている問題は、それがいつも不適切だということではない。明らかにある事柄は相対的である。私が心配しているのは、相対主義が昂じると、我々が、色々な思考や態度を自由に評価することに目をつぶってしまうことである。であるから、私がここで訴えているのは、正確さと最善の追求である。このような探求を通じて初めて、我々は、どんな行動様式やどの思想が、福利と「真理」にとって相対的であるか、それに反して、どれが実際に「より良い」のか「一番良い」のか、に関しての理解を得ることができるのである。

過去においては、すでに絶対的な解答が与えられているということを前提に、この探求を度外視してしまった人達があった。現在では、多くの人が、すでに相対的な解答があるという前提で、それ以上の探求を放棄している。この方法論は両者とも同様に狭量である。それだけでなく、もっと問題なのはどちらもうまくいかないことである。例えば、絶対的価値を信じて行動している人が、解決が明白でない状況に遭遇することがある。また、相対主義的な考えを持っている人が、解決が明白である様々な状況にぶつかることもある。

私が本書で提供しているのは、記述と方法論的処方箋である。それ故、ほとんどの答えが正しいかどうかは将来が証明してくれるであろう。

本書の執筆はかなり大変な仕事であった。その構想を初めに分かち合ってくれたドン・ポステルスキー、それに私の苛酷なスケジュールに耐えてくれた多くの人々、特に私の両親とレジー、デイブ、ラスに感謝したい。また、ストダート出版社のドナルド・G・バスティアン氏には、私の前書『出現する新世代』と『分裂した神々』の時と同様、本書の執筆にあたって頂戴したその洞察力と天分、ユーモアと友情に心から感謝の意を表したい。

私は人生を愛している。そして人生の最善なるものは、我々の頭脳と心を調和させることによって見つかると信じている。この『モザイクの狂気』が思想を刺激し、感情をゆさぶり、カナダ人がより優れた明晰さを持って可能性を追求することの一助になってくれればというのが私の希望である。

目次

序論

一九九〇年代は世界的に目覚ましい変化の時代である。一九八九年後半には、ポーランド、ハンガリー、チェコスロバキア、東ドイツ、ルーマニアが共産主義と訣別し、自主独立を宣言し、東欧圏の崩壊を見た。ソ連［旧］は、その予測されなかった一九八九年の経済改革政策（ペレストロイカ）と旧体制批判（グラズノースト）に引き続いて、一九九〇年初頭にその一党独裁体制の終焉を宣言した。中国が、再編成する次期共産主義大国になることは大いにあり得る。ラテンアメリカではパナマの独裁者、マヌエル・ノリエガが民主政府を欲する人民によって放逐され、一方、ニカラグアでは、先例のない自由選挙でダニエル・オルテガが予期せぬ大敗を喫した。エル・サルバドルを含めた他の国も早晩同じような運命を辿る可能性がある。南アフリカではネルソン・マンデラが二十七年間の政治的監禁状態から浮上し、アパルトヘイトは間もなく過去のものとなるだろうと宣言した。恐らく、中東は予期せぬ出来事が幕開けする次の地となるであろう。

　このような劇的な政治的展開における普遍的な主題は自由である。集団的なレベルでは、人々は、自治、独自の経済、全体的な生活の質を向上させる自由、を欲すると言っている。自由という主題と密接につながっているのは、個人という主題である。個人的なレベルでは、男女とも圧政から逃れる自由、表現の自由、就職・信仰・旅行、そして自国と世界が提供すべきことを分かち合える自由、個人として自己の能力の許す限りにおいてなりたいものになれる自由、がほしいと言っている。

自由と個人という主題と密接に結び付いているのは、第三番目の大切な強調点、多元主義である。国家的に見ても世界的に見ても、文字通りの多様性が多元主義という言葉を記述用語にした。我々は多数の「多元的」社会を持っている。国際的には、我々は（地球という）「多元的」惑星を持っている。政策としての多元主義は、多様性を合法化することによって集団及び個人的自由に寄与する。それは自由になりたいと欲している異なった個人が、どのように社会において生活できるかという問を解決してくれる。多元主義は、外交辞令的にも楽天的にも、全体は異なった部分の貢献によって最高に益すると宣言する。

国家的にも世界的にも、そのような政策は、征服や同化に対して、共存を強調する結果となる。寛容と尊重への多元主義の呼び掛けはしばしば人権に関する声明という形をとる。一国単位で見ると、これは、カリフォルニアの住民がアメリカの領土でメキシコ系アメリカ人と共存することを意味し、ソ連［旧］にいる異民族のグループが、もはや自分達が存在していないというふりをしなくてよいことを意味し、また、南アフリカで黒人と白人が融和社会で平等に暮らすことができることを意味し、カナダでも、少数民族がカナダ社会に「適合」したければ、もはや自分達の名前や文化を変える必要がないことを意味している。世界的な規模で見ると、それは戦争と社会の統制がもはや適切でなくなったことを意味する。不寛容と強制的な開化という形での文化破壊は、同様に、地球規模的な多元主義の規範に対する侵害であるとして、受け入れられ難くなっている。慣習と言語、それに世界観と宗教には干渉を許されないのである。

自由・個人・多元主義という三つの主題に第四の中心的に重要な特性、相対主義が加わる。個人と団体の表現の自由は、人々がどう生きるかに関する価値判断を保留にして初めて可能になる。真理と最善という言葉は多元主義の辞書には載っていない。唯一の真理はすべてのものは相対的であるということである。「文化相対主義」が既与の公理として認められるために、敢えて自文化が最善であると主張する者は、自文化至上主義の烙印を捺され、自分達の側に真理があると主張する者は、狭量というレッテルを貼られる。真理は個人の見解によって置き換えられることになった。

多くの観察者は、このような世界的に広がった重要な発展を、世界史における新時代の到来の証として称賛している。未来に横たわっているものは、先例のない平和と豊かさであると彼らは言う。例えば、社会予言家のジョン・ネイスビットやパトリシア・アバディーンは、二十世紀を締め括る偉大な統合的な主題は個人の勝利であると説く。この二人の著者は「今世紀のかなりの部分を全体主義に脅かされて、個人はかつてないほど有力な一千年を迎えている」と言う。(1)未来に関して、彼らは、「新しい一千年の門口に立って…我々は、この地上に現時点で理想郷を実現するための手段と力量を有している…人間の心情と精神の中には生きることに対する思い入れが存在してきた。それは、すべての者のための平和と繁栄の理想主義的探求に向けられたもので、今日我々ははっきりとそれを頭に描くことができる。」(2)我々の地球は、実際、解放された個人に導かれて、世界的規模の自由に向かって動いている。その自由は多元主義と相対主義によって可能になりつつある。すべてが進歩的に聞こえ、多くの人にとっては感動的で、ネイスビットやアバディーンのような人々にとっては祝福へのいい口実になる。

しかし、皆さんちょっと待って下さい。勝利のパーティーにはまだ時期尚早です。一九六〇年代から、多元主義と相対主義を通じて自由を唱道する点で世界をリードしてきた国があります。その国は共存と寛容を旗頭に、多文化社会に変容しようとする、ちょっとした特異な実験を行っています。前兆的な結果はもう現われ始めていますが、その内容はあまり芳しくありません。

ですから、多元主義的理想をまさに実現しようとしている社会は、この大切な実例をよく観察するとよいでしょう。どこの国ですって。それは、カナダです。

第1章　我々の置かれた状況

一九八八年の九月のある普通の晩に、月並みな事件とは程遠い出来事が起こった。カナダから来た一人の男が、かつて人類史上誰もやったことがないことを成し遂げたのである。彼は、韓国で競技場のトラックをそれまでの最高速度で弾丸となって駆け抜けた。そして彼の祖国は、彼が前かがみになって金メダルを受賞した時、めったにない国民的恍惚感を味わった。後に、彼が禁止されている薬剤の助けを借りていたことが分かって、この喜びに満ちた祝典は間もなく痛ましい失望と怒りに変わった。感激して喝采を送った何百万の人々が、今は感情的に苦言を呈することになった。彼に批判的な人々に対して、どんな若い人でも、このような巨大な国家的期待という圧力の下では誘惑に負けていただろうと言う者もあった。しかし、結局、ベン・ジョンソンは自分のことだけを考えて行動したようである。そして国民は彼から離れて行った。果たして、ベン・ジョンソンはカナダに対して何らかの責任を負うべきであったのであろうか。また、カナダがベン・ジョンソンに対して何らかの責任を取るべきであったのであろうか。彼が規則を破ったことは悪いことだったのであろうか。それとも、規則を持つこと自体が悪かったのであろうか。また、彼が捕まったから悪かったのであろうか。

ちょうどその二、三週間前、ビクトリアでカナダ最大のプロテスタント宗派が、同性愛的志向が教会への完全参加への妨げにならないことを確認した。同性愛実践者にも牧師の資格が与えられることになった。カナダ合同教会のこの決定には、時代を先取りするものとして拍手喝采を送った者もいる一方、かなりの多数の信者と信奉者は裏切られたと感じ、ある者は教会を去ると脅しをかけた。この論争は一九九〇年代に入ってからも継続する。個人の信仰が宗教共同体と結び付いているとすれば、そのグループが個人の見解を代表しなくなった場合はどうなるのであろうか。個人は神によって導かれているのであろうか。グループが神に導かれているのであろうか。それとも、誰も神に導かれていないのであろうか。真理は、現代においては、個人の嗜好によって置き換えられる、時代遅れの幻想に過ぎないのであろうか。

一人の著者が一つの有力な宗教を攻撃し、その結果死刑の宣告を受けて後、一九八九年初頭に勃発した国際的論争に関して、カナダ人が特に他の国民よりもそれに対応する準備ができていたわけではない。思いもよらない組合せ——サルマン・ラシディー対アヤトラ・ホメイニ——を世界中の観客が見守った。究極の善が、無制約な表現の自由を受け入れることに見出されるのか、それとも、ある場合には、そういう表現が他の人の痛みの代償として買収可能なのか、そしてそれ故に禁止されるべきなのか。表現の自由が他の人が大切にしていることを攻撃する自由を含むのか、また代わりに攻撃者を攻撃する自由…そして攻撃者の攻撃者を攻撃する自由をも含むのか。個人の権利のこのような後退、すなわち社会的に大切なものを守る境界、に歯止めはないのか。

それからターバン論争があった。一九八九年、連邦法務長官は、カナダ騎馬警察隊の顔は、変わりつつあるカナダ社会の性格をよりよく反映するように変えられると発表した。制服の多様化が考慮されるであろう。例えば、シーク教徒はターバンを着用することが許されるかもしれない。これに対しては、特に西部カナダから激しい抗議の声が上がったが、首相も含め、ある人々は、この抗議をあからさまな人種差別とみなした。また、他の人々は、このような変化が、カナダ社会で長い間大切にされてきた象徴の一つを壊すことを代表していると主張した。多元主義社会において、ある成員の文化的志向に抵触せずに、何らかの総合的な象徴を持つことが可能であろうか。国家的レベルで何かに関して国民的合意が得られるであろうか。カナダへ移民を招くことは、我々の文化に何らかの調整が成されるだろうという期待を伴っているのであろうか。我々は、他の人々が自国で我々に期待するより以上に、自分自身に期待しているのではないだろうか。

一九九〇年六月のミーチ・レイク協約批准の失敗は、ケベックがカナダにおける伝統的な地位を放棄するという予想を新たにした。三年間にわたって最後の審判の日が来るという宣告を聞き、増大する不安を経験して、カナダ人は、自国の将来に関して、肯定的な結末ではなく、ますます多くの不確定さを残されたのである。このような現行の緊張が実際に必要なのであろうか。ケベックとそれ以外のカナダが、それぞれにとって何が最善かを決めることができないのであろうか。ケベックはいつになったらカナダに何を求めるかを決めるのであろうか。カナダの他の地域はいつになったらケベックの希望を尊重して正常な生活を始めるのであろうか。我々は、いつまでこのような消耗の激しい「国家造り」に我々の資力と労力を費やして、政治的宙ぶらりん状態の中に住まなければいけないのだろうか。

このような出来事と問題は、カナダ人が津々浦々で経験している社会生活の危機を反映している。それはミーチ・レイクの問題にとどまらない。一緒になろうと離れ離れになろうと、カナダとケベックは引き続きこの危機を経験する。それは、貿易の自由化や消費税の問題を超える問題である。それは、連邦主義や地方主義、また、人種差別や性差別以上の問題である。それについて言及することはあたかもカナダを冒讀するかのようであるが、やはり言わなければならない。この危機は我々が誇りと喜びを持って支持してきた政策――多元主義の意図しなかった結果から派生したものである。

嚆矢《こうし》となったモザイク

様々な言語的また文化的背景を持った人々が一緒に住むことができる社会を造る、という問題に直面して、カナダ人は人口統計的現実を国家的価値に昇華することを決定したのである。我々は記述的に明白なことは、教条的に価値を与えられるべきだと宣言した。我々の結論は、カナダは多民族社会、すなわち、様々な背景を持った人々が自分達の都合に合わせて生活する自由が持てる、多文化モザイクになるであろうということである。

すべての人にとっての自由

この国には、他の国――特にアメリカ合衆国――のように自分の文化的過去を放棄させ、体制文化に適合させようという圧力はなくなるであろう。カナダの文化的論争の本質はるつぼではなくモザイクにある。多民族カナダの第一の代弁者であるピエール・エリオット・トルードーは、この事情を雄弁に次のように述べている。「カナダは…人間性を大切にする国であり、ますます問題が多くなっている世界において、正気のための聖域である。我々はこれ以上自分達の同一性を模索する必要はない。環境とお互いに対するこのような寛容と礼儀と尊重という国民性がそれを規定するであろう。私はこれより優れた形の同一性を見付けることは困難ではないかと思う。」(1)カナダ社会の中心的目標は調和的共存になり、その中心的手段は平等と正義になった。我々は、公正で公平であるためにお互いの考えと生活様式を受け入れ、尊重したいと願っている。口先だけではなく、カナダは権利と自由の憲章を初めとして、二言語及び多文化主義政策を積極的に進める意図を明確にしている。

カナダでは人種差別、偏狭さ、搾取、虐待の如何なる徴候をもはっきりと非難する。我々は刑法の中に、どのような識別可能なグループに対しても、故意に憎悪感を助長することを禁じることを明文化している。我が国の社会科学者は、――少なくともカールトン大学のジョン・ポーターと彼の一九六五年の著書『縦のモザイク』に遡ることができるが――少数集団、女性、貧者、その他の人に大きな影響を与えるという理由で、平等と正義に関する問題に格別な注意を払ってきた。マスコミも、人種差別や不公平な取り扱いに対する告発を第一面のニュースとして首尾一貫して扱うことにより、我々がこのような問題を最優先するように教え込む。

一九八九年十一月にモントリオール大学で起きた、十四名の女性の悲劇的な殺害に続く国民的自己分析ほど、カナダが公的に平等主義に与える重要性を劇的に示した事件は少ない。カナダ人として我々は共存することを切望してきた。であるから、憎しみは言うまでもなく、不敬の余地もこの国にはないはずである。モントリオールの事件の余波の中で、性差別と女性嫌悪が蔓延しているという告発は、全国民を当惑させた。攻撃を受けたのは我々のアキレス腱ではなく我々の心だったのである。平和的共存は我々の国民的な夢である。モントリオールではその夢は悪夢によって中断された。

カナダは、特に南にある我々の巨大ないとこと比べると、世界のエリート国家の一員ではないかもしれない。しかし、我々は自国で一つだけ特別なことが進行していると考えたい――それは我々のモザイクである。しばしば引用される、ジョー・クラーク［元首相］の次の言葉が我々の自画像を簡潔に説明してくれる。「我々は共同体からなる共同体である。」このような多元主義の是認を我々は信じてきたのであるが、それによって現代にふさわしい社会組織と社会観が与えられる。ヨーク大学の二人の社会学者、リンダ・ハンターとジュディス・ポズナーが言ったように、「カナダは全体として他の国、例えば、活気にあふれた積極的な隣人とは峻別される、中立的な愛想の良い顔を見せている。…カナダのより寛大な文化的存在はその時代を先取りしている。」(2)

そこに我々の答えがある：モザイクを共に形成している、様々なグループから成っている国——もちろんこれだけにとどまらない。個人の自由を強調することは、国家的モザイクを形成している文化集団の背後に、個人のモザイク構成要素がそれぞれのグループの内部に存在することを意味する。預言者のエゼキエルが天国の方を向いた時に「輪の中に輪」［旧約聖書、エゼキエル書、一の十七］を見たとすれば、今日カナダの方を見ている者は「モザイクの中にモザイク」を見るであろう。

我々のモザイクはグループ間関係の分野にとどまっているわけではない。集団及び個人のレベルにおける多元主義はカナダ人の精神の一部になった。それはだいぶ前にその文化的揺りかごを離れたのである。多元主義の赤子は過去三十年間成長してきた。多元主義は全国を駆け巡り、我々の道徳、宗教、家族、教育、政治的分野を訪れた。今では文化的モザイクばかりでなく、道徳的モザイク、意味体系のモザイク、家族構成のモザイク、性に関するモザイクもある。そして、これは単に代表的な分野をあげたに過ぎない。多元主義はカナダ人の心とカナダの様々な組織に浸透している。

多元主義が訪れた所はどこにもその耳慣れた強調点が残されている。寛容、尊重、多様化に対する評価、個人が自由にものを考え、その良心に従って行動できなければならないという主張が、それである。その結果、我々の社会ではすべてが可能に思えるようになった。

真理について改善する

多元主義は、解放された集団及び解放された個人というように解釈される。このような姿勢に必要不可欠なのは、すべての見解は同等に価値があり、すべての探求は同等に崇高であるという付帯宣言である。

多様化した選択に関するこのような正当化は、広範に受け入れられている相対主義によって与えられてきた。絶対主義者は、真理は文化と個人を超越すると主張する。対照的に、相対主義者は、ものの見方はその人々のよって来たる社会的、知的状況を反映すると主張する。「真理」は社会的に構築されるものである。結果として、思想の根源は、不可思議にあらず、思想は社会的「場」（強調は訳者による）に遡ることができる。

多元主義を強調することは、外国文化をそれ自身の基準で記述したいという、十九世紀の社会科学者の称賛すべき願望から生まれたものである。例えば、ポリネシアにおける婚姻と性の実践は、西欧の仮説と実践を源とする用語でよりも、ポリネシア独自の言葉で記述されるべきである。多くの哲学者も同様な努力を試みた。例えば、倫理相対主義は、倫理観及びその実践における基本的相違は文化の境界に沿って現われ、すべての文化を超越する立場が必ずしも存在するとは限らないことを認める。

カナダでは、多元主義が集団と個人の自由への道をはっきりと宣言する一方、相対主義が思想と行動の自由に正当性を与える大切な役割を果たしている。多元主義を野球のピッチャーにたとえれば、相対主義はセンターになるであろう。相対主義は、一つの文化が広く多様な見解と生活様式を奨励することが適切であり、理想的であると断言する。多元主義が選択を確立し、相対主義がその選択が有効であることを宣言する。

こういうふうに言うと、すべてが合理的で論理的、たぶん、少し独創的にすら聞こえるであろう。ここで現われてくるイメージは、社会学者キャロル・アゴーによると、たくさんの文化の糸で編まれた多彩色の複雑なつづれ織りとしてのカナダ文化のそれである。(3) カナダは、その最盛時において、あらゆる国家と文化を持った人々のウチとなり得る世界のモデル国として、また、文化的多様性が認められ、尊重された時に可能になる、調和と平和の縮図として存立する。しかし、歴史上、基礎がしっかりしていないものが深遠なものと間違えられた場合も多々あるのである。

良いことの行き過ぎ

社会生活は常に個人と集団との均衡を必要としてきた。また、選択を奨励することと、どの立場がより優れているか、最善か、真実かを決めるために、選択を注意深く評価することを強調すること、との間の均衡も必要としてきた。

一九六〇年代以降、カナダは、同時に文化的期待を明確にすることなく、集団と個人の自由を奨励してきた。カナダは、また、色々な見解を表明することを、それらの見解の価値を同時に評価することを求めずに、奨励してきた。過去三十年間、カナダ社会全般にわたって多彩色のモザイクの組合せが形成されてきた。我々が期待したのは、そのモザイクの断片同士が何らかの形で一緒になり、健康的でまとまりのある社会を形成するということであった。ところが、なぜ我々がそのような結果を期待すべきなのかはまったくはっきりしていないのである。

個々のモザイクの断片を奨励することが、当然個々のモザイクの断片を作り出す結果になり得る――そして、それ以上の成果があがる保証はない。自己の集団の肯定的感覚が他の集団に対する寛容と尊重につながる――という多文化主義の想定はあまり大きな支持を受けなかった、とマギル大学の社会学者のモートン・ウェインフェルドが記している。彼はまた、それどころか、結果的には、「一種の自文化至上主義的効果が生まれ、自己の集団に、より没頭することは他の集団との距離を開き、また反感を生み出すことになる」と言う。(4)

しかし、その評価研究は始まったばかりである。多元主義を公式に理想として掲げるようになったのはかなり近年のことで、二言語併用主義の場合は一九六九年に、多文化主義は一九七一年、権利と自由の憲章の場合は一九八二年に遡る。本当のことを言えば、我々は多元主義が我々の社会全体にどんな影響を及ぼすかについてほとんど知らない。また、他の国を参考にして実際どんな結果になるかを垣間見るというような幸運にも恵まれていない。文化的に多様であるという意味で多元的な社会はあるものの、実際に自国を多文化であると宣言した国は他にはないであろう。例えば、イギリスの場合、文化的には多様であるが、人は「イギリス人」であることを期待される――その概念が文化的にどんなに誇張されているにしても。同様にアメリカ合衆国でも、文化的には多様であるが、アメリカに来るものは自国の文化を如何に大切に思っているかにかかわらずアメリカ人になるという歴史的認識が存在してきた。人口統計学者のマイロン・ウィーナーは、異なった人種や民族的特徴を持っている新移住者に開かれた社会はまれであると述べている。(5) 結果的に見ると、カナダが、多民族主義と多文化主義を理想として掲げる国の世界的なリーダーである、と言っても過言ではないだろう。ウェスターン・オンタリオ大学の社会学者、ロデリック・ボージョーは、「ある意味でカナダは他に類のないことをしようとしており、この実験を引き続き成功させることを必要としている」と言う。(6)

多元主義がカナダの生活に与えた影響の早期報告がちょうど入り始めているところである。予兆的な結果からは、多元主義がある予期しなかった重要な結果をもたらしたことが分かる。先ず初めに、我々の権利が規則に遙かに先行してしまったことがあげられる。新しい憲章に守られて、集団も個人も、平等な表現、参加、繁栄を享受する当然の権利を持っていると主張している。少数民族、女性、老齢者、障害者は不平等と懸命に戦っている。個人は考え得るすべての問題に立ち向かう時にこの憲章の力を利用する――人工中絶、同性愛、知りながらエイズを人にうつすこと、安楽死、輸血、人種的憎悪を広めること、戦没者記念日の式典での十字架の使用、日曜日の買物、学校における宗教、スポーツへの女性の参加、ターバンの着用、個人クラブの会員権に関する差別、年令と性による保険率の違い、酒気検査機による検査の義務付け、シートベルト着用の義務付け、過度の刺青を見せること、公共の場で酔っ払うこと、銃の統制、軍の全員白人男性の連隊に対する反対、などなど。

ジョージ・ベインが、一九九〇年六月に全国紙に掲載されたコラムで言ったように、「…カナダ人は、悲しむべきほど、限られた視野でしか国家的利益を見ることができない。その範囲はせいぜい職種的、経済的、文化的、人種的、性的、環境的、または、正式には所属しないが心情的に共鳴できる他の集団、の会員リストの域を出ない。」

平等と正義をこれだけ強調していれば、我々カナダ人がその権利を主張するのは当然である。しかしながら、我々の権利が他の人の権利と抵触した時――こういう場合がどんどん増えているわけであるが――明らかにこれは問題となる。何かが引っ込まなければならない。残念ながら、カナダ型多元主義は、解決策を与えてくれるには実力不足であることが分かってきている。

権利の抵触を解決するには

一つの可能性は、両者が少しずつ譲歩し、両者が同時に勝者になる解決策を求めることである。その場合は、両者が社会的に可能な限り求めていたものを得るということになる。流行の言葉を使えば、勝者―勝者的解決である。しかし、現行のカナダ人が持っている集団及び個人の権利に対する執着は、どのような譲歩も認めないように見える。人々は、完全勝利、―「乗るか反るか」を求めているようである。多くのカナダ人が、「勝者―勝者的解決」を高潔さを失うことと同一視し、また「勝者―敗者的解決」を権利の勝利と同一視するところまで行ってしまいそうな危険な状況になっている。

人工中絶に関する論議はそのいい例である。賛成反対両者とも相手をたたきつぶす以外の解決策を考慮しようという態度はほとんど見せていない。これでは、勝つか負けるかしかないであろう。政治家にとって人工中絶の論議は勝者なしの問題である。と言うのは、多くの政治家自身を含め、誰もが勝つか負けるかの解決を望んでいるからである。一九九〇年五月に国会が人工中絶に関する新しい法律を通過させたのに従い、法務大臣キム・キャンベルは報道陣に「我々は何とか共通の基盤を見付けた」と語った。しかし、人工中絶反対者の自由党ドン・ブドリアは「もし政府が、これでこの問題が忘れられて行くと思ったら大間違いである」と言っている。人工中絶支持者の新民主党ドーン・ブラックは、女性は「この国の完全に平等に参加し得る市民」になるまでは「戦いを続ける」であろうと予測した。(7)

未来の歴史家は、我々が権利と自由の憲章に拍手喝采を送ったが、それと均衡を保つ社会義務憲章を作らなかったことを興味深く思うであろう。我々は自分達が勝利する限り、しばしば相手を抹殺して満足してきた。

もし勝者―勝者的解決が可能でなければ、権利の抵触を解消する第二の論理的手段は、どちらの立場がより正しく適切かを決める基準を外部から導入することであろう。しかし、ここで問題になるのは、すでに相対主義がすべての見解は同等の価値を持つと宣言していることである。

どの見方も他の見方より優れていたり正しいということはなく、また、どの生活様式も他より価値があるということもない。集団的また個人的多元性を公認する、相対主義の剣によって生きることは、それによって死ぬことも意味しているであろう。

危機？　何の危機？

そう思う（%）

	全国	ブリティッシュ・コロンビア	草原州	オンタリオ	ケベック	大西洋沿岸諸州
一般的に言って、憲章はカナダにとっていいことである	81	76	79	82	89	80
権利憲章はカナダの国民意識強化に役立つ	63	58	62	59	66	71
誰もが自分の意見を持つ権利があるという考えは最近行き過ぎである	38	34	35	32	48	40

出典　一九八七年ヨーク大学憲章調査

カナダにおいては、真理は個人的見解以上の何物でもなくなってしまった。ブリティッシュ・

コロンビアからニューファンドランドに至るまで、カナダ人は「すべては相対的である」と宣言している。その結果、我々は、ベン・ジョンソンにも、牧師になりたいと願う同性愛者にも、他の人の気分を害するような文章を書く作家にも、大切にされてきた文化的象徴を守りたいという欲求にも、どう対処していいか分からなくなっている。相対主義は伝統的な道徳観も抹殺してしまった。それは、我々から倫理的及び道徳的規範を奪い、社会生活を計る権威のある物差しを与えなかった。考えや行動を評価する我々の基準は、地域的な文化や宗教の領域に限られてしまった。社会義務憲章を見付けることができなかった、あの同じ未来の歴史家は、更に、我が国が選択のチャンピオンであったこと、我々が選択自体をその目的として神聖化するがために、より良い選択や最善の選択があるという考えを、自信を持って捨ててしまったことに気が付くであろう。

一時休止の原因

もし我々が勝者—勝者的解決策を追求するか、外部からの倫理基準を使うかして困難を克服しなければ、残された手段は裁判所ということになる。そして、もし誰も気が付いていないとしたら、ここがますます我々の行き着く先になっているのである。我々は新しい世紀に近付くに従い、自分達が統制の取れていない社会ゲームをしていることに気が付く。我々は社会規則よりも個人の権利を強調し、我々の審判として法律の専門家を雇っている。我々のチーム精神——

社会精神はしばしば存在しない。カナダの社会ゲームは低迷もしている。なぜなら、我々は一番いい試合の代わりにすべての試合に声援を送っているからである。すべてが同等であると宣言することによって、我々は個人的にも社会的にも何がより良く、何が最善かを探求することをやめようとしている。今世紀において個人の権利と可能性に向けられた関心は非常に大切であるが、それは社会的に有益なものからますます遠ざかって行き、その結果、過剰な個人主義が生まれた。

個人主義と相対主義は、共に社会生活を非常に難しくしており、結局は不可能にしてしまうだろう。個人主義は、集団に損害を与えてまでも個人を強調する。相対主義は、突きつめると、社会生活の基盤となっている規範に関する合意を消し去ってしまう。

無制限な個人主義と相対主義は、言うまでもなく、新しい問題ではない。しかし、状況は、新しくなければ破壊的にならないということはない。なお、また、消え去らない状況が、歴史上の別の時点でより、ある時点での方が社会にとってより危険であることも当然あり得る。我々の時代においては、過剰な個人主義と相対主義が、カナダの社会生活にとって最も深刻な脅威の二つであるかもしれないのだ。世界の多数の国がより大きな自由と個人主義、そして多元主義と相対主義に向かって動いている現在、社会生活に対する、その脅威もますます世界的になっていると考えられる。

カナダは、熱心に共存を奨励してきたために、集団生活の破壊と最善追求の放棄を奨励する、世界の指導国になっている自分を発見するかもしれない。我々は個人的には解放されたが、社会的には混乱状態にある。カナダ人は、一般的にかなり裕福に暮らしているにもかかわらず、最近苛立って、落ち着きがなく、神経質になっているようである。作家のピエール・バートンは、最近「大恐慌以来、この国がこんなに不寛容になったのを見たことがない」と言った。一九九〇年四月、モントリオールの『ラ・プレス紙』のコラムニスト、リジアン・ガニヨンは次のように書いている。「明らかにこの国のムードはひどくなっている。」同じ月に『ウィニペッグ・フリー・プレス紙』の編集者、ジョン・ダフォーは国民を「不機嫌」と描写し、最も気掛かりなことは「ある種の共同体不在である。人々は自分の問題に没頭しているようである。」(8)『マクリーンズ誌』の編集者のケビン・ドイルは現在の状況を次のようにまとめている。「東ヨーロッパとソ連［旧］で起きている出来事に象徴されるように、世界が希望と変化と自由の新時代を目前に控えている時に、カナダ人はタイム・ウォープ［時間歪曲］に閉じこめられて孤立し、未来に大きな不安を抱いている。」(9) これが今日カナダを特徴づけている狂気なのである。それには見るべき歴史がある。

第2章　どうしてこんなことになってしまったのか

一般に信じられているのとは反対に、過去において個人と集団の共同戦線は少しもうまくいっていなかった。もちろん、結び付きはあった。著名な政治社会学者シーモア・リプセットは最近、カナダとアメリカ合衆国における価値と組織を比較する主要な研究を発表した。リプセットは、歴史的に見て、カナダは個人よりも共同体強調によって特徴づけられると説く。(1)

一八六七年から一九五〇年代の終わりまでの間に生きたカナダ人は、それぞれの陸の孤島に住んでいるに等しかった。初めの百年間、彼らは国と共同体、家族と教会、学校と仕事、に固く結び付けられていた。また、結婚、学校、雇用、あるいは教会生活などの絆は長続きした。離婚は簡単にはできず、教育は強制的で、仕事はなくてはならず、教会に参加することは当然のこととして期待されていた。

費用のかかる関係

カナダの初めの百年間における社会的関係の量と持続性は、多くの観察者に過去を社会生活の黄金時代として理想化させた。ある人々にとってそんな関係は非常に良く、個人の福利のために役立った。しかし、多くのカナダ人は社会参加にかなりの個人的な犠牲を払ったのである。すぐ思い浮かぶ数例を次に示そう。

初めの二、三十年間は市民権を取得しても大した得にはならなかった。イギリス自治領カナダ連邦成立以後、ほぼ初めの五十年間は、連邦政府も州政府も地方自治体政府も、まだまさに形成期であった。結果として、生活の質を保証し、高めるために必要不可欠な法令が初めの一世紀の大半を費やして作られたのである。

多くの人が、一九六〇年代以前において、共同体生活は理想的だったと思っている。確かに地方でも都市でも多くの人々が良い社会生活を送っていた。しかし、初期の共同体はまた、強い文化―宗教集団の絆によって特徴づけられる。たくさんの人が、イギリス系英国国教会か、フランス系ローマ・カトリックか、あるいは、ドイツ系ルター派新教の教えを取り入れた。同じ主流派に属している人々にとっては、その生活は緊密に結ばれていたが、他の人々にとってはそうではなかった。

一八六〇年代から一九六〇年代までは、カナダ人にとって家族が社会関係の中心として大切であった。誰もが結婚することを期待されており、九十％以上の人が結婚した。夫婦は子供を持つことを期待されており、九十%以上が子供をつくった。性は婚姻と結び付けられて考えられていた。婚前交渉は厳しく非難され、婚外交渉は論外で、同性愛は倒錯と非難され、犯罪行為と宣告された。人々は結婚を継続することを期待され、ほとんどの人がそうした。しかし、「一緒にいる」ことはしばしば、問題、特に妻と子供の問題、を隠蔽する。夫と父親は、両者に対して広範囲にわたってその権力を行使した。妻はしばしば従属的配偶者であり、子供の多くは厳しく躾けられた。家族がもはや一緒にいなくてもいいという選択が可能になった時に、多くの家族が早速ばらばらになったことを見ると、かなり多くの人にとって、たぶん家庭事情は初めから満足できるものとは程遠いものであったのであろう。

組織宗教に入ることは一種の国民的規範であった。一八七一年の最初の国勢調査によると、ほとんどすべてのカナダ人が宗教集団に関係していた。一九五〇年代を通じて、加盟員の数と毎週の教会への出席率は、高い状態が続いていた。教会はカナダ人に重要な貢献をした。教会は、たくさんの人に、新しい土地で心の休まる場所を与え、大切な社会的価値観を教え、社会状況を改善するために努力した。しかし、時として、個人のための福利への関心は、その宗教団体の自己利益によって相殺された。多くの教会はしばしば権威主義的で抑圧的であった。

個人と社会のもう一つの重要な接点は学校である。一八六七年の英領北アメリカ法は、教育を州の責任としたが、それは、また、来るべき時代の教育における相違を勢揃いさせるための舞台を作ったとも言えるのである。エガトン・ライヤソンの努力の結果、一八七一年にオンタリオでは無料の義務教育が施行され、他の州も次第にそれに倣った。その一つの主な動機は、農村が都市に道を譲るにつれて、働き場所を失った子供達を管理する必要が認識されたことである。一九六〇年以前のカナダにおいて、学生は主に高校以上に進学しない若者達であった。一八六七年には、十七の大学と千五百人の学生しかいなかったが、一九四〇年までには、二十八の大学と四万人の学生になった。初めの百年間、学校は基本的な読み書きの能力を養成し、文学、歴史、理科に関しては普通程度の内容を紹介した。教育制度の批評家は、しばしば四つ目のR――内省を喚起することに失敗したことよりも、三つのR［読み・書き・算術］を教えることに失敗したことを嘆いた。

社会の領域と個人のもう一つの大切な接点は仕事であった。カナダ人は働くこと、しかも一所懸命働くことを期待されていた。初めの百年間に生きた男、女、子供にとって、それはたいてい農場や小さい家族でやっている商売における仕事を意味した。それ故、職場と家の区別はほとんどなかった。工業化と都市化の到来で、男はもはや必ずしも家で働くことはなくなり、子供達は経済的な財産ではなくなり、面倒を見なければならない存在となった。そして女性は――長い間男性と経済的同盟関係にあった後――概ね職場から締め出されることになった。職場は、比較的少数の人にとってだけ、将来性のある、喜びを与える環境となったようである。工場の流れ作業の工程は仕事を単純化したが、退屈なものにした。労働条件と賃金を規制する法律はほとんどなく、人々は深刻な搾取ばかりでなく、事故と健康の悪化にも直面することとなった。しばしば手厳しく非難される労働組合が生まれるまで、カナダ人労働者にはひどい負け戦だったのである。

言うまでもなく、多くのカナダ人は連邦結成以後、集団生活の中でかなりの喜びを経験した。

私は、一九六〇年以前の状況をまったく「暗黒」であったと描くつもりは毛頭ない。しかし、集団生活と集団に対する忠誠心が、しばしば個人の福利を損ねる程度まで過度に強調された。多数のカナダ人が自分の個性を抹殺された。多くの人にとって——社会的にも個人的にも——可能な質の高い生活は、端的に言って、もう存在していなかったのである。

カナダの初めの百年間で、集団内で特に高い代償を払ったグループが二つある。それは女性と文化的少数集団である。

女性

一八六〇年代から一九六〇年代にかけて、カナダの女性は寛大な態度で社会参加に臨んだ。彼女達の努力への報酬は、先ず初めに非市民として、後に下級市民として扱われたことであった。一八七二年以前、結婚した女性は、結婚前に所有していた財産を保有することを許されなかったばかりでなく、いったん結婚すると、自分自身の資産や財産を管理することもできなかった。一九一六年まではどこの州でも投票できず、連邦選挙権を与えられたのは一九一八年で、それは連邦になってから五十一年目のことであった。一九一九年に女性は下院を傍聴する特権を与えられた。カナダの女性が、実際「人間」であり、それ故、完全な市民としてどんな公の職責や地位でも得る権利があることを確認するには、一九二九年の英国枢密院の議決を待つことになる。それ以後でも、ケベックでは一九四〇年までの十一年間、女性に州選挙権を与えなかった。

カナダの女性はいつ選挙権を得たか

一九一六　マニトバ、サスカチュワン、アルバータ
一九一七　オンタリオ、ブリティッシュ・コロンビア
一九一八　連邦選挙、ノーバスコシア
一九一九　ニューブランズウィック
一九二二　プリンス・エドワード島
一九四〇　ケベック

他の国では

一八九三　ニュージーランド
一九一七　ソ連（旧）
一九二〇　アメリカ合衆国
一九二八　大英帝国
一九四四　フランス
一九四五　日本

出典　他の国に関してはウィルソン［一九八八　五四七］

一九一七年、ルイーズ・マッキニーがアルバータ州議会の議席を獲得した。彼女は英連邦でそのような公職に就いた初めての女性である。それから四年後、オンタリオ州のアグネス・マクフェイルが連邦下院議員女性第一号になった。しかし、二番目の女性、ユーコン出身の六十九歳のマーサ・ブラックが国会に議席を得たのは、一九三五年のことであった。

一九三〇年、ケアリン・ウィルソンが女性で初めて上院議員に選出された。一九五七年にはエレン・フェアクロウが連邦政府内閣に女性として初めて任命された。一九八九年後半——連邦結成後百二十二年を経て——一人の女性、オードリー・マクロクリンがとうとう全国レベルの主要な政党の一つの党首に選ばれた。

カナダ人女性は、政治の舞台から締め出されたことに加えて、教育の分野でも平等に扱われなかった。十九世紀の後半、女子を教育することの弊害について活発な論議が展開された。(2) 男女は初めから異なった目的のために教育された。一九五〇年代後半までを通じて、女性のための教育は、主として結婚と家庭生活の準備に向けられた。男性にとっては就職の準備がその目的であった。学校では、男は外で働き、女は家庭にとどまるよう教えられた。その結果、教育は、女性の職業に関する志望と可能性を変えるとか、男性の女性に対する態度を変えるという点ではほとんど何もしなかった。

職業的に見て、典型的に、女性は結婚し、家庭に残ることが期待されていた。就職は独身女性か、不利な立場にいる女性のためであった。一九二一年、十八％の女性が労働者人口に加わった。一九五一年までは、その数は二十四％に増えただけであった。

このような「婚前の」また「避けられぬ」就職の場合でも、仕事の種類は主に家庭内と「養育する」職業、特に看護と教育、に限られていた。そして、図書館、社会福祉、理学療法などの仕事を含めた新しい「女性の」職業が、次第にこのリストに加えられていった。しかし、一九五〇年代の終わりまでを通じて最も急成長した分野は一般事務職で、常に女性を男性の下位に置く仕事が作られたのである。一九五〇年代の終わりになっても、女性はなお「女性の」仕事に閉じ込められており、大多数が一般事務職であった。専門職の女性も、医者や弁護士よりは栄養士や司書である傾向が強かった。

一九六〇年以前のカナダの女性は、進退これ窮まるといった状況に陥っていた。彼女達に「ふさわしい」場所は家庭であったために、高等教育を受ける女性は非常に少なかった。また、高等教育を受けた女性も、多くは限られた「女性の」職場に引き寄せられていった。一九六〇年までには、大学生の約四人に一人が女性になったが、たいていが保育、家政学、教育に所属していた。

労働人口に参加した女性はかなりの差別を経験した。彼女達は決まって、雇われるのは最後で、首を切られるのは最初、しかも給与は少なかった。例えば、第一次世界大戦中、男性が職場を離れて入隊したので、女性が——たいてい未婚の女性であったが——労働力の不足を補うために労働人口に組み込まれた。しかし、女性達は、男性に支払われていた給与の五十から八十%ぐらいしか受け取らず、しかも終戦時に仕事を放棄することを期待されていた。一九三〇年代の恐慌の時、雇用主は男性より女性をたやすく解雇した。これは衣料工業のように女性が大勢を占めている分野でさえそうであった。

専門分野による大学での女性の入学登録者数（一八九一—一九六一年）

学部登録者数の％

	人文及び科学	農学	商学	教育	家政学	法律	医学	看護	全体
一八九一	22	-	-	-	-	-	3	-	12
一九二〇	32	1	3	62	100	3	5	100	16
一九三〇	33	1	14	64	100	3	4	100	24
一九四五	27	4	9	48	100	4	7	100	21
一九六一	29	4	7	48	100	5	10	99	26

出典　プレンティス他［四一七］

第二次大戦中に再び労働力不足を補うことを求められて、独身女性と既婚女性がそれに応じた。オンタリオとケベックの母親の中には、保育に関して援助を受けた者もいた。しかし、以前と同じように、戦争が終わると、女性達は帰還兵に仕事を明け渡すよう期待されており、連邦政府に勤めていた者はそれを義務付けられていた。(3) その日は、保育所が閉じられ、女性が妻に、また、母に戻る日であった。一般民衆もそれを支持した。一九四四年のギャラップ調査によると、男性の七十五%と女性の六十八%が、戦後の就職について男性が優遇されるべきであると信じていた。(4) 一九六一年までは常勤（フルタイム）の女性の年間の収入は、同じ範疇の男性の約六十%しかなかった。常勤の事務職員でも女性は男性の七十五%しか稼いでいなかった。

女性が完全な社会参加を拒否されたのは、教育と経済の分野だけに限られてはいなかった。連邦結成後の最初の百年間、女性はしばしば他の数多くの組織に参加することも許されなかった。例えば、「女性お断わり」の看板を出しているクラブがあった。政党や宗教団体のような他の組織は、しばしば女性に「女の」仕事——料理やパンを焼くことなど——をさせた。

歴史も教会の預言者的声については何ら良いことを言っていない。ケベックでは、ローマ・カトリック教会が女性を押さえ付けておくことに力を貸した。マギル大学法律学教授、ジュリアス・グレーは、一九六〇年代を通じてケベックの民事法典は「『父親の権威』という概念を神聖視し、それによって夫に家長として、妻と子供に対するかなりの権力を与えた」と言う。(5) アリソン・プレンティス教授と共著者は、そのカナダ女性の歴史の中で「カナダでは他の国と同じように、ローマ・カトリック教会は女性の多くの願いに強固に反対した」と言っている。(6)

プロテスタントのグループも、概ね現状を神聖視する点では責任の一端を担っていた。女性は、しばしば非常に信仰心が篤く、男性より礼拝によく出席するにもかかわらず、たいてい「女の」仕事をさせられた。それ故、宗派や教会の主導権を握って、会長、議長、長老、評議員、助祭、日曜学校長、等になることを許された女性はほとんどいなかった。ほとんどの宗派は遅々として女性を牧師に任命しようとしなかった。

アルバータのスリーヒルズにあるプレアリー・バイブル協会は、その神学的また社会的保守主義で広く知られている。その創立者で協会長であるL・E・マクスウエルは一九八四年、八十九歳の時、次の告白の言葉を記した。「福音が持つ解放力にもかかわらず女性を牧師に任命することには、教会の歴史を通して、ある派の中に強力な偏見が根強く存在してきた。神の最も選りすぐられた奉仕者――宣教師、教師、伝道者――はひどく仕事を妨害され、厳しく非難され、そして不必要に挫折させられてきた。彼らの耐えらざるべき誤りは何であろうか。それは彼らが女性であったことである。」(7)

男性が支配する組織の側に女性の地位に関する関心が欠けていることに鑑み、カナダ女性はその地位を向上するために組織化を余儀なくされた。これは、ある場合には組織内で、ある場合には組織外で行動することを意味した。前者の例の一つは、女性宣教師協会の設立である。一八六九年、バプティスト海外宣教師委員会は、ノーバスコシアからビルマ［現ミャンマー］へ宣教師として行きたいというハナ・ノームの志願を拒否した。ノームは協会の女性に助けを求めた。彼女等は率先してその後いくつか作られる女性の募金協会の第一号を設立した。結局そのおかげで、ノームは四十二年間ビルマで宣教することができたのである。(8)　一八七〇年代と一八八〇年代に、すべての主要なプロテスタント宗派の中に同様な協会が急速に育った。プレンティスとその共著者は、初期の協会は「最初の大規模な女性の組織で、その中で女性は独立して行動で

き、自分の能力に自信を持つことができた」と述べている。(9)

既成組織外で活動している初期のグループの中に、女性キリスト者禁酒連合［WCTU］と女性の全国協議会が含まれていた。WCTUは禁酒法のために働き、アルコール乱用による犠牲者を助けるために一八七四年に組織された。それは男性の侵入から組織の独立を固く守った。男性は名誉会員になることはできたが、投票権はなかった。(10) 女性の全国協議会は総督夫人のアバディーン夫人によって一八九三年に設立された。その目標は、州また地域の女性のグループの活動を統合することによって、女性の地域的、社会的、文化的分離を克服することであった。それは中産階級的であり、保守的であったが、また改良主義的であり、女性参政権、禁酒、売春、不当利益取得、女性に対する公平な賃金、等のような急を要する社会問題を提起することに努めた。

今世紀を通じて、他の女性グループもカナダにおける女性の平等と尊厳を高めるために戦った。その中には、カナダ女性参政権協会、カナダ商業・職業女性クラブ連盟、女性協会、平和と自由のための女性国際連盟、女性の声、カナダ大学女性連盟、が含まれる。これらの努力にもかかわらず、女性にとって非常に不公平な状況が一九六〇年代まで続いた。カナダの女性運動の著名な人物、ドリス・アンダーソンはその事情を次のようにまとめている。「一九六〇年代の女性は、政治組織においては正当に代表されておらず、ある大学では女性に対する割り当て人員制に直面し、また、公共、私企業部門でも一般に様々な差別政策と法令の対象になっていた。」(11)

女性運動の増え続ける力と、ローラ・サビアに率いられた三十二の女性グループの連携による六ヵ月にわたるキャンペーンの圧力の前に、連邦政府も動き出した。一九六七年二月十六日、首相のレスター・ピアソンはカナダにおける女性の地位に関する委員会を設置することを発表し、オタワのジャーナリストでニュースキャスターのフローレンス・バードを議長に任命した。

文化集団

カナダの初めの百年間、多くの新移住者は社会参加のために多くを犠牲にした。しかし、社会保障の面では非常に不利に扱われた。彼らが経験した困難を調べる前に、カナダに古くからいる文化集団の問題に触れてみる必要があるだろう。

【フランス人とイギリス人】　カナダに初めから存在した、文化集団に関するジレンマは、英国とフランスからの移住者とその子孫をどうやって統合し一国を造るかということであった。その歴史的背景は周知の事実である。受け入れ側の先住民族は、主に元々ヨーロッパの二つの強国から来た、招かざる新移住者と土地を分かち合うことを求められた。やがて世界の他の地域からますます多くの人々が加わることになった。

フランス人とイギリス人は、相互に影響を与え合う、融合する共通の地域に引き寄せられずに、むしろ異なった地理的、文化的領域に固執する傾向が強かった。従って、当時の観察者はこの二つのグループを「二人の独居者」と呼んだ。彼らは、集団生活が成り立つための二つの基本的な、実際必要不可欠な特質である、共通の展望と同類意識をまったく共有しなかった。なおまた、フランス人にしてもイギリス人にしても、新世界に来て偉大な国家を形成するというような幻想を持ってはいなかった。非常に早期において、フランス人の移住者は、彼らの親達がイギリス人に土地を手渡さなければならなくなった時に、孤立させられた。イギリスからの移住者も、彼らの親達が――目に見えるものはすべて手に入れたが、――やがて彼らの存在に比較的無関心であることに気付かざるを得なかった。

彼らは不協和音を唱える二組の建国者達だったのであろうか。いや、そんなことはなかった。フランス人とイギリス人は、どちらかというと外地に取り残された二つの異なった家族の孤児のようなものであった。彼らには、それぞれが感じていたレベルの疎外感以外には共通点はほとんどなかった。歴史家は、この二人の独居者という現実がカナダ建国の中心的な問題を代表していたと言う。一六〇〇年ちょっと過ぎから一九六〇年代までのほぼ三百五十年間、我々はどうやったらこの二つの有力なグループが一国を形成できるかという問いと取り組んできたのである。

ユニオン・ナショナル党とモリース・デュプレーの下、一九三六年から一九六〇年までの社会的経済的後進性が顕著であった時期に続いて、新しい世代のケベックの指導者が現れた。彼らは、ケベック州を近代化することを決意していた。その中に、ピエール・エリオット・トルードーという若い弁護士がいた。彼は一九五六年にこう書いている。「もし、我々が引き続き旧教を保守主義と同一視し、愛国心を（ケベックから）移動しないこととみなすなら、我々は不参加の理由で、すべての文化の間で起こっていることを見過ごすことになってしまう。そして、フランス系カナダ人という概念――それには、カトリック教という概念が接木されているのだが――は、結局何か非常に小さいものになって、消えてしまうだろう。一つの世代全体が未来に賭けることを目前に控えてためらっているのである。」(12)

連邦政府は、ケベックに対して、カナダが刷新された州の要望に応えることができるということを顕示しなければならないことに気付き、一九六三年、二言語・二文化併用主義に関する特別諮問委員会を設置した。

【他のグループ】　その委員会は、他の民族グループの文化的貢献についても言及すること、彼らの貢献がどのように守られ得るかを報告することが必要であるという見解を示した。そのようなグループの多くは、カナダ社会に参加するにあたって法外な代償を払っていた。

十九世紀後半から二十世紀にかけては、人間の進化的発展と白人至上主義の信念が西洋世界全体に充満していた。英語を話すカナダ人は、アングロ・サクソン系の人々と英国的政府原理が、生物学的進化の最先端を代表すると信じる人達に属していた。彼らは、カナダの偉大さが、確固としたアングロ・サクソンの基盤によるものと感じていた。(13)カルガリー大学のハワード・パーマーは、英語を母国語とする人々は、それ故、新しいグループを、主に、その成員がどの程度英国の文化的、身体的理想に一致しているかによって評価した、と言う。最も望ましい移民はイギリス人とアメリカ人で、次いで西・北ヨーロッパ人、それから他のヨーロッパ人ということになった。その階層の一番下に近い所に平和主義の宗教グループ――ハタライト(Hutterites)、メノナイト(Mennonites)、デューカボー(Doukhobors)——が位置していた。最下位は黒人とアジア人であった。(14)

仕事は見付けるのが難しく、失うのは簡単であった。移民はしばしば最も低い、危険な仕事に甘んじなくてはならなかった。ブリティッシュ・コロンビアでは、アジア人は白人から仕事を取り、喜んで少ない賃金で働くと思われていた。労働組合は彼らを除外することが多く、「当然の方針として、雇用者はアジア人労働者に他より安い給料を支払った」とパーマーは言う。この州の法律的、社会的慣習のために、中国人、日本人、南アジア人は投票することも、弁護士や薬剤師として開業することも、議員になることも、陪審員を務めることも、公共事業、教育、行政機関に就職することも許されなかった。ケベックやノーバスコシアやサスカチュワンでは、白人女性が、中国人や日本人が所有しているレストランやクリーニング屋やその他のビジネスで働くことを禁止する法令が通過した。(15) このような法律にはまったくひどい先例——中国人男性がしていた辮髪に課せられた一八七六年の税——があった。(16)

一九〇七年、日本人の移民は毎年四百人の男性に限られ、インドからの移民は完全に禁止された。黒人は一九一〇年に非公式に入国を拒否された。一八八〇年代に、カナダ太平洋鉄道建設のために一万七千人の中国人男性がカナダに連れて来られたが、彼らへの歓迎は長くは続かなかった。最初の中国人移民は人頭税で制限され、それから、一九二三年には非常に厳しい中国人移民法が施行された。一九二三年から一九四七年の間、たった四十四人の中国人移民がカナダに受け入れられただけである。(17)

両大戦中、軍隊は黒人、中国人、南アジア人のカナダ市民を受け入れることに消極的であった――各グループには実際兵役に就いた人がいたのだが。他のグループも困難を経験した。第一次大戦中、ドイツ人とオーストリア・ハンガリー帝国からの移民は激しい偏見と迫害の対象となった。彼らは敵性外人と呼ばれた。多くの人が解雇され、ある者は警察の監視下に置かれたり、強制収容所に入れられたりした。ある場合には、彼らの語学校と教会が閉じられ、新聞は検閲を受け、弾圧されビジネスは弾圧された。(18)

その当時の政府は、人種差別問題に直面して、啓発的で勇気のある指導力を発揮するという点では落第であった。マギル大学の社会学者、ウエインフェルドは、「政府は歴史的に少数グループの不幸を引き起こした直接的、間接的代行機関であった。差別は、二十世紀の後半に入ってからもかなりの間、政府によって行われるか、黙認された」と言う。(19) 第一次大戦中、連邦政府はほとんど移民を保護しなかった。それどころか、政府は、良心的徴兵忌避者と一九〇二年以降にカナダ市民になった者で、「敵国に生まれた」か「敵性言語を日常話す」場合には、公民権を奪ったのである。一九一九年から一九五三年まで、ブリティッシュ・コロンビアでは、デューカボーは投票権を否定され、一九三四年から一九五五年まで連邦選挙でも投票できなかった。(20)

カナダへの移民（一八六七—一九八八年）

選ばれた期間の年平均［一〇〇〇単位で四捨五入］

1867 – 1900	48,000
1901 – 1914	207,000
1915 – 1918	52,000
1919 – 1930	123,000
1931 – 1939	15,000
1940 – 1945	12,000
1946 – 1950	86,000
1951 – 1955	158,000
1956 – 1960	157,000
1961 – 1965	100,000
1966 – 1970	182,000
1971 – 1975	167,000
1976 – 1980	121,000
1981 – 1985	102,000
1986 – 1988	137,000

出典　カナダ世界年鑑1989:94から計算

大恐慌の期間中、アングロサクソン系の労働者は、就職の場合にも仕事を保持する場合にも優先権を要求し、それがしばしば通った。ほとんどの非アングロサクソン系移民は仕事を放棄させられ、政府の生活保護を受けさせられた。ヨーロッパ人やアジア人は、保護が給付される方法においてもしばしば差別の犠牲者となった。連邦移民法は、生活保護を受けている非カナダ市民を国外追放することを定め、一九三一年には、七千人が「望ましくない者」として国外追放になった。一九三三年には、移民の色々な枠組みが取り消され、英連邦市民でさえもカナダに来ることを奨励されなくなった。(21)

第二次大戦の勃発にあたって、ドイツ人、イタリア人、そして反戦主義者［良心的徴兵忌避者］は敵意を持って迎えられた。一九四二年、アルバータ州では、戦争終結までハタライトへの土地売却をすべて禁ずる法律が通過した。一九四七年から一九七二年の間、アルバータ州政府はハタライトが所有できる土地の場所と量を制限していた。(22)

日本人に対する処置はよく知られているところである。一九四二年二月二十四日、連邦政府の命令により、約二万二千人の日本人が太平洋岸地帯から立退かされ、ブリティッシュ・コロンビア内陸地と他の州に移住させられた。政府は、終戦時に彼らが太平洋岸に戻れないように、資産を売却してしまった。更に、政府は終戦間近になって日本人に対し、日本への自主的退去を奨励した。(23) 一九四七年、公民権運動のグループからの激しい圧力のために、政府は約一万人の日本人を国外追放する計画を断念した。

ユダヤ人に関しては、カナダの民族関係の専門家、ハワード・パーマーが一つの国家的悲劇を次のようにまとめている。「カナダはユダヤ人移民に対して、彼らがヨーロッパでのナチの迫害から避難する場所を絶望的なまでに必要としていた時に、その門戸を閉ざしたのである。」(24)

第二次大戦中、中国人とウクライナ人は、彼らの戦時協力を通じて、新しい社会的尊敬と地位を獲得した。すべてのグループの戦時産業への参加は社会障壁を崩していった。(25) パーマーは、たぶん最も顕著なことは、ヒットラーとナチに対する強い嫌悪感が、反ユダヤ主義を公言することや、優性民族という概念に対して、強い反発を生み出したことではないだろうかと説明する。(26)

終戦に続いて、また院外活動に呼応して、やっとアジア人にも選挙権が与えられることになった。中国人と東インド人には、一九四七年に、日本人には一九四九年に選挙権が与えられた。条約下の先住民は、一九六〇年まで待たねばならなかった。いくつかの法的人種差別は存続した。例えば、ノーバスコシアでは一九五四年まで黒人は白人の学校に就学することを禁じられていた。

一九五三年に移民法が制定されるまで、移民は依然、国籍、人種、「特有な慣習、習慣、生活様式、資産所有の方法」を含む多くの理由で、入国を拒否されることがあり得た。(27) 一九五二年のギャラップ調査によると、全人口の五十五％の人が、「カナダに移民は要らない」と感じており、一九五九年までに、その数字は六十四％にのぼった。一九六一年には、全国の五十二％が、「カナダは引き続き非白人の入国許可を制限すべきである」という点で合意していた。(28) 一九五八年、クイーンズ大学の歴史学者、アーサー・ロウアーは、フランス系カナダ人とイギリス系カナダ人の、移民に対する感触は異なっており、「フランス系の態度は単純で、『今のような社会を、変えずに、新移住者に脅かされずに、維持しよう。我々は、かつて一度、侵入者と我が家を共有しなければならなかった。同じことを繰り返したくはない。』と言う」と書いている。ロウアーは、また、イギリス系カナダ人は移民をその価値や功績によって——白い肌を持っていればの話であるが——判断したと言う。(29)

女性の場合と同様、カナダの主たる組織、特に学校と教会は、またしても、差別に反対して公平さをもたらすための指導的な役割を果たさなかった。例えば、カナダの宗教団体は、人種的、文化的グループに対する不正に直面しても、声高にも、また予見的な批判の声も上げなかった。

集団は文化的に孤立する傾向にあり、自分達と異なる文化的背景を持つ人々に接触することにはあまり関心を示さなかった。あるグループは新移住者に対して敵愾心を隠そうともしなかった。一九五〇年代及び一九六〇年代に、引き続き移民がカナダの土を踏むに従い、状況の速やかな変化が待望されていた。

【先住カナダ人】　イギリス人とフランス人が、新しく移住した人をどう迎えるかを学ぶと同時に、既得利権を分け合う方法を模索しているうちに、カナダは、なぜか、あまりにも明白な現実を見失った——あるいは、たぶん単純に、認識する必要を感じなかった——ように思われる。フランス人とイギリス人が、それぞれの王室のために、土地の所有権を主張した時、大西洋から太平洋に広がった大地は無住ではなかった。先住民は、初めの船が到着して以来、岸辺から見ていたのである。イギリス人とフランス人は、彼らが未開の野蛮人と呼ぶ者によって占められていた土地に、天与の権利があると感じていたようである。最悪の場合には、彼らは邪魔になる先住民を虐殺した。一八〇〇年頃、ニューファンドランドでは、三、四百人のベオトゥーク・インディアンが、彼らの好きなアザラシ猟場の近くの土地の突端へ引かれて行き、鹿のように撃ち殺されたと信じられている。(30) ベオトゥーク・インディアンが侵略者に抵抗する傾向があったことが、ヨーロッパ人に、彼らを撲殺すべき野性の動物のように扱わせる原因になったようである。(31)

カナダ人人口の構成（一八七一―一九六一年（%））

	一八七一	一九〇一	一九三一	一九六一
イギリス人	60	57	52	44
フランス人	31	31	28	30
他のヨーロッパ人	7	9	18	23
アジア人	<1	<1	1	1
先住民	1	2	1	1
その他	1	1	<1	1

出典　自治領統計局

毛皮交易の拡大によって、先住民との平和共存の手段が可能になる一方、共棲的な関係は、十九世紀初頭、ヨーロッパ人が続々と到来したことによって、早くも崩れ始めた。農業拡大で一旗揚げたいと思っていた移住者は、もっと土地が必要になり、先住民との条約交渉を始めた。条約に関する専門家のアンソニー・ホール教授は、「インディアングループは概して政府の代表者から提案された条件を簡単に受け入れてしまった。…五大湖の北にいた先住民とイギリス軍司令部との間にはかなりの信頼関係が存在した。」[32]一般的に言って、条約は先住民に、永久に毎年支払いをするという約束と同時に、現金か現物での一括払いを与えた。

多くの評者は、インディアンと白人の間に、条約が何を意味するかについてかなり考えの相違があったことを指摘する。レスブリッジ大学の弁護士・教授のリロイ・リトル・ベアは、先住民にとって、「土地は公共財産であった」と書いている。土地は個人ではなく、それぞれの先住民族に任されていたのである。「土地は現在生きている人々に所属しているだけでなく、過去の世代にも未来の世代にも属している。…更に、土地は人間に所属しているだけでなく、植物や動物、ある時には岩を含む他のものにも所属している。」[33]ウォータールー大学の歴史学者、E・P・パターソンは、先住民の証言から得た証拠によると、インディアンが、条約による合意を、共有性と友好と相互尊重の印と受け取った節があると主張する。明らかに、これは、もう一方の調印者の条約解釈とは異なっていた。王室の、また後のカナダ政府の代表者にとって、条約は「土地の法的購入で、それには毎年の支払いや農機具や医薬品援助などを提供する義務が付帯していた。」[34]

いくつかの条約と法令は、先住民のために居留地を設置した。しばしば改訂された一八七六年のインディアン法は有資格インディアン——条約の効力下に入るか、その他の方法でそう規定された人――に居留地に住む権利と政府の保護を受ける権利を与えた。「これらの居留地は、先住民を一般社会に同化させるための訓練場になるはずであった」とパターソンは書いている。(35)居留地は、しばしば都市の居住地区からは安全な距離に置かれた。それは、先住民を望ましくない影響から引き離したが、同時に彼らが、「適切に文明化」する時が来るまで隔離しておくことになった。居留地の学校は、往々にして政府援助を受けたキリスト教のグループによって運営され、この「再社会化」への過程で中心的な役割を果たした。居留地の数はほぼ二千三百にのぼり、有資格インディアンは約六百のグループ「バンド」に細分化された。居留地の約三分の二とバンドの三分の一はブリティッシュ・コロンビアにあった。それぞれの居留地は、面積がおよそ四マイル四方で、一握りの成員からなるバンドから数百人を要するバンドまでを収容した。(36)

連邦政府は、このように、先住民の利益を代表して行動している時は、法的に彼らの最善の便宜を図る、後に「被信託人の役割」とみなされる責任、を担うことになったのである。(37)先住民は、その見返りとして、政府の被保護者となり、しばしば、かなりの干渉なくしては、建設的で生産的な成人に成長することができない子供のように扱われたのである。その結果、多くの先住民が自己表出に必要不可欠な進取の気性と自信を失うことになった。先住民が何らかの助けなくしては責任ある行動が取れないという考えは、自然にその通りになってしまった。(38)

カナダ社会の主流から切り離され、矮小化させられて、先住民は、十九世紀の後期の大半と二十世紀の前半は、「去るものは日々に疎し」であった。評者のビクター・バレンティーンは、このような先住民を適切に表現して、「一団の衛星」のようになったと言う。(39)先住民の目的欠如、極度の貧困、不健康さ、不適切な教育、広範囲にわたる、他のひどい個人的、社会的問題——特に犯罪、暴力、アルコール中毒、自殺——は、悲劇的と言っていいほど、国民の注意を引かなかった。

忘れられてしまった先住民の存在をまざまざと見せ付けたのは、居留地の近くの町での彼らの行動であり、あるいは、大きな都市で彼らの中の誰かが大きな転換を図ろうとした時である。そのような接触は、先住民がいつも酔っ払っており、怠け者で、知性に欠け、「ふしだら」という否定的な固定観念を育んだようである。ハワード・パーマーは「ほとんどの非白人移民と同様、インディアンは投票することができず、経済的には社会の最下層に位置付けられ、社会的には初めから汚名を着せられており、かなりの差別に遭遇した」と書いている。(40)

居留地組織が強固に確立された直接的な結果として、先住民は、世界の他の地で植民地化された人々の間に見られる、意気阻喪と受動性を示した、と社会学者のキャロル・アゴーは書いている。「六〇年代が来るまで、インディアン居留地の住民が、先住民を子供扱いする擬似植民地主義的な政府の官僚に何らかの影響を及ぼす術はほとんどなかった。」(41) しかし、一九五〇年代が終わりに近付くにつれて、数名の先住民代表者、特にハロルド・カーディナルが、自分達の意見を発表しようとしていた。(42) 眠っていたカナダの主人役は今まさに社会的保護施設から現われ出ようとしていた。

「昔は良かった」という神話

女性や文化的少数集団のようなグループに示された不公平さを振り返ってみると、次のような疑問が出るのは明らかである。「我々の知性と理性はどこにあったのか。」公平さと平等と良識の高揚に身を堵した人達はどこにいたのであろうか。女性と少数集団に対してのあのような残虐行為を告発し、非難する良心の声はどこにあったのか。

ある社会批評家は、多くの人――特にアングロ・サクソン系の男性――が不利な立場にいる人達の苦境から利益を得ていたために、そのような声は聞かれなかったと言うであろう。疑いなく、そのような観察はかなり当たっている。しかし、不公平な社会的取り決めは、遙かに崇高なものを目指す人々――教育者、宗教的指導者、政治家、ジャーナリスト、社会福祉家、他のたくさんの人々――によっても広く受け入れられていたのである。

前情報社会

なぜそういう声が聞かれなかったのかはかなり明白である。カナダ人は、主に、西ヨーロッパから輸入された文化を受け継いでいた。その文化は、男性の優位、英国及び白人の優越性を「真実」とみなす文化であった。その結果、介入して不正を正すことを呼び掛けることができる最高の機会を持っていたと思われる二つの機関――教育と宗教――が両方とも指導者のレベルで、この文化に侵蝕されていたのである。従って、学校や教会の門をくぐった、政府、経済、報道の主要人物が、不正な現状に挑戦する姿勢を、以前より強めて出てきたということはほとんどなかった。

たぶん、一九六〇年代以前の、「集団主義」と権威主義への傾斜は、影響の大きい他の要素によって相殺され得たかもしれない。しかし、現実には、一八六七年から一九六〇年まで、カナダに住んでいる人々は非常に孤立していたのである。社会の現実に関する異なった見方を含め、情報の伝播は遅く、また限られていた。我々の祖父母や曾祖父母は、ほとんど国外を旅行したことがなかった。また、読書も、義務教育での経験の域を越えては、読み書きができなかったり、読む気がなかったり、本が手に入らなかったりという理由で、制限されていた。人々が読むことができ、しかも読みたいと望む場合でも、しばしば図書館が利用できなかった。

マスメディアが潜在的な情報源を代表していたにもかかわらず、当時のカナダのほとんどの新聞は、地方の出来事について報道する地方週刊紙で、全国的、国際的問題には焦点を当てなかった。ある歴史家は、一九三一年当時、地方新聞は「概ね、紙面は宣伝が主で、ニュースと解説はごくわずかであった」と書いている。[43]

自治領「コンフェデレーション」形成時までには、いくつかの日刊紙ができ、後に『マクリーンズ誌』になった雑誌は一九〇五年に創刊された。ラジオは、一九一九年に到来し、CBC「カナダ放送法人」のネットワークの前身が一九三二年に設置された。（テレビは一九五二年まで登場しなかった。）しかしながら、新聞や雑誌やラジオが、どの程度現状に挑戦しようとしたかは疑問である。もちろん、これらのメディアは、一般大衆の認識、態度、行動に影響を与える力を持っていた。だが、メディアの世界は、例によって、カナダ、アメリカ、ヨーロッパ文化が作り出した人々によって占められていた。彼らに文化を超えることを期待するのは――特に、その出版と番組が経済的にその文化に依存している場合には――たぶん期待し過ぎであろう。

活字と電子のメディアは、一九六〇年代以降、情報伝達と思考を刺激する点で主要な役割を演じることになるのであるが、カナダが一九五〇年代に別れを告げる時点では、その時代はまだ到来していなかった。

生活の質

一九六〇年代以前のカナダの生活は、完全と言うには程遠かった。多くの人々にとって、単に生きること自体が容易ではなかった。何千というカナダの赤子が出生時に死亡した。一八三一年には、五人に一人の子供が一歳にならないうちに死んでいたが、一九八一年までには、この数字は百人に一人に減少する。(44) 何千というカナダ人が、気管支炎、結核、肺炎などの病気で早死にした。一九二六年に正確な全国的統計が利用できるようになった時点で、約二十四%の死が伝染病によって引き起こされたものであったが、それに比べて、一九八四年には、その数は七%に減少している。(45) 私の祖父は両方共、一九三〇年代に死んだが、一人は毒きのこを食べて三十二歳で、もう一人は盲腸炎で四十二歳の時であった。当時はそんな時代であった。病院、医療関係者、新しい知識が何としても必要であった。

低所得と貧困はしばしば深刻な問題であり、生活は社会保護を保障する法律がないために余計に困難になっていた。適切な住宅は多くの人にとって手が届かず、住宅基準を設定し、借家人を保護する法令が必要とされていた。十分な食料と衣料も、かなりの数のカナダ人にとって、当たり前に入手できるものではなかった。

カナダの初めの世紀は、極度に集団的な支持を必要とする時代であった。幸いにも、政府は、特に大恐慌以後、対策を講じ始めた。しかし、増加する政府の介入にもかかわらず、カナダの国家的安定は、今世紀の前半、カナダ社会を支配した三つの地殻変動的な出来事——第一次大戦（一九一四—一八）、大恐慌（一九三〇年代）、第二次大戦（一九三九—四五）——によってひどく翻弄された。二つの大戦は多くの犠牲者を出し、それぞれ六万人と四万二千人余の命を奪った。この三つの出来事はすべて、多くの人に耐えられない程の経済的苦痛を与えた。そして、カナダ人に測り知れない心理的重圧を加えたのである。

遂行された政府のプログラム

●一九一四—一八　労働者の補償（オンタリオ、ノーバスコシア、ブリティッシュ・コロンビア、アルバータ、ニュー・ブランズウィック）
●一九二七　老齢年金は収入調査によって給付（連邦・州）
●一九三九—四四　学生経済援助（連邦・州）

●一九四〇　　失業保険（連邦）
●一九四四　　家族手当（連邦）
●一九五一　　老齢年金─収入調査なしで給付（連邦）
●一九五七─六一　病院手当（連邦・州）

そんな状況の中で、家族、友人、宗教及び文化団体が生活に困っているたくさんの人々を助けた。高齢のカナダ人が、なぜか過去において人生はもっと良かったと思う時、頭に思い浮かべるのは、たぶん逆境に際してのこの集団的助け合いであろう。今より人間関係が良かった時もあったろうが、生活条件は疑いなく良くはなかった。

一八六〇年代から一九六〇年代にかけての技術的発展には見るべきものがあった。それでも、かなりの間、家の外での仕事は骨の折れる困難なものであった。農業、製造業、鉄道建設などは楽でないだけでなく、効率も良くなかった。家の中での仕事も同様であった。一九四一年、全国の三十%の家に電気がなく、四十%に水道が入っていなかった。水洗便所は半分の家庭にしかなかった。

しばしば、長い労働時間のせいで娯楽のための時間は残らなかった。ここでも選択は限られていた。人との交際は可能であったし、ある者は読書に親しんだ。しかし、映画は一九二〇年代まで到来しなかったし、前にも述べたように、ラジオもテレビも、それぞれ、一九一九年と一九五二年まで登場しなかったのである。

一九四一年における家庭内の快適な設備

単位は％

	電気	水道	電話	冷蔵庫	水洗便所
カナダ	69	61	40	51	52
農場地帯	20	12	29	22	8
非農場の地方	60	41	28	36	33
一五、〇〇〇―三〇、〇〇〇	99	96	54	67	85
三〇、〇〇〇以上	99	99	57	79	89

出典　プレンティス他　一九八八―一二四五より修正引用

しかし、繰り返すが、人がただ単に、生き残るための努力に持てるものすべてを費やさなければならない場合、「良い生活をする」ことは無理であった。我々の恒常的な現実が、我々自身の死や愛する人の死を含む時、また、我々が仕事を見付けられなかったり、現在の仕事をいつまで守っていられるかが分からない時、このような心配は、劇的にそれ以後の生活に影響を与えるものである。一つの大戦、大恐慌、それからもう一つの大戦、それに続く、更なる戦争と恐慌という当時進行中の脅威は、一九六〇年代以前の多くのカナダ人の日々の生活に深い影響を与えた。それは、生きることがやさしくも、特別良かった時代でもなかった。

幼い孫娘がラジオで聞いた歌手の言葉を借りて、背もたれ椅子に座っている白髪の男性に向かって、「おじいちゃん、『昔の良き日』について聞かせて」と言った時、彼が、間を置いて、ちょっと考え、それから微笑して、次から次へと作り話をしたとしても、許されていいであろう。なぜなら、真実はお伽話より信じ難いであろうから。

時代は変わらなければならなかった。

第3章　変革の萌芽

カナダが農業社会から近代産業国家へと徐々に変貌していくにつれて、その発展過程につきものの個人主義、多元主義、相対主義への傾斜がますます強く感じられるようになった。これら三つの主義をすべて強調することは、高度に発達した社会にあってはよく見られる現象であるが、我が国は、それらを神聖化することにかけては特に抜きん出ていた。従ってカナダは、それから自身が受けてきた利益と、それに支払ってきた代価との両面でかなり異例であると言えよう。

自由の源泉

アメリカ的要因

カナダ社会は、一九五〇年代の終わりまでに、北米におけるいくつかの社会的動向によって顕著な影響を受けつつあった。アメリカでは、南部に向けて公民権運動が空前の速度で迫っていた。制度的な人種差別は解体されつつあった。また、もともと大学生の間から始まった、一つの注目すべき運動が力を持ち始めていた。それは、一九六〇年代になって事実上すべての階層でアメリカの既成価値を揺さぶった、若者の反体制文化の出現である。国境のすぐ南でも女性解放運動が目ざましい進歩を遂げ、これは、一九六三年に出版されたベティ・フリーダンの『新しい女性の創造』に刺激されて、拡大の一途を辿ることになる。(1) 一九五〇年代後半及び一九六〇年代においては、より多くの自由と平等ということがアメリカの重要な主題であった。

カナダとアメリカの国境の両側におけるメディアの影響によって、その当時のカナダ人は、公平な社会という目標に対して、より敏感になっていた。若者達は、カナダ風のキャンプ・ファイアーを囲んで、下手なギターをかき鳴らしながらアメリカから入って来た歌を歌っていた。それは『風に吹かれて』のような平和を望む歌、『勝利を我らに』のような自由を求める歌などであった。若者達の真面目さは、たいていが無知と表裏一体であった。彼らは、歌は好きだが、歌詞が何について語っているのかをほとんど理解していなかった。これはその通りで、実際に私もその中の一人だった。それでも、アメリカ側で起きているこの解放の影響は、多くのカナダ人によって感じられていた。戦争による疲弊と不気味に迫る、ソ連〔旧〕との戦争の可能性に対する不安、それにも増して現在進行中の難題、ベトナム戦争のために、正義と平和を求める声は敏感な民衆に強く訴えかけた。

このような状況は、個人にとっては都合が良い時代であった。アメリカにおける一連の運動に一貫して流れている主題が、まさに自由の問題であったからである。黒人には、社会生活のすべての面で完全に参加する自由が必要であったし、若者には、物質主義と戦争に背を向ける自由が必要であった。また、女性は、前もって定められた制約なしの人生を生きる自由を必要としていた。

一九六三年八月二十八日という日は、恐らくキング牧師より雄弁な論客が他にはいなかったと言える日であろう。その日、ワシントンのリンカーン記念堂の前で行った彼の『私には夢がある』の演説を誰が忘れようか。キング牧師は、「この国の歴史上最大の、自由を獲得するためのデモとして、後世に残るであろう今日ここに、私は皆さんと共に参加できて幸せです」と語り始めた。彼は巨大な群衆に向かって、一九六三年は自由のための運動の終わりではなく、始まりであり、「精神的な力と肉体的な力」を合体させ、尊厳と規律を持ってこれからも戦い続けることが必要であると言った。そこには対立の余地はなかった。その日参加した多くの「白人の兄弟達」の存在は、「不正は白人と黒人の混成軍によって葬り去られなければならない」ことを新たに思い起こさせた。キング牧師は、平等が「ジョージアの赤い丘の上」で、ミシシッピー州で、あるいはアラバマ州で実現された夢を、また彼の四人の子供が、「その皮膚の色によってではなく、彼らの人格によって評価される国に生きる日」の夢について語った。そして次の素晴らしい結語。

この日はすべての神の子供達が、新たな意味をもって、「私の国、それは神様、あなたのもの、優しい自由の地」と歌える日であろう。…自由の鐘を鳴り響かせよ、自由の鐘を鳴り響かせよ。そして、我々が自由の鐘を鳴り響かすことができる時、そしてどの村や村落からも、あらゆる州や市からも鳴り響かせる時に、すべての神の子供達が、一緒に腕を組んで、古い黒人霊歌の中にある次の言葉を歌える日が来るのを早めることができるだろう。「ついに自由だ、ついに自由だ、全能の神よありがとう、我々はついに自由だ。」(2)

人間的要因

あたかも個人という存在が、一九六〇年代になって突然生まれたような印象を与えるが、もちろんそんなことはない。歴史をある程度類型化して見ると、時々、前代の人々に関しては個人と集団との区別が付けにくいという印象を受ける。原始時代の人が火の回りに座っていたり、中世ヨーロッパの人々が宗教的教義に盲従していたり、カナダ人移住者達が完全に団結していた集団であったなどというような我々のイメージは、現実を奇妙に歪めたものである。

個人には、自分の好きなように行動したり、考えたりするという傾向が顕著なので、その傾向が社会生活にとって常に大きなジレンマの一つとなってきた。歴史を通じて、個人は、強制されなければ集団の利益のためにほとんど何もしてこなかった。個人は、集団の法律や慣例に忠実であろうとして、自分の気まぐれな考えをすべて捨てようなどとは思わないものである。それを示す例はたくさんあるが、その鮮明な映像を得るには、幼い子供達を見るだけで足りる。子供は自分のことしか眼中になく、教化や強制があって初めて社会生活が可能になるのである。

歴史を通じて、これまでも際立った個人主義者がいた。その中には、発明家や芸術家、哲学者や作家、変人や殺人鬼もいた。社会が必ずしも彼らを的確に識別しなかったので、我々には破壊主義的な人を誉めそやしたり、創造的な人を処刑してしまったという前科がある。無分別な協調が、創造的な非協調よりも、ずっと賞賛を博することもあった。数多くの偉大な個人が、評価される前に死んでいった。それでも、歴史には常道を外れて、冒険を企てた個人が、数限りなく点在している。彼らは時には英雄として、時には悪役として見られてきたが、前者は「歴史に足跡を残した」として賞賛され、後者は後の歴史をより困難にしたとみなされている。

個人が特に評価された時代があった。例えば、ギリシア・ローマ時代と十七、八世紀のヨーロッパ啓蒙運動の時代には、知識人や芸術家が個人の限りない才能と可能性を開花させた。進んで体制に挑もうとした個人が、変化を生む過程で必要不可欠な役割を演ずることにもなった。モーゼ、仏陀、イエス・キリスト、モハメッドなどの宗教家やシーザー、ジェファソン、レーニン、ヒットラーなどの政治家が存在しなかったら、歴史が辿った道が同じであったとは想像し難い。

個人は初めから存在したのである。一九五〇年代以後、ますます多くの人々が、個人は自己の可能性を追求する自由を権利として持つ、と主張するようになった。また、誰もが、不平等と不公平によって制限を受けたり、意気阻喪させられたりせずに、自分の人生を全うし得るべきであるという信念が増大した。

経済的要因

このような変化が焦眉の急であると感じられたのは、一部には、アメリカ人とカナダ人の生活の中で起こっていた大きな社会変化による。アメリカが何年も先行していたので、両国でその変化の速度は異なるが、パターンは同じであった。カナダでは、二十世紀に入るとともに、経済転換がもたらされ、農業に大きく依存する経済から製造業に基盤を置く経済になった。この農耕社会から工業社会への移行が、多くの重要な社会変革に貢献した。

特に、二つのパターンが重要な意味を持っていた。一つは、働く場所が家庭の外に移ったこと、二つ目は、働く場所が農場から離れた所へ移ったことである。この二つの変化はカナダの生活に根源的な影響を与えた。働く場所が家庭から外へ移ったことは、大きな役割変化をもたらした。以前は明らかに均質的であった家庭生活が、みるみる分化していった。つまり、夫は社会の労働人口に加わり、女性は家庭を守り、子供達は学校をより優先させるようになった。働く場所の変化に伴って、人々は農村を去り都市へ向った。同様に移民も急速に発展しつつある都会を選んで、カナダの農村地方を避けるようになった。

都市の生活は田舎の生活とはまったく違っていた。都市では個人に重点が置かれていた。先ず第一に、仕事の内容が農村では思いも及ばないほど専門化していた。その専門化は、進歩する技術、拡大する産業やサービスのみに応じて加速的に進行した。組織も、同様に、高度に専門的な役割を果たすよう期待された。余暇、教育、社会的サービスのような領域内の進歩・発展は、もはや一つの組織が生活全般を支配すること――例えば、一九六〇年以前のケベック州の教会が試みたように――が不可能であることを意味していた。

カナダの地方では、生活は教会や学校を中心として回っていたが、都市では、人々はこれまで見たことがないような選択に囲まれていた。仕事や学校、小売り店や娯楽・サービス業、政党や宗教団体などが、個人が自由に選ぶという形で利用できた――これはちょっとした消費者の楽園を象徴しているかのようであった。しかし、都市生活は資産・資源の制約によっても特徴づけられていた。カナダ人には限られた金と時間しかなかった。一九七〇年代を通して、カナダ人は、彼らの上位二つの個人的関心は、金と時間が十分にないことに集中すると言い続けることになる。

都市と農村の人口分布（一八七一―一九八六年）

	都市	農村
一八七一	20	80
一八九一	32	68
一九一一	45	55
一九三一	53	47
一九五一	63	37
一九七一	76	24
一九八六	77	23

出典　カナダ統計局

時間と金に関する心配

「このよくある問題でどの程度悩まされますか？」%は「非常に」あるいは「かなり」

	金	時間
全国	52	66
ブリティッシュ・コロンビア州	44	65
草原州	52	69
オンタリオ州	52	63
ケベック州	58	67
大西洋沿岸諸州	49	66
男性	47	64
女性	58	67
一八―二九歳	41	63
三〇―三九歳	61	73
四〇―四九歳	54	71
五〇―五九歳	37	65
六〇歳以上	37	45

出典　一九八〇年プロジェクト・カナダ

一方で前例のない選択の多様さ、もう一方で金と時間の制約という組み合わせが、カナダ人の個人主義的傾向を際立たせた。我々は、以前よりも、口うるさくなり、また要求も厳しくなった――つまり、非常に選り好みする消費者になった。我々は望む物を提供してくれない会社や組織を無視し、自分達のますます大きくなる期待に添わない製品の供給者に対して、消費者団体を組織して集団で立ち向かった。

消費者が供給者と顔を合わせる度に、このペースは速まった。あらゆる分野で、供給者は互いに、限られた金と時間を求める競争が激化していくのを感じ、その結果、供給者は彼らの市場のシェア――市場が、食品や衣料、サービス、宗教、政治、その他何であろうと――を維持し、拡大させるために一層の努力を強いられた。誰もがこれから免れることはできなかった。製品は個人の好みに合わせなければならなかったし、店は専門化していかざるを得なかった。デパートは突然困難に陥った。規模を小さくとどめて上手にやった、新しい小売り店やフランチャイズが、ますます成功するようになったからである。(3) 多くの企業が巧みにその過渡期を乗り切った。例えば、広告を急速に拡大させることによって、各会社は単に消費者の要求に応えるだけでなく、それ以上の対応をした。各会社は、今望んでいるよりずっと多くのものが必要であるとカナダ人を信じさせ、消費者の購買意欲を劇的に拡大させもしたのである。

工業化の息吹きは、当初、オンタリオ州南部とモントリオールで感じられ、やがて西部諸州とケベック州のモントリオール以外の地方、そして最後に大西洋沿岸地方へと広がった。一九五〇年代の終わり頃までには、我々は消費社会への道を歩んでいた。都市で流行したことが間もなく小さな町や村へ広まった。なお、ここで現れていることは氷山の一角に過ぎなかった——と言うのは、テレビは出現の機会をほとんど与えられていなかったからである。

必要な物に関しては、我々には、ふんだんに選択があり、ほしい物に関しては、我々は、限りない数の提案にさらされているようであった。生活のかなりの部分で、個人の解放は、自由自在な駆け引きという形式をとっていたのである。

自由の構成要素

個人主義

一九六〇年代になって、新しく自由を強調し始めたことは、満足感の対象を集団から個人へと移行させていた。都市では、選択が増すにつれて、望む物が手に入る可能性も増した——衣料品やテレビ番組はもとより、職業や人間関係まで。消費者への供給が消費者の需要を増大させた。カナダ人は自分達が嫌なもの——信仰や結婚のように、以前は議論の余地がない範囲のものであっても、——をもはや我慢する必要がなくなった。法のこちら側では、もう他人の指図で動かされる必要がなくなったのである。

次第に、より価値を与えられてきたものは、個人的満足——肉体的、社会的、知的、あるいは精神的なもの――であった。建国以来最初の百年間にわたって強調されてきた共同主義は、個人主義の新たな強調によって置き換えられつつあった。カナダ人は、社会的観点よりも非常に個人的観点から福利を考えるようになった。特筆すべきこととして、両親や祖父母の中核的家族集団への参加も自由選択的になっていった。我が史上先例がないほど、個人に焦点が当てられるようになった。そして、集団的生活は個人の福利からどんどん切り離されていった。

多元主義

異なった文化背景を持つ人々で構成される社会においては、個人の自由は、その人々に共存が許された場合にのみ可能である。カナダでは、我々は、一九六〇年代に入るまで、異なった文化背景を持つ人々を、カナダの生活に全面的に参加させることに、はっきりと難色を示した。しかし、アメリカの自由主義運動と消費者を満足させるという動向の影響が、その否定的な態度を変えるのに役立った。

カナダの最初の百年間は、先住民族文化の抹消、あるいは、フランス系カナダの吸収などを話題にしてもよかったかもしれない。新移住者は同化を強いられ、女性は教育、ビジネス、政治などを男性の手に委ね、家にとどまっていなければならなかった。一九六〇年代までには個人主義の強調は――少なくとも表向きは――これらすべてを変えつつあった。同化や隔離などは根絶すべき人種差別とみなされた。

我が国カナダのような多元主義国家も多元的地球も、少なくとも多様性という現実を尊重しなかったり、寛容と許容をもって対応しなかったならば、自由の実現化に向かって進むことはできないであろう。カナダでは、我々は、文化的多様性を単に認識し、それを多文化主義政策の中で神聖化するだけにとどまらず、それ以上のことをしようとしている。

個人主義と多元主義は相互に補強するようになる。カナダのような社会は、いったん多元主義が公式に認められれば、集団だけでなく個人の権利も疑いないものになる。なおまた、多元主義の政策が公式に是認されれば、国民は様々な生活様式や見解を尊重しなければならない。「真理」や「正しさ」の強調は、「見方」や「あなたにとって正しいもの」の強調によって置き換えられる。これ以上の如何なる強い評価も、社会的安定性に対しては脅威となる。これが自由のもたらす三番目の重要な結果へと我々を導く。

相対主義

多元的な社会にあっては、真理は危険たり得る。我々の祖先は真理の存在を信じていた。例えば、彼らは地球の真の形や人生の真の意味や犯罪の真の理由を知りたがった。真理の探究はしばしば彼らを窮地に陥れた。真理は必ず発見できるものだという彼らの信念は、何事にも最善を追い求める勇気を与えたが、そのことが集団生活にとってはかなり深刻な問題を引き起こし、閉鎖的な心と不寛容さを助長した。

多元的なカナダで、個人の自由を目指して急速に発展した運動は、独断的な真理を主張する余地をほとんど残さなかった。相対主義の下で、個人主義はその完全な正当性を見出した。

相対主義は、恐らく、意見を異にする初めの二人の人間の時代に溯れるほど古いであろう。しかし、戦争や対立で国全体が疲弊していた一九五〇年代のカナダでは、相対主義は新しい魅力を持った。これには科学の方からの支持もあった。人類学や社会学などの新進気鋭の社会科学が北米教育界で勢いを得ていた。前述したように、その異文化間研究は、彼らが文化相対主義と呼ぶ概念を明らかにしつつあった。社会科学者達は、世界中の人々が様々な表現で共通の要求を表明している――しかし、ある表現が他の表現よりも正しく、あるいは、より良いということはなく、それらは、単に相違しているだけである、と言った。ある文化のやり方を正しいやり方とみなすのは、自文化至上主義と咎められる。

相対主義という主題は、他の分野でもはっきりと打ち出された。一九六六年に、ジョーゼフ・フレッチャーは、非常に影響力があり、特に宗教界に多大な影響を与えた『情況倫理』という本を出版した。フレッチャーは同書の中で、何が正しく、また、間違っているかは一連の規則によるのではなく、むしろ、人々が特定の状況で愛の概念をどのように「操作可能にする」かにかかっていると論じた。(4) ジェイムズ・パイク司教はフレッチャーの考えを支持し、中でも、嘘をつくこと、盗み、婚外交渉などは、愛が介在している限りにおいては、時には「正しい」こともあると書いている。(5)

今世紀の後半になって、真理は相対的なものであるという考えが広く受け入れられるようになってきた。我々の世界は相対主義が君臨する世界である。一時トロント大学で教えていたアメリカ人の哲学の教授、アラン・ブルームは、大学に入って来るほとんどすべての学生が真理は相対的であると信じている、と書いている。ブルームはまた、学生達は、そういう命題を自明とみなさない人に出会うと、「あたかもその人が、2＋2＝4に疑いを持つようなものであり、こういうことは普通考えないことである」ので、非常に驚く、と言う。(6) 一九六〇年代に入ってから、「真実の」これ、とか、「正しい」あれ、を持つことについて意見を述べるカナダ人は、ほとんどいなくなった。同様に、他の人の考え方について、「誤り」とか「間違い」と言う人も少なくなっている。相対主義は、そういう態度を表すには余りにも普及し過ぎていた——少なくとも表向きには。ブルームは、今日では「本気で何かを信ずる者は真の危険である。歴史や文化の研究は、過去において全世界が狂気であったことを教えてくれる。人間は常に自分達が正しいと考え、それが幾多の戦争、迫害、奴隷制度、対外国人嫌悪、人種差別、国粋主義を生んだ。要は、誤りを正して、本当に正しくなることではなく、むしろ自分が決して正しいと思わないことである」と述べている。(7)

相対主義は、カナダ人の個人主義的、また多元主義的時代にふさわしかった。それは、多文化的状況にあって、個人的な福利の追求に知的合法性を与えたのであった。

指導的設計者

社会変化の一つの重要な要因は、いわゆる人間的要因である。変化というものは、畢竟《ひっきょう》、抽象的な全世界的な力がもたらす必然の結果ではない。それぞれの社会は、優勢な世界の動向によって、異なった形で影響を被る。例えば、個人主義や相対主義は、カナダ人の生活に、非常に多くの結果をもたらす可能性を持っていた。特定の個人は、しばしば臨界期触媒となる。

「二人のルーサー」は、四世紀ほど時代を隔てた、その強烈な実例である。新教による宗教改革は単に、目に見えない、太刀打ちできない社会的及び経済的な勢力による結果ではなかった。ローマ・カトリック教会に対する反抗運動は、連合される必要があったが、ある意味で、マーチン・ルーサー（マルチン・ルター）という一人の神父が取った立場のために連合が成立したのである。また、アメリカ合衆国の公民権運動は、人種的不公平を象徴化し、それをアメリカ人に明言できる力強いリーダーを必要としていた。マーチン・ルーサー・キングはそのような役割を十分に果たしたのである。

カナダには、主要な社会変革に必要な要因が揃っていた。我々は個人の自由を拡大することを望み、多元主義や相対主義を強調することによって、そのような追求を正当化していた。必要とされていたのは、それらの要因の撚《よ》りを束ねることができる設計者であった。

第4章　真の北、ついに自由

一九六〇年代が到来して、カナダはようやくそれまでの植民地的な殻から脱皮し始めた。これにはピエール・エリオット・トルードーが果たした役割が小さくない。一九六五年二月十五日、下院での長く、激しい討論の末に、新しい国旗がオタワの平和塔の屋上に掲げられた。また、国歌「おお、カナダ！」は一九六七年国会で承認され、公式には一九八〇年六月二十七日、国歌制定法の下で採択された。一九八二年四月十七日、エリザベス女王は、カナダは今、自国の憲法を持てりと国会議事堂から宣言した。一人のアメリカの放送解説者の言葉によれば、「トルードーは、首相の任期が終わるまでに、植民地的な地位を象徴的に表す、最後まで残っていたぼろ着をカナダから剥ぎ取り、それによって、カナダに十分な政治的成熟をもたらすことに成功した。」(1)

二十年以上も前に、トルードーは、ケベック州の「連邦政府の力を骨抜きにしようとする企てに直面して、…連邦主義を守るために、私は一九六五年に政界入りした」と書いた。彼には一つの戦略があった。一九九〇年に、トルードーと彼の同僚は当時を回想して、「我々がオタワに行ったのは、権力のための権力を得るためではなく、一連の自由主義的価値観に基づいて我々の社会を改革するためであった。はっきり言っておきますが、我々は理念的政府を造った――理念的と言うのは、我々が、架け橋的な役割をする、目的を持った概念的枠組みによって動機付けられ

ていたからである。その枠組みは、我々が人間個人の尊厳と権利に与える至上の価値に基づいていたのだ」と語っている。(2)

カナダ社会は、トルードーの政府とその時代、両者の累積的効果を感じていた。

解放された集団

一九六〇年代、カナダは不平等に関する主な領域の二つ、文化的少数民族と女性、に取り組もうとした。イギリス自治領カナダ連邦時代の最初の百年は、改善すべき余地を相当残していた。そして、改善の方策を講ずる時がやって来ていた。

文化集団

クイーンズ大学の歴史学者、アーサー・ロウアーは、一九五〇年代の終わりに、次のように書いた。誰もが妥協を嫌うが、「二つの主たる文化があり、二つの主たる宗教があり、基本的忠誠に関する二つの吸引力――一方は過去に、もう一方は国家に――があり、今や元の構造に組み込まれなければならない、様々な異質の人種からなるもう一つの大きな集団が存在する国では、地域的な内戦になる前に、唯一の取り組みが可能となる。それは妥協である。」(3) 一九六〇年代の到来に際し、カナダはその異質な諸集団間にそのような妥協を打ち立てようとした。

カナダの文化集団に関わる不公正を解消するには、先ず何よりも、ケベック州と残りのカナダが、一つの国家としてどのように存在し得るか、という根本的な疑問を解消することが必要となる。一九六五年、二言語・二文化併用主義に関する調査委員会は、その予備報告書を公開し、その後七年間にわたって、更に六分冊の報告書が公開されることになった。(4) 同委員会は、カナダは、ケベックの人々が、個人的にも、集団的にも、カナダの他の地域の人々と共に、平等及び互敬を経験することができると確信した時に初めて解決される、重大な危機に喘いでいると報告している。(5) ケベック州及びカナダ全国にいるフランス語使用者は、官公庁及び民間部門の両方において、かなりの言語的、経済的、職業的不公正を経験していた。

同委員会の勧告に基づいて、公式の政策声明が出された。カナダには二つの建国民族――フランス人とイギリス人――がいると宣言された。これ以後、カナダは二つの公用語――フランス語と英語――を持つことになる。カナダ人は一生いずれの言語で暮らしてもよい。一九六九年、この考えは確固不動なものになった。公用言語制定法の通過に伴い、異集団間を支える主要な二つの礎石の最初の一つ――二言語併用主義――が据えられた。

解決されるべき二つ目の大きな異集団間問題は、他の文化集団の位置付けの問題であった。一九五三年の移民法は、非白人集団のカナダ入国に対してあからさまに差別を続けていた。そのような不公平な取り扱いは、ジョン・ディーフェンベーカー政権に不安感を与え、一九六二年に、移民に対する人種的障壁を撤廃する結果を生んだ。一九六七年、ピアソン政権は「教育、訓練技術、及び他の特別資格」を強調し、移民を選考するための「点数制度」を導入した。(6) しかし、移民政策の変更は、カナダ人がどのように新移住者に対応するかという問題を解決するには至らなかった。

この二つ目の重要な異集団間問題は、調査委員会によって、先の報告書全六冊の中の第四冊目に付け足しのようなものとして言及された。同委員会は、三分冊をイギリス系・フランス系問題の取り扱いにあててから、他の文化の系統を持った人々も、その民族遺産の中から良いものを保持する機会を持つべきであると勧告した。文化的多様性はカナダを豊かにする、と論じられた。我々は、諸民族からなる一国家となるであろう。一九七一年、カナダの危急存亡を賭けた二つの礎石の二番目――多文化主義――が二言語併用主義と並んで設置された。それを発表する声明の中で、トルードー首相は、その間の事情を次のようにまとめている。「二言語併用主義の枠組みの中での多文化主義政策は、カナダ人の文化的自由を保証するための最も適切な手段として政府が期待を寄せているものである。」(7)

トルードーは、一九七二年に、ウクライナ人グループに対する演説の中で、多文化主義の性格と目的について少々模範的とも言える見解を示した。

> [カナダの多文化構成]及びその多文化構成が包含し、促進する(相互の)節度が、カナダを非常に特別な所にし、また、より強固な所にする。多くの繊維の一本一本がその独自の資質を寄与し、カナダはその組み合わせによって力を得る。我々は他の国とはますます異なる国となる。我々は、以前より、他の国による文化的、社会的、あるいは政治的包囲網に影響されにくくなる。

我々が、国家の偉大さというような見地から考える傾向はより少なくなる――もちろん、強いてそのように考えさせられることはもっと少なくなる。そして、攻撃性、誇示、あるいは威力という姿勢はまったく取らなくなる。我々のイメージは、色々な違いを持った人々が造る国のそれである――が、（その中に）多くの貢献や多様性が見えている――が、しかし、人々の唯一の願いは、調和の中に生きるということである…。地球という、大きさの限られた惑星にあって、あらゆる特色の中で最も望ましいものは、異なった背景を持った人々と共に暮らし、それが提供する機会から学ぶ能力及び学びたいという願望である。(8)

このような精神と相俟って、新しい移民法が一九七五年に議会を通過し、それから二年後に効力を発することになった。この法律は、人口統計的、経済的、及び社会的目標、離れ離れになった家族の再会、差別撤廃、難民に対する義務、カナダ社会への移民の適応を促進するための政府と民間団体との協力など、を追求することを含む、カナダの政策の方針を確立した。(9)

先住民族の積年の苦情を解消することに関して、トルードーの立場は明確であった。彼は、ケベック州に憲法上の特別の地位を与えることに反対していたのと同様に、他の色々な新しい政策の中でも、とりわけ、先住民族との諸協定に幕をおろすことによって、インディアンに与えられた特別な地位を事実上撤廃することを主唱した。(10) それにもかかわらず、一九八二年の憲法では、「土地請求に関する取り決めによってカナダの先住民族が獲得し得る」如何なる権利をも含む、先住民族の権利及び条約による権利を明確に保護した。(11)

カナダの二言語併用主義政策は、歴史的に支配的なイギリス文化及びフランス文化の存続を保証しようとするものであった。多文化主義政策は、他の文化と言語の存続を奨励したが、公用語を増やすことを唱道するまでには至らなかった。この二つの政策には、諸文化集団の集合的権利を保証する狙いがあった。これらの政策は、共存――まさにカナダ――を可能にする。

カナダ政府による一九六〇年代以前の差別問題の扱い方に非常に批判的であった、マギル大学教授モートン・ウェインフェルドが、このような推移・発展に照らして、一九八八年に、次のように書けるまでになった。「カナダ国家は、積極的な圧迫と以前の無関心から移行して、少数民族集団の権利を積極的に擁護するようになった。国家及びその組織は、正式に、カナダの少数民族集団の経済的機会均等並びに進行中の文化的生存の両方を保証することを約束した。」(12)

一九九〇年の「英語に限る」という運動――その中でスー・セイント・マリー市やサンダー・ベイ市を含むオンタリオ州内のほぼ五十に近い都市が、単一言語使用を宣言した――に与えられた報道量は、連邦政府の二言語併用主義政策を受け入れる傾向が、国全体としては、ゆっくりではあるが増している状況を不鮮明にした。一九八九年の時点では、一九七五年の四十九％、一九八〇年の五十五％と比較して、カナダ人の五十八％が二言語併用主義政策に賛成していた。どの地域でも、二言語併用主義を支持するカナダ人の割合が、一九七〇年代以降わずかながら増え続けている――一九六九年にやっとその政策が法制化されたことを考えると、これは注目すべき動向である。(13) 一九八七年、十五歳から二十四歳の青少年を対象とした広範な全国調査によると、六十九％の新世代の若者が二言語併用主義を支持していることが分かった。(14)

カナダ人の出身文化集団（一九八六年）

（%）

イギリス系	34
フランス系	24
イギリス・フランスの両系統	4
イギリス・フランスの両系統およびそれ以外の文化系	13
イギリス・フランスのどちらでもない	25
イギリス・フランス系以外のヨーロッパ系	16
アジア系	4
先住民	3
その他	2

出典　一九八九年　カナディアン・ソーシャル・トレンズ夏季号

このような発見結果は、二言語併用主義が徐々に全国的に受け入れられつつあることを示している。この過程は、西部カナダにあっては特に冷ややかに受け止められていたため、遅々としていた。しかしながら、年齢と学歴の差による相違は、受け入れる人の割合が時と共に増え続け得ることを示唆している――もちろん、ミーチ・レイクのような問題が原因となって、肯定的傾向が妨害されなければの話であるが。

学術研究も、一九七〇年代半ばから多文化主義の容認に増加が見られることを示している。一九八九年末の時点で、六十八％の人が多文化主義に賛成している。[15] 一九八七年の全国青年調査では、十五歳から二十四歳までの若者の間で、多文化主義の支持率が七十四％に達していることが分かった。[16]

一九七〇年代以降、調査結果は、カナダの文化的少数民族に対する否定的な態度が和らいできていることを示している。[17] 東インド人、先住民、ユダヤ人、黒人、東洋人に違和感を感じないというカナダ人の比率が増している。

少数民族に対する安心感

%は「安心感」を示す

	ユダヤ人	東洋人	先住民	黒人	東インド人
一九九五	94	92	91	89	85
一九八五	91	91	90	88	83
一九七五	91	86	87	84	*

＊記載なし
出典　1995年プロジェクト・カナダ

様々な異民族、異人種の成員間の結婚に対する態度は、カナダ人が異った背景を持つ人々を受け入れる度合いを示す指標を提供する。一九六〇代年以降、異人種間及び異宗教間の混成結婚への反対は相当減ってきている。例えば、白人が黒人と結婚することに反対する割合は、一九六八年の五十三%から、今日の約二十五%のレベルまで下がってきている。(18) 同じ二十年間に、プロテスタントとカトリックとの結婚に対する反対は、二十八%から十%ほどに減少している。若年層がこのような混成結婚に一番反対していないことは、将来とも容認傾向が増え続けるであろうことを示唆している。

明らかに、カナダに差別は存在し続ける。完全な文化的、人種的調和にはまだ長い道程がある。しかし、入ってくる情報がすべて否定的ということではまったくない。二言語併用主義と多文化主義が国是と定められてからの二十年間、人種差別と異文化集団間の衝突が増えているという非難が繰り返されている最中《さなか》、確かな改善の徴候が現れている。

女性

一九七〇年後半、すなわち、カナダの女性の地位に関する調査委員会が創設されてから三年後、同委員会は下院にその調査結果を提出した。(19) 四四八ページに及ぶ報告書には、一六七の勧告が含まれ、そこには、「カナダの男女の機会均等は可能であり、望ましく、倫理的にも必要である」旨が想定されていた。(20) 指摘された問題点は、等価労働に対する等賃金の支払い、家族法、教育の機会、管理職への門戸、産児制限、出産休暇、及び保育が含まれていた。その中には次の四つの原則が概説されている。女性が家庭外で働くか否かを自由に選べるべきこと、育児は母親、父親、及び社会がその責任を分担すべきであること、社会が、妊娠と出産の面で、女性に責任を有し、母性に関して常に特別な配慮が必要であること、女性は、差別的慣行による不利な影響を克服するために、当分の間、特別待遇を必要とするであろうこと。

セリーズ・モリス教授は、一九八〇年代までには、「[同報告書にある]一六七の勧告のほとんどは…部分的には実行に移されており、またその多くは十分に実行されていた」と書いている。しかしながら、彼女は、いくつかの議論の余地がある勧告は、「連邦政府によって実行に移されなかった」と付け加えている。(21)

変化は至る所に見られた。女性が労働人口に加わる動きは、カナダ統計局の人口統計学者によって、「カナダにおける二十世紀の最後の四半世紀中、恐らく最も重要な社会改革の一つであろう」と記述されている。(22) 女性が家庭外で働く割合は、一九六一年の二十九％から一九八八年の五十三％に増え、一九八八年には、女性は全労働人口の四十四％を占め、（一九六一年にはたった二十八％であったが）、その中には、既婚女性二人につき一人強が含まれていた。

教育について見ると、一九六一年には、女性は学部学生の二十六％に過ぎなかったのに対し、一九七一年までには、その数が三十七％、一九八八年までには、五十一％に上昇した。等しく意味深いことは、女性がついに、法律、医学、ビジネスのような分野に、数的にも確実に食い込んでいったことである。これらの分野では、一九六一年の十人に一人と比べて、一九八一年には学部学生十人中四人以上が女性であった。一九八五年当時、全修士号取得者の四十二%、全博士号取得者の二十六%が女性となった。(23)

一九五〇年代以降、女性に対する態度にも著しい変化があった。一九八四年に、家庭、賃金雇用、女性運動を扱った、ギャラップ世論調査の過去三十年間の資料が、社会学者のモニカ・ボイドによって再調査された。彼女は、「伝統的な態度が根強く残っているとは言え、分析結果は、カナダ人が女性や女性の処遇に関する係争点についての態度や意見の上で、より平等主義的になっていることを示している」と結論している。(24)

シーモア・リプセットは、カナダの女性のグループは政治的目標の達成において、アメリカの女性グループよりも遙かに成功を収めたと評する。彼は、特にオンタリオ州は、公営及び民間部門において、同等な技術を要する仕事に平等の賃金を支払うことを義務付けた法律の制定で、アメリカのどの州よりも遙かに先行しており、また、高等教育や労働人口への参加の面でも、カナダ女性はアメリカ女性を数字的に大幅に上回っている、と言う。(25)

男性中心のカナダが、女性に完全な公民権を与えるには長い時間がかかった。教育や職場では明らかな女性の進出が見られ、それほどではないにしても、政治や宗教の分野でも女性は進出した。その結果、カナダ国連大使アイブズ・フォーティエは、その一九九〇年二月の国連の女性差別撤廃委員会への報告の中で、平等に向かって長足の進歩が成されている、と言うことができた。進歩を示す証拠——権利の憲章、カナダ年金制度の修正、全国的な女性管理職の確立——がある。(26)

しかしながら、男女平等の理想境は、到底すぐには実現できないことも明らかである。約五百の団体を傘下におさめる、女性の地位に関する全国実行委員会は、先のフォーティエの報告を鋭く非難した。同委員会委員長アリス・デ・ウォルフは、「フォーティエ報告は誤解を招きやすいと思う」と言った。そして、「カナダの女性の生活はますます厳しくなっている」と付け加えた。同委員会は、政府が、女性に対する差別に終止符を打つことに失敗していること、また、失業、不完全就業（余儀なく自己の実力以下の職種に就くこと）、及び貧困が、女性にとって深刻な問題として残されていることを論ずる報告書を並行して出している。(27)

問題がなかなか消えてなくならないことは明らかである。とりわけ、貧困が、若い未婚の母親や年配の女性を過度に苦しめ続けている。女性は、職場に入ると、しばしば公平に処遇されない。例えば、一九八七年のカナダ統計局の資料によると、（男女間の）賃金格差は縮まってはいるものの、常勤（フルタイム）で働いている女性は、男性の賃金の三分の二しかもらっていない。この差は学歴の違いを問わず根強く存在している。(28) 依然として人格を貶《おとし》めるような類型化（ステレオタイプ）が盛んである。例えば、ロック・ビデオやビールの宣伝を一見すると、筋骨たくましい男性と性的魅力に溢れる女性の間の鋭い分化が、過去のものになったとは到底思えない。

＊専門職についている女性（一九八六年）

数字は％　総計の百分率

男性優勢の職業＊＊	
薬剤師	50
検眼師	32
教育行政者	31
大学教授	28
化学者	27
弁護士	22
内科医及び外科医	21
歯科医	14
裁判官及び判事	12
建築家	11
牧師	11
原子力技師	10
電気技師	5
他の職業	
栄養学者及び栄養士	96
幼稚園・小学校教員	81
図書館司書及び記録保管者	81
後高等学校（大学以外）教員	74
社会福祉指導員	68
心理学者	60
教育・職業カウンセラー	56
中・高等学校教員	46

＊一九八一年に四五％あるいはそれ以上の人が、少なくとも学士号を持っていた職業

＊＊一九七一年に雇われている人の六五％あるいはそれ以上が男性であった職業

出典　一九八九年カナディアン・ソーシャル・トレンズ春季号

更に、女性は、引き続き、異常に多くの暴力の犠牲になっている。カナダの数多くの場所で、不安と恐怖は女性の日常生活の一部になっている。一九九〇年三月の世論調査で、五十％の女性が、自宅から一キロの範囲内に、夜一人で出歩くことに恐れを感じている地域がある、ということが分かった。男性は、十六％しか同様の恐れを感じていない。(29) 女性が、家の外だけでなく中でも、不安や恐れを経験することはあまりに日常茶飯事になっている。数限りない場面で、女性は、男性に対して示されると同様の敬意、職業意識、及び、性的関心を含まない態度、をもって扱われていない。

カナダの女性が直面している諸問題は解決されていない。しかし、個人の価値や個人の権利を強調することが、かなり大きな予備的反応を引き起こすと同時に、多くの主要課題に関心を高めることに役立った。

解放された個人

集団の権利に関する二つの主要な政策を補完するものとして、一九八二年の憲法に、権利と自由の憲章が含められた。憲章は、集団的権利を再確認することに加えて、個人の基本的自由――良心、信教、思想、信条、意見、表現、平和的集会、結社、移動、自立、の自由などを保証している。また、憲章は、如何なる個人の権利にも、無条件で法的保護を与えることによって、すべてのカナダ人は平等であると宣言した。憲章は、また、明らかに「不利益を被っている個人や集団の条件改善」を目的とする法律、計画、及び活動を認可する。(30)

個人の自律権に関して、憲章がどのような影響力を持つかについては、近年、トルードー前首相によって表明された。一九八九年末に、トルードーは、ミーチ・レイク協約に関する上院諮問委員会の前で証言し、憲章は、「すべてのカナダ人を一国家の民であるという気持ちで結束させるだけでなく、州政府及び連邦政府そのものの上にカナダ人を位置付ける、一連の価値と信条を作り上げることを目的としている」と説明した。トルードーは、その結果、「人々は、如何なる立法府も奪うことができない権利を有し、それ故、カナダ人の主権は、すべての政府機関の上に確立されることになった」と言った。(31)

社会学者、シーモア・リプセットは、国境のアメリカの側からカナダの状況を眺めて、憲章及びそれに付帯して起こる個人の権利と市民の自由を守るための司法介入を、「重要で、革命的でさえある」と見ている。また、彼は、「[憲章は]恐らくカナダ・アメリカ自由貿易協定を含む如何なる法制化された構造的変化よりも、カナダをアメリカの目指す方向により近付ける働きをすることになるだろう。正当な法の手続きと個人の権利を強調した憲章は、アメリカの権利章典ほど厳しくはないが、国境の北側で個人主義と訴訟好きを増大させるはずだ」と書いている。(32)

やや進歩…道程はまだ長い　数字は％「そう思う」

	男性	女性
「男性がいつかは家事を手伝うようになると思うか」		
一九五八	26	23
一九八一	49	37
「幼児がいる場合、既婚女性が家庭外で仕事を持つべきと思うか」		
一九六〇	4	6
一九八二	36	41
「幼児がいない場合、既婚女性が家庭外で仕事を持つべきと思うか」		
一九六〇	58	72
一九八二	85	88
「男性と同じ仕事をする女性には男性と同じ賃金が支払われるべきだと思うか」		
一九五四	49	63
一九七〇	84	89
一九八五＊	96	96

出典　ボイド(1984年)のギャラップ資料から算出
＊1985年　プロジェクト・カナダ

カナダ人の側では、まだこの憲章が、個人にどのような影響を与えるかがはっきり分かっていない。一九八七年五月のギャラップ世論調査は、四十％の人が、今では権利と自由が以前に増して保護されていると考えている一方、他の四十％が状況はほとんど変わっていないと感じていることを明らかにした。[33] 一般大衆の認識を超えて、憲章の最小限のレベルの施行でさえ、カナダの文化集団だけでなく、個人――集団との結び付きの有無にかかわらず――の重要性が増していることを反映しているように思える。

新しい展望

集団及び個人の権利の強調は、カナダ人に過去の現実を検討するための新しい眼鏡を与えた。研究者達は、カナダでは、一九六〇年代以降、例えば、人種差別、性差別、児童虐待、性的嫌がらせ（セクハラ）、そして殺人事件ですら、その頻度はそれほど著しい増加を示してない、と我々に語る。カナダ人の中の同性愛者の割合は、以前とほぼ同じレベルにとどまっている。それぞれのケースで増えたものは、件数ではなく、可視性（透明度）である。

もちろん、人種差別や性差別はずっと存在していた。しかし、我々はそのような行動を、特に異常であるとは規定しなかった。一九五〇年代を通して、多くのカナダ人は自分達が、「中国野郎」から食料品を買っているなどと平気で言っていたし、おしゃべりや買い物好きな、美人だが愚かな女性達についての冗談を他の人に教えた。ある人達は同性愛的性向を示したが、我々はよく彼らを「妖精」、「果物」などと呼ぶような、ユーモアと辛辣なレッテルで彼らの行動を相殺しようとした。一九五〇年代には、誘われていないのに相手の身体に触ることなどは、カナダの社会——職場、学校、及び宗教的場面を含む——では普通のことであり、それは、多くの人々にとって、せいぜい不愉快と見られる程度であった。性的なからかいを楽しむ人々は、「前向き」と呼ばれ、性的な誘いは「提案」と呼ばれた。両親・兄弟・姉妹、その他による子供の虐待は珍しいことではなかった。しかし、人は誰も、父親、母親、兄弟、姉妹、保護者、あるいは他の誰かによる不品行を、教師や警察に知らせたりはしなかった。殺人は起こったが、それは、たいてい家族以外の人を巻き込まなかった。

百聞は一見にしかず

「あなたは、自身が、これまでに年齢、性別、宗教、人種、あるいは、その他の識別的特徴を理由に差別されたことがありますか。」　%は「ある」を示す

全国	24
18～29歳	29
30～49歳	27
50歳以上	16
大学卒	31
高校卒	24
高卒未満	12
女性	27
男性	20
イギリス系	29
イギリス・フランス系以外	25
フランス系	13

出典
1987年11月26日
ギャラップ・カナダ

時代はもはや同じではなかった。一九六〇年にオンタリオの少年院で起こった、ローマ・カトリック系修道士による児童虐待事件について、警察が知らされなかった理由を、一九九〇年になって尋ねられた元法務副大臣は、その当時、政府にはそのような報告をする慣行はなかったからと答えた。通常の措置は、虐待を加えたと訴えられた人々を解雇することであった。極めて深刻な場合にのみ、警察が呼ばれた。「我々は、三十年前に起きたことを話しているのだ」と七十歳のその元閣僚は述べた。「当時は、物事は違ったやり方で扱われていたんだよ。」(34)

より思いやりのある、公正なカナダになることを願って、我々は古い慣行を新しい方法で解釈し直している。これまでに少なくとも二つの主要な成果が出ている。一つは、カナダ人が自分達の行動を変えつつあることである。その変化は、非常に名誉を毀損するような非難から自分を守る必要によって、また、他に対して、より人道的なやり方で接したいという願いによっても動機付けられている。二つ目は、新しい規範に照らしてみて、人々がかつてなかったほど不適当な行動を「目にする」ようになっていることである。意味深いのは、年齢、性、宗教、あるいは人種など「による」最も極端なレベルの個人的差別を報告するカナダ人は、往々にして、そのような不公正を「見抜く」のに最適な人達――若くて、より高等な教育を受けていて、女性で、イギリス系の人達――であることである。

新しい自由

我々は、個人的なレベルでは、以前にはまったく考えられなかったほど、（様々な束縛から）解放されている。我々は、自分自身に焦点を合わせること、すなわち、精神的、肉体的、社会的、宗教的に、我々の個人的発達に注意を払うことに、進めの青信号を与えられている。我々は、本を読み、個人的成長を目的とした授業をとって、ますます多くの教育を受け、健康、フィットネス、ダイエットなどに関心を持ち、社交技術を磨くことに先例のないほど多くの注意を払い、精神的な探求を私的な旅とみなしている。社会学者のリプセットは、カナダの文学に新しい色調の個人主義と自信が見られるとして、文芸評論家のロナルド・サザーランドの一九八二年の批評を引用している。

言わば、一人の新しいヒーローが、カナダの小説のページから突然飛び出してきた。多くの点で、彼はカナダ人の価値と言うよりも、むしろ伝統的なアメリカ人の価値——自己依存、個人主義、独立性、自信…などの主唱者である。この新しいヒーローをはっきり示す例は、フランス系及びイギリス系カナダの両方の小説に見られ、これは、それぞれの主要な言語集団に属するカナダ人が、同時に、しかもようやく自分自身の新しいイメージを作りつつあることを示している。[35]

個人的表現と成長を妨げた、以前の障壁は、一連のベルリンの壁のように崩れつつある。人種と民族背景、性別と身体的特徴、婚姻上の身分と個人的関係などは、色々な段階で破壊が進んでいる多くの壁の中に含まれる。

年齢がいい例である。人々は、ますます、年齢が人間関係における共通性の基盤としては十分でないと見るようになっている。年齢は、しばしば関係者から無視されている。その理由は、人々が、「成長する」ことにおいて以前より遙かに自由であるが、かなり異なった度合いで成長しているからである。例えば、若い人達は、知識の豊富な、洗練された頭脳を発達させ、四十代、五十代の人は、若い肉体を作り上げている。精神的な共通性はしばしば年齢という境界を超越し、社交技術と生まれた年の関係はしばしば根拠の薄いものとなった。

デートや結婚は、拡張された年齢層で行われる可能性が出てきた。年上の男性と年下の女性という、古くからあり現在も続いているパターンを補完して、年上の女性が以前より頻繁に年下の男性と関係を持つようになっている。人々は文字通りどの年齢でも結婚したり、再婚したりしている。人々が子供を持つであろうと思われる年齢も高くなっている。一九七〇年には、三十代で子供を産んだカナダ人女性の十二%が初産であったが、一九八六年にはその数字は二十六%にも上昇していた。[36] 人々が相手の子供（連れ子）の責任を引き受ける年齢については、想像に余りあるところである。

ビジネス界は、これを理解するのに少しも時間を無駄にしなかった。例えば、全世界からの収入が、年商四十億ドル（米ドル）近くもある、ニューヨークのＪ・ウォルター・トンプソン広告代理店は、親を、もはや、その年齢で定義せず、むしろ彼らの子供の年齢によって定義すると報告している。同社のジェイムズ・パターソン取締役社長は、「我々は、一九九〇年代に突入するにあたり、五十プラス、アメリカの高齢化、のような年齢に基づいた研究や、ヤッピーのような生活様式の研究は、時代遅れであることに気が付いた。もし我々が、人々を、年齢、あるいは社会経済的地位よりも、むしろ彼らの人生の段階に基づいて考えるならば、彼らの要求や願望をもっと正確に知る窓口を得るだろう」と言っている。(37)

かつて決してなかったことだが、個人が「もてている」。知恵の泉と若さの泉は、両方とも個人的成長という形で現れている。若者は徐々に年を取り、年を取ったもの者は若返っている。

新しい関係

個人及び何が正しいかについての価値観の個人化が急速に強調されたことは、カナダにおける人間関係にも深い衝撃を与えてきた。一九五〇年代に、著名な長老教会の牧師であり、米国の上院議会牧師でもあった、『ピーターという男―妻の描いた夫の肖像』でも有名な、ピーター・マーシャルは、結婚を、「二つの立派な川をつくるために二つの支流が出会ったもの」と言い表している。(38) 様々な関係や結婚を、二人の人間の融合とする見方は、一九六〇年代以前では一般的であった。広く使われている言葉がこの間の事情をはっきり物語っている。結婚は「結合」、当事者は「相手」と呼ばれた。個性とか個人の自由などは、ここではほとんど失われていた。多くの人にとって、いや恐らくほとんどの人にとって、結婚は自分達の役に立つものというよりも、むしろ自分達がそれに奉仕するものであった。カナダ人は、「結婚したのだから、自分はどのようになりたいか」よりもむしろ、「結婚したのだから、自分はどのようにならなければならないか」を問う傾向にあった。

人々は、単純に、結婚が、自分達を満足させ、豊かにしてくれ、独身者として経験した限界のいくつか――孤独感、悲しみ、退屈、不安定、劣等感、恐れなど――を克服してくれるものとして、認めていた。理想的には、結婚は二人の弱き者を強くし、二人の強き者をより強くすると考えられていた。独身でいることの問題を解決してくれる万能薬が、妻であり、夫であると考えられていた。融合は、その最高の状態で、新しい力の注入を意味した。結婚は多くの人がどう人生に対処するかに役立った。

しかしながら、これには、しばしば、かなりの個人的犠牲が伴った。二人の融合された人間の理想は、個性の余地をほとんど残さなかった。特に、女性にとって、結婚はしばしば表現、夢、個人的成長を抑圧するものであった。教育、キャリア、個人的な興味や活動などは後回しにされた――あるいは、時にはまったく実現しなかった――なぜならば、家族の要求に応えたり、家族に対する献身が第一とされていたからである。「成功した男性の陰には、女性の内助の功あり」とか、「どんな男性もいい女性が必要である」というような決まり文句がそれを雄弁に物語っている。夫婦は、お互いのため、また子供達のために「犠牲」を払うことで拍手喝采され、もし、夫や妻が家族のためよりも、むしろ自分の個人的な興味を追求したいと思ったり、夫婦が子供をつくらないことにしたりすると、彼らは、時々、自分本意であるとか、帰属意識に欠けているなど非難された。

カナダが一九五〇年代の、いわゆる「幸せな日々」に別れを告げるにあたって、一つは、「その支流」がしばしば大河に流れ入ることに失敗したため、もう一つは、個人主義の加速化のために、人間関係に関する大きく異なった見方が顕著になってきた。社会学者のロバート・ベラーと彼の同僚達が、人間関係の「精神療法モデル」と呼ぶ立場が、科学的に妥当で、数限りない人々、特に女性にとって、自分を解放するものとして、広く擁護され、広範に受け入れられ始めた。[39] その精神療法モデルは、健康的な、社会関係を持つために、人々は先ず自分自身に働きかけなければならないとする。逆説的に言えば、一度人々が自分自身を「一緒に」し、他の人を必要としなくなれば、その人は、それから他の人と健康的な人間関係を結ぶことが可能になる立場にいることになる。別の言い方をすれば、自己喪失は人間関係における負債と見られる。それは、他の人と良い関係を結べるようになる前に、克服される必要がある。

良い関係は、それ故、お互いを豊かにするために、精神的に健康な人が他の健康な人と交わることを意味する。精神療法モデルの支持者の言葉に、「勝者は勝者を引き付ける」とある。健康的な、「勝っている」個人は、基本的には自己充足的であり、必要によって人間関係に巻き込まれるようなことはしない。ポピュラー歌手のミートローフの十年前にヒットした歌に、「あなたが欲しい、あなたが必要だ。だけどあなたを愛するなんて到底考えられない」という文句がある。[40] 人間関係の「自律モデル」を支持する人々は、少し歌詞を変えて、実際「あなたが欲しい、愛している——だけどあなたを必要とするなんて到底考えられない」と言っている。精神科医で作家のスコット・ペックは、その非常に好評を博した『愛と心理療法』の中で、この強調点を次のようにを要約している。「二人の人間は、相手なしで一人でも十分に生きて行けるが、一緒に生きることを選ぶ時にのみ、愛し合う…我々は、良い結婚は二人の強い自立した人間の間でのみ存在し得るものである、と我々の所に相談に来る夫婦に、何度も何度も繰り返している。」(41)

人間関係において、融合よりも、むしろ自律性を強調することは、一つの主要な突破口として大きな期待をかけられた。個人は、その弱さからではなく、強さ故に人間関係を結び、そのような非依存関係よって高められる。人々は、人間関係から、かつてよりずっと多くを要求できる。例えば、結婚生活において、人々は、「冷たい、いさかいに明け暮れる、あるいは満たされない家庭生活に我慢しなくなるだろう」と、社会学者メッタ・スペンサーは書いている。「まさに家庭の温かさが現実に可能であるが故に、彼らの期待は高いのである。」(42)

一九六〇年以後のカナダは、集団にとっても個人にとっても大きな解放の時代を経験した。文化的少数民族と女性に絡む不公正な取り扱いが、目立って話題にされるようになった。個人の権利や自由も、憲法上で保障されてきている。対人生活の質も改善の徴候を示している。これらは、決して小さな社会改変ではないが、カナダ社会における変革の一部を代表しているに過ぎないのである。

解放された制度・組織

多元主義に助長されて、自由は、カナダのあらゆる主要な社会組織にあって支配的な主題となった。個人と選択の強調は至る所で見られる。

家族のモザイク

カナダの初めの百年間に培われた家族の概念は、個人主義志向のカナダ人の需要に合わせるように急速に変革されてきた。かつてはほとんどの人にとってのこの国の基本的な社会的絆であった——子供及び明確に決められた役割や責任を伴って完結する——家族、それは今や形式と機能の多彩色のモザイクである。家族に関する専門家、社会学者のヨーク大学のパット・アームストロングは、『カナダ百科辞典』の中で、家族についての項目を「『カナダ的家族』というようなものはない」という言葉で書き始めている。[43] カナダ統計局によると「国勢調査家族」という用語は、

> 夫‐妻家族（すなわち、未婚の子供がいるといないとにかかわらず、夫と妻が同居している）、あるいは一人親家族（すなわち、既婚・未婚にかかわらず、一人もしくはそれ以上の未婚の子供と、一人の親、が同居している）。また、内縁関係のような形で一緒に住んでいる二人も夫と妻として認められる。[44]

一九六〇年代以降、構造的、機能的選択の自由が加速化された。ある専門家によれば、残存している家族の機能は四つ――生殖、経済的維持、社会化、愛情――に還元されたと言われる。他の専門家は、最後の二つしか残っていないと言い、更に、終日保育や離婚のような現実を考えると、この二つの機能でさえもますます疑わしくなっている、という主張もある。(45)

選択は豊富にある。カナダ人はますます自由に次の中から選ぶことができる。結婚するか、同棲するか、あるいは結婚しないことにするか、結婚を継続するか、終わりにするか、結婚して、あるいは結婚せずに子供をつくるか、まったくつくらないか、結婚による性生活か、結婚なしの性生活か、独身を貫くか、異性愛か、同性愛か、あるいはそのどちらもか、など。

我々がもし、ある種の関係を選ぶとすれば、家事労働の分担、誰が外で働き、誰が子供の養育のどの責任を取るかなどの領域に関しても、無数の選択が加わってくる。翻って、子供達の方も、自分達がますます増え続ける役割の可能性の中に置かれていることに気が付く。彼らは、一人の親の子供であるか、あるいは、二親の子供かもしれないし、結婚している両親、前に結婚していた両親、あるいは、結婚したことがない両親を持っているかもしれない。また、両親が働いているか、一人の親が働いているか、あるいは、親はどちらも働いていないかもしれない。両親が積極的に子供の面倒を見るかもしれないし、一人の親がするかもしれないし、あるいは、親はどちらもしないかもしれない。

性的な面で、人間関係は大事かもしれないし、また、そうではないかもしれない。結婚していないカップルが性的関係を結ぶかどうかは、カナダでは私的な問題、つまり個人の好みの問題として見られるようになった。セックスが結婚に関わる問題というよりも、ますます個人的なものと見られるようになるにつれて、多くの人にとって、鍵となる判断の基準は、責任感からフィーリングへと変わってきた。人々は、「気が向けば」性的関係を結ぶ。ここで問題となるのは、結婚する意志や真面目な関係への積極的な取り組みではない。望んでいない妊娠と病気、特にエイズ、を避けるために予防措置を取る必要がある。しかし、二人の人間がセックスをしたいと思い、その気になれば、したっていいではないか。

家族についての実情早分かり(46)

●離婚に関する法律が緩やかになって、離婚率が上昇する結果になった。一九二一年から一九六八年の間に離婚率は、千人当たり〇・〇六人から〇・五五人に上昇し、一九六九年までには一・二四人、また一九八五年までには二・四四人と急増していた。離婚に至るまでの、中位結婚年数は、一九六九年には十五年であったのが、一九八六年までには約十年に落ち込んだ。それでも、我々はまだアメリカ人には及ばない。こちらの二十八%に比べて、あちらでは、四十四%の結婚が離婚に終わっている。

人間関係に関する高い期待（十五～二十四歳を対象）

数字は%

	最終的には結婚するか、恒常的な関係を持つ	生涯を同じ相手と過ごす		
		多分そうする	多分そうしない	分からない
全国	92	69	29	2
男性	91	66	32	2
女性	93	71	27	2
十五～十九歳	93	66	31	3
二十～二十四歳	92	71	27	2
ブリティッシュ・コロンビア州	94	65	35	1
草原州	97	73	25	2
オンタリオ州	94	72	25	3
ケベック州	86	61	35	2
大西洋沿岸諸州	93	71	27	2

出典　1988年　プロジェクト・ティーン・カナダ

●親一人の家族数は、一九六一年の三十四万七千世帯から、一九八六年の八十五万四千世帯に増え、その内の八十二％が母子家庭であった。このような環境で暮らす子供の数は、同期間に五十万人から百二十万人と倍増した。

●離婚や一人親という一面を見て、変わりゆく全体像を曖昧にしてはならない。新しい人間関係が作られ、再婚は普通になった――離婚した男性の七十六％、女性は四十四％が最終的には再婚している。また、離婚経験者が含まれる結婚については、かなり最近の一九六七年当時でさえ、ほんの十二％であったのに比べて、現在では、すべての結婚の三十％である。再婚したり、子供が家を出ていくことで終わる、女性の一人親としての生活は平均五・五年続く。

●カナダ人は、実際、結婚も遅らせている。一九六一年には、二十歳から二十四歳までの男性の七十％がまだ結婚していなかったが、一九八六年の時点では、そのレベルは七十九％にも上昇した。同年齢の女性では、その増加率はもっと大きかった――四十％から六十％。

●一九六一年から一九八六年の間に、出産数は女性一人につき、三・八人から一・七人に減った。同期間、全家族構成人員数は、三・九人から三・一人に減った。一九六一年には、十五歳から二十九歳の女性の八十％が母親であったが、一九八一年には、その数は五十九％にとどまった。

●連邦成立以来、同性愛は懲役十四年までの刑を言い渡される可能性があったが、一九六九年、法律が改正されて、双方合意の成人の場合は除外された。カナダ人の七十％が同性愛関係を認めず、ほぼ同じ割合の人が、同性愛者がいると居心地が悪く感じることが多いと言っている

が、七十六％の人が、それでも「同性愛者にも他のカナダ人と同等の権利が与えられるべきだ」と主張している。(47)

●十五歳から二十四歳の約九十％、そして十八歳以上の成人の八十％が、お互いに愛し合っていれば、非婚姻セックスを認めるとしている。実際の行動から見ても、十五歳から十九歳までの未婚者の約四十五％、二十歳から二十四歳までの八十％が、自分達は現在性的に活発であると言っている。(48)

このような性の解放にもかかわらず、いくつかの基本的なルールはかなり堅固に守られている。人は婚外交渉を許さない。最新の数字では、カナダ人のほんの四％がそのような行為を、「少しも悪くない」としているに過ぎない。(49) 第二のルール――法律によって定められている――は、性的関係を持つ相手が近親者であってはならないこと。また、一夫多妻制（一妻多夫制）のような結婚形態を擁護する人は実質的には一人もいない。カナダにあっては、一夫一婦制は、「絶対的なもの」として存続しており、真理がまれな我が文化でも、広く受け入れられている「真理」として通っている。

家族の成員の福利についての関心も急速に高まっている。特に妻や子供に対する虐待に関心が集まっている。そのような虐待は、カナダやそれ以外の所でも、ことさら新しい問題というわけではない。しかしながら、こういう積年の虐待の問題はもはや黙認できない、また、家族の成員権は、誰であろうと、肉体的、感情的損傷を代償として贖《あがな》われるべきものではないという、意識が増してきている。全国的にも、女性組織やその他の団体が、妻や子供に対する虐待問題の輪郭を鮮明にした。各政府もそのような懸念に対応し始めている。

教育のモザイク

教育の主要な目標が、抑制と基礎的技能の修得であり、その有力な手段が規律と暗記であった時代から、状況は大きく変わってきた。個人の自律性にますます重点を置くようになった文化が、教育を放っておくということは考えられない。

先ず初めに、教育を受ける機会は個人の権利とみなされるようになった。例えば、各種の調査によると、カナダ人の約九十%が、経済的な問題から大学に行けない人も、大学教育を受ける権利を持っていると感じていることが分かった。(50) 更に、カナダの工業化及び脱工業化における発展は教育にかかっていると見られてきた。その結果、社会的に正しく、経済的に必要とみなされたために、教育改革が起こった。(51)

そして、一九六〇年代以降、すべてのレベルで、教育に向けられた関心が劇的に増加することになった。(52) 一九五〇年代末には、カナダ人のたった十五%だけが高校卒業証書を持ち、大学の学位を持っているのは、ほんの五%に過ぎなかった。一九九〇年までに、高卒者は約八十%に達し、その中で学位を持っているのはほぼ十五%に近く、同期間に、何らかの後期高等教育（短大・大学など）を受けた者は、約二十%から三十五%へと大幅に増加した。教育機関と入学者数も急増した。一九五五年当時、カナダには、およそ四十五の大学があったが、次の二十年間でほぼ二十校が付け加えられた。一九五五年から一九七五年の間の入学者数は、十五万人弱から三十五万人強に跳ね上がった。現在、約五十万人が正規（フルタイム）の学生として学んでおり、約三十万人が定時制（パートタイム）の学生となっている。地域大学（コミュニティー・カレッジ）の課程も六十年代に加速的に増えた。一九六〇年の約三十校と比べて、一九九〇年までには、その数もほぼ二百校近くを数えるようになり、正規の学生の学生数もほぼ三十二万五千人のレベルに達している。

社会学者のシド・ギルバートとイアン・ゴムの言葉を借りると、一九五〇年代以後のシステムは、「少数精鋭教育から多人数教育に変わった。進学して後期高等教育終了証書を手にするのは、もはやごく少数の生え抜きの幸運な人達だけではない。」カナダは今や、労働人口の中で、単科大学（カレッジ）の卒業証書や四年制大学の学位を持っている人の占める割合で、あのアメリカに次いで二位の座を保っている。(53)

教育は、個人の権利になっただけに止まらず、非常に強い個人主義的焦点を持つようになった。一九五〇年代以後の教育の方向性を示して、ビンセント・マッセーを長とする芸術・文学・科学国家開発調査委員会は、一九五一年、教育の個人主義的動向を定義した。それによれば、「教育とは、個人のすべての能力、つまり、肉体的及び知的、審美的及び道徳的な能力、を漸進的に発達させることである。」同委員会によると、このような体系的に鍛えられた成長の結果は、自己の人間的可能性を十分に理解した教育ある人間である。(54)

一九五〇年代以降、カナダでは、個人が教育の中心に据えられるようになった。学校が扱いにくい、粗野な子供をしつけ、磨くという必要性から生まれたという事実から見ると、一九六〇年以前のカナダでは、出席数と教育量（出席したら、どのぐらい教わるか）の交換比率は、特に適切に均衡が保たれていなかった。カリキュラムは、文字通り厳格で、しつけは厳しかった。低学年のクラスは、家庭の雰囲気に似せるように構成され、女性の子供の育て方が、生徒を創造的な市民に陶冶するために価値のある資質と考えられたために、女性教師が配置された。

ある点で、アメリカの哲学者、ジョン・デューイ——個の発達、社会的平等の促進、大人の職分を全うさせるための準備、を強調する——によって提唱された自由主義的な教育観の影響を反映して、状況は変わった。教育を以前より権威的でなく、もっと柔軟にするための努力が払われた。天賦の才のある生徒や学習に困難を持った生徒達も含め、生徒の個人的な必要に敏感な教科課程や物的環境を開発するために、かなり多くの試みが成された。

クイーンズ大学の社会学者、ロバート・パイクは、日本のような、いくつかの国と比較して、カナダでは、「個人主義は、教育の理論と実践にとって、より中心的な役割を果たしている」と述べている。彼は、個人主義の実践的応用は、学年別進級より教科別進級、高校教科の学生による選択幅を最大限に拡大、画一的な州の試験を通してより、高校卒業生に対する教師による個別評価、などの戦後の改革において、はっきり見られると言う。[55] 彼は、個人主義は教育目標の中にも見受けられると主張する。生徒が社会的責任感を育むべきであるという公式見解は今でもある一方、「そのような目標は、しばしば、自尊心や自律心を身に付けることの大切さを強調する他の目標にとっては副次的なものである。」

「自由主義」教育という考えには、あらゆる観点を提示することの強調も付帯していた。多文化主義への国家的強調を反映して、文化的、宗教的少数集団の権利を尊重することに多大の関心が払われてきた。教え方は教条主義的でないことが望まれ、宗教的な祈りは教室では不適当とみなされ、休日――クリスマス、戦没者追悼記念日、感謝祭、及び復活祭などを含む――は、如何なる特定の宗教にも影響されてはならない。

例えば、一九九〇年一月、オンタリオ控訴裁判所は、生徒を一つの信仰に教化する目的を持った公立学校の宗教のコースは、権利と自由の憲章を侵すものであるという裁決を下した。他の分野での注意事項が、次の、戦没者追悼記念日の取扱いについて、オンタリオ州教育委員会理事が各高等学校長に宛てた手紙の抜粋の中に、提案されている。

戦没者追悼記念日は、我々の地域社会における優れた忍耐と勇気、及び自由の原則に対する献身に感謝する機会を我々に与えてくれる。我々は、多くの生徒にとって「記念」という言葉にはよく知られた特別な意味があるということに敏感でなければならない。教職員は、生徒の中には同じ思い出を共有したくない者もいるということを知っておくべきである。

記念を象徴するものは生徒の出身文化によって非常に異なるであろう（例えば、十字架は、イラン、イスラエル、あるいはスリランカ、及び他のキリスト教を背景としない国から来た生徒にとっては意味がないであろう）。我々の多文化社会にあっては、ある特定の信仰に関係のある象徴よりも、旗や造花のひなげしや花輪のような適切な象徴のみを使用することが望ましい。(56)

大学や単科大学のレベルでは、個人主義という命題はいくぶん違った意味合いを持つ。教授陣は出版物においても、教室においても、表現の自由に関する自分達の権利を主張する。筆者が教えているレスブリッジ大学では、その理念の中に次のような文言がある。「大学は、思想を自由に表現し、伝達する、権利と責任があることを主張する。この領域で完全な自治なしには、大学が機能し得ないことは自明である。」(57)

更に、教授陣は、学校の教師と同様に、中立的で、客観的であることが期待されている。彼らは、偏見を持ったり、道徳的立場を取ってはならず、むしろ関連する事実とその解釈を提示すべきとされている。自然科学以外では、真理の主な仲介者は、自分にとって何が正しいかを決定する個人である。それで、学校や大学が相対主義の主要な源泉になる。

教育は、個人主義や相対主義によって強く影響されてきただけでなく、この二つの命題を正当化するために尽くしてきた一つの組織として突出している。実際、教育があるとされるカナダ人の証は、その人が、真理は相対的なものであると認識すると同時に、個人に最高の重きを置いていることである。個人的満足追求を非難したり、真理を見付けたと主張することは、学問の殿堂を飾るにはまったく役に立たないおまけのトロフィーである。

職場のモザイク

我々は、すでに、カナダの経済改革が、加速化された個人主義の主要な源泉であることを見てきた。しかし、個人主義は、農業に基盤を置く経済から、重工業に基盤を置く経済、そして情報・サービス産業による経済へと移行する過程で、職場にも強力な影響を与えてきた。また、相対主義を文化的に強調することも、この重要な分野における価値や見通しに深い衝撃を与えた。

言うまでもなく、大多数のカナダ人にとって、農場や零細家族企業で働くことは過去のものとなっている。一九八六年当時、カナダの農業従事者は、一九四一年の七十三万三千人に比べて、三十万人を割っている。[58] 工業化は、それに伴って、経済の集中化、都市化、及び職業の専門化をもたらした。それと主要な相関関係にあるのは、女性の労働人口に参入する動向の激化である。

我々の多くは、個人に与えられた仕事がますます専門化し――かつ相互依存的――になっている環境の中で働いている。文字通りの流れ作業は別として、大きな官僚機構から小さな会社に至るまで、カナダの組織で最高に重要なことは、組織の目標が達成できるように、多様な職分をうまく調整することである。

相互依存的、専門的役割の一般化に起因する興味ある逆説的現象は、雇用者、被雇用者共に、独立という形の極めて高いレベルの自由を得たことである。雇用者はその役割を果たす必要があるにしても、特定の被雇用者に依存することはほとんどない。そうすることは、万一その被雇用者を失った場合、組織的打撃を招く結果になるからである。有能な人材は今でも引っ張りダコである——が、人材の選択は複数的でなくてはならない。その結果、カナダの雇用者は、大多数の被雇用者を組織機械の特殊化された歯車として見る。彼らは消耗品であり、消耗品であらねばならない。肝要なことは、組織的役割りが果たされるということで、誰がそれをやるかは問題ではない。役割遂行と役割調整が目標達成のための中心的要素となっている。

トロントの弁護士、ブライアン・グロウスマンは、その著書、『企業忠誠—裏切られた信頼』の中で、一つの企業を例としてあげている。彼は、価値ある社員とは、「一所懸命働き、企業の資産を守り、会社から会社へと渡り歩くことをしない」忠実な社員であるが、「企業の縮小化、再編成、大型合併、平和的、また強制的乗っ取り、売却や買収などが日常化している世界では、忠誠心という概念に対する集中攻撃が進行中である」と書いている。競争は、緊縮経営、解雇、定年前退職、などを意味する。被雇用者に対する企業の忠誠はあてにならなくなってきた。[59]

一九六〇年代以後の脱工業化

%は、業種別雇用者

	1960	1970	1980	1988
製造業	24.7	22.7	19.7	17.2
サービス業*	24.5	25.7	28.9	33.2
交易業**	16.5	16.8	17.2	17.7
農業	11.5	6.3	4.5	3.6
公共事業	8.6	8.8	8.5	7.4
公官庁	-	6.2	6.9	6.7
建設業	7.0	6.0	5.8	5.9
金融業	3.8	4.8	5.7	5.9
鉱業	1.6	1.6	1.8	1.5
林業	1.6	0.9	0.7	0.3
漁業・狩猟業	0.3	0.3	0.3	0.6

＊サービスは供されるが、製品は製造されない

＊＊商品の販売と流通

出典　カナダ・ワールド年鑑（一九八九年）

しかし、被雇用者もまた非常に自律・独立的である。平均的カナダ人被雇用者は組織的役割を果たすための資格――もしくは少なくともその可能性――を持った個人である。ほとんどの場合、個人の組織に対する関係は、基本的には経済的なものである。我々は、報酬を受ける代わりに、専門的役割りを果たすことに同意する。我々の組織に対する関わり方は様々である。我々は、組織に関心を持つかもしれないし、組織がうまくいくかどうかに無関心であるかもしれないし、否定的にさえなるかもしれない。ほとんどのカナダ人にとって、職場との主要な結び付きは、基本的には献身ではなくお金である。ここは家族営業や農場ではない。個人は、雇われている組織が目標――利益を上げるとか、履行義務事項を実現すること――を達成できないでいるならば、自分達の技術を自由に他の場所に移せるし、しばしばそうする。彼らは、もはや零細な家族経営の浮沈に「のるかそるか命をかけたり」はしない。

我々は、自分達が「差し替え可能（要員）」であると言われるのを一様に嫌う一方、実際のところ、我々自身が、自由に転職することによって、その慣用句を当たった予言に変えているのである。なぜだろうか？ それは、通常我々がそのような転職を「一番自分のためになる」と見るからである。先のグロウスマンは、投資銀行業務に携わる人間は、「自分以外にはどこにも所属しない…野球の自由契約選手」のように、「できるだけ短期間に、できるだけ多くの富を築くために会社を転々とする」と書いている。(60)

グロスウマンが投資関係の人間について言っていることは、労働総人口における大多数のカナダ人に等しく当てはまるように思われる。個人は、労働市場に絶えず鋭く気を配り、常に「上昇」する機会を見張っていなければ、適度に意欲的ではないと見られる。一九九〇年四月のギャラップ調査では、カナダ人の七十％が、自分達の仕事が「安全である」と考えているが、四十五％が、今後五年以内に雇用者を変えるだろうと考えていることが分かった。ギャラップ社は、調査結果は、「特定の雇用者に対する忠誠心が消えつつある」という状況を反映している、と示唆している。過去のカナダ人労働者が、しばしば、「最初から最後まで、一人の雇用者の下で職歴を全うした」と言われてきたのに比べて、「今日の労働者には、明らかに忠実さ、定着性が少なくなっている。」(61)

被雇用者にとって、役割中心型の組織の出現は、自分達の暮らしが、会社の実績ではなく、個々の役割における業績に基づいていることを意味する。そのような限られた労働の投資は、多くの人によってかなりの利点があると見られている。分業に関する多くの初期の批評家、特にカール・マルクスは、特殊化された仕事が、製品とその労働の過程から分離された個人にもたらす疎外効果について、非常に危惧していた。マルクスは、「仕事は労働者にとって外在的なものになる…そして、結果的に労働者は自分の仕事に打ち込まなくなる…［彼は］余暇時間にだけ家にいるくつろぎを感じるが、一方、働いている時は家なしである…他人のお陰で生きる人間は、自分を依存的存在と考える」と書いた。(62)

今日、特に巨大な官僚的機構（企業も含めた）にあっては、ほとんどの被雇用者が、組織の「製品」やその利幅についてあまり知らないということは明らかであると思われる。しかし、関心を持っている者も比較的わずかだがいるようである。ほとんどの人々は、自分の高度に専門的な仕事をこなすことに満足しているように見える。彼らは、自分の事業を持ったり、仕事の上で冒険するだけのことからさえ生じる緊張や不安を堪え忍ぶ気はない。例えば、十五歳から二十四歳を対象にした一九八七年の全国調査では、仕事の属性で最も評価されなかったのは、「ほとんどの決定をする」機会を持つことであることが分かった。

カナダ人の若者の「良い仕事」観

「『良い仕事』を考える時、……のような仕事はどのぐらい重要ですか?」

%は、「非常に重要」と答えた人

	合計	男性	女性
おもしろい	81	78	83
終わって充足感を与えてくれる	75	69	80
他の人が親しく、助けてくれる	71	66	75
昇進の機会がある	70	71	68
解雇される心配がほとんどない	62	63	61
給料が良い	56	58	53
ほとんどの決定を自分でする	32	35	28

出典
1988年プロジェクト・ティーン・カナダ

個人主義と相対主義は、「自由市場経済」という言葉に特別な労働市場的意義を与えた。この二つの文化的主題は、多くの雇用者と労働者に、前例がないほどの自由を与えることに貢献してきた。

メディアのモザイク

メディアの世界ほど個人と選択という二つの主題が明白な所はない。カナダにおける様々な形のメディア——カナダのものもアメリカからのものも——は、これら二つの主題を積極的に促進すると同時に、その文化的存在に対応している。

メディアは、「マス（大衆的）」である反面、極めて個人的でもある。チャールズ・テンプルトンは、テレビに出始めた頃、一人のNBCのプロデューサーに、カメラをのぞき込む時は、何百万人に対してではなく、たった一人の人に話しかけるのだということを、どのぐらい注意されたかを想い起す。(63) 成功したニュース・キャスター、作家、レポーター、ディスク・ジョッキー、トーク・ショーの司会者、芸能人は、様々な個人からなる幅の広い視聴者・読者・観客と心を通わすことに成功した人である——その結果、有名人は、一般大衆に直に会う時、大衆が、自分達がまるで旧友であるかのように、ファーストネームを使う関係で接することに気付く。ある意味で、彼らはまさに旧友なのである。

色々な形のメディアが、しばしば社会的場面にのみ傾注するという事実は、歌、記事、映画、第一面記事、テレビショー、雑誌の特別記事、スポーツの得点表などがすべて、個人によって読まれ、見られ、聞かれ、感じられるという事実を否定しない。それぞれのメディアは、我々の感情のすべてに呼びかける。メディアは、我々を笑わせ、悲しませ、元気付け、怒らせ、また、勇気を出させたり、恐れを生じさせたりし、我々の空想をかきたてると同時に、何が現実であるかを想起させ、我々の心に休息を与えると同時に、刺激もする。

我々は、限られた個人的経験や直接得た知識を補足する必要がある個人として、世界で何が起こっているかを知るために、メディアに大きく依存するようになった。一九九〇年代において、メディアは我々にとって、信頼できる、博識な友人のように思われる。我々は、朝コーヒーをすすっている時に、自分達が眠っている間に何が起きたかを知らされ、また、昼には短いニュース速報、夕食時には最新情報、寝る直前には最終のダイジェスト版が与えられる。メディアは主な出来事、進行中の情勢、世評、社会問題、研究成果などについて知らせてくれる。メディアはまた、我々の、子育て、夫婦関係の改善、家の改築など、を助けてくれる情報源としても機能している。要するに、メディアは我々に限りない情報を提供してくれるのである。

地球全体を一飛びで走査できるメディアの能力は、その影響力を計り知れないものにした。我々のテレビは、我々が世界を見る窓になった。我々は、我が家の心地良い茶の間から、中国における虐殺事件、ポーランドでの自由の宣言、南アフリカの暴動、エルサルバドルにおける包囲攻撃、イランの地震などを見る。我々は、世界中のどこでも何か重要な事件が起これば、当然メディアがそれを、生で、カラーで送り届けてくれるものと思っている。我々は、情報を得るためにメディアを頼りにする。そして、メディアが語る時、我々は耳を傾ける。我々は、如何に世の中のことに精通していても、せいぜい経験的な専門家に過ぎないのである。メディアによる知識と情報の補填は必然——そして必要である。

相対主義に関して見ると、メディアは、情報提供から娯楽にわたる一連の機能を果たす中で、表向きは、客観性と公平さという立場を維持している。多元的環境で機能しているメディアの暗黙のメッセージは、生活様式や信条と態度に関しては、どの見解が他の見解より良いとか、悪いとかいうことはないということである。つまり、「すべては相対的である。」

カナダ人はどんな番組を見ているか

数字は%

番組の種類	合計	カナダ人	アメリカ人
ドラマ	33	4	29
ニュース	20	17	3
コメディー	13	<1	13
バラエティー	12	6	6
スポーツ	6	5	1
その他	16	4	12
合計	100	36	64

出典　カナディアン・ソーシャル・トレンズ
1989年秋季号

概して、そのような「心の広さ」は、市場に関する配慮から出ている。視聴者や読者や広告主を離反させることは賢明ではない。ジミー・ザ・グリーク［本名　ジミー・スナイダー、スポーツ解説者でＣＢＳの「今日のＮＦＬ」試合前ショー番組のメンバー］が二、三年前、ＣＢＳの試合前の解説で、黒人に対する差別用語とみなされる言葉を使った時、彼は即座にネットワークから降ろされてしまった。それは、ただ単に不適切であっただけでなく、ビジネスのためにもならなかったからである。相対性はメディアの合い言葉である。人は、論争的であっても構わないが、視聴者を疎外するほどではいけない。それは視聴率を台無しにする。

メディアは、不必要なことをして市場を狭くするよりも、むしろ、近年信じられないほどの量の多様化に精力をを注いでいる。アメリカとカナダにおける、異なった種類のメディアの爆発的な増大は、多様な選択を個人的な嗜好に合わせようとするメディア側の努力の反映である。テレビとラジオのネットワークと放送局は、社会的現実に精通している。他の団体や組織が、「世の中で今何が起きているか」いぶかっている間に、電子メディアは、恐らく我々の社会の他の何者――政治家さえも含めて――よりも視聴率に支配されているため、徹底的に大衆を調査している。メディアは、消費者が選択的消費を志向していることを教えられる必要はない。秘訣は、自分のメディア提供品を、文字通り、如何に人々に買わせるかということである。もし、市場調査によって、人々が望んでいる製品がないことが分かれば、解決策は簡単である。新たに作り出せばよい。

カナダ人は、広範囲にわたるメディアの選択に不足しない。印刷メディアは、新聞、本、雑誌の形で容易に手に入れられる。電子メディアは、ラジオとテレビ、映画とビデオ、レコードとテープを含む部分的なリストを見るだけでも分かる通り、至る所にあるように思われる。しかし、消費――恐らく影響力も――ということになると、テレビは楽勝するリーダーのように見える。カナダ人作家のミッシェル・ランズバーグは、「テレビは我々の文化の一部ではない、我々の文化そのものである」とまで言い切っている。(64)

テレビは、四十年に満たない間に現在の支配的地位を獲得した。テレビは、モントリオール、バンクーバー、トロントにおける、一九五二年のその遅蒔きながらの心許ないスタート以来、著しい発展を遂げた。因みに、オンタリオ州南部向けの最初の画像は、CBC放送のロゴ(社章)――逆さまで、裏返しの――であった。(65) 一九八五年までに、カナダ人家庭のテレビの普及率は、電話の普及率(九十八%)と同じになった。(66) 今日、平均的な家庭には、少なくともカラーテレビが一台、その半数の家庭には最低二台ある。二軒に一台の割合でビデオもあるが、一九八三年の六%に比べると驚くべき上昇率である。ケーブル・テレビは七十%の家庭に入っている。(67) カナダ統計局は、テレビ視聴は、「平均して人々が起きている時間の約五分の一の割合を占める」と報告している。一九八七年に、カナダ人は一日に平均三・四時間テレビを見たことになる。女性の平均が三・八時間、男性の平均が三・二時間であった。(68)

それでも、他のメディアが入り込む余地がなかったわけではない。ラジオは、聴かれてはいるが、たいていの場合、人々が他のことをしている間、バックグラウンド・ミュージックと情報を提供する。録音された音楽についても同じことが言える。平均的カナダ人が、新聞、本、雑誌を読むことに費やす時間は、一日に三十分以下である。毎日、新聞を読む人は十人中三人強、読書に時間を割く人は十人中ほぼ二人、一週間のどの日をとっても、雑誌にざっと目を通すのは十人に一人であるが、それもラジオを聴く場合と同じく他のことをしながらのことである。(69)

メディア利用の減少例二つ。図書館での本の借り出しは、過去の十年間の初めまでは上昇を見せていたが、一九八二年以降はやや下降した。顕著なことは、録音本［目の不自由な人のための］、ビデオ、レコードやテープなどの録音資料の借り出しが、図書の借り出しよりも急速に増えてきていることである。(70) 映画鑑賞は、一九五〇年代初期には平均的カナダ人が年間約十七本見ていたが、それ以降激減した。しかし、人々は映画を見に行くことをやめたわけではなく――全国平均では年間約三本――テレビとビデオの普及による結果、新しい基準が設けられたに過ぎない。鈍い客足に合わせなければならなくなって、映画館の所有者は、その数を一九五五年の千九百五十カ所から一九七〇年の千二百カ所へ、そして一九八五年には七八八カ所に減らしてしまった。しかし、スクリーンの数は、複数スクリーン上映の拡大によって、一九八五年までに千四百五十に増えた。(71)

メディアとの接触（十五～二十四歳を対象）

%は、「毎日」接するもの

	全国	十五～十九歳	二十～二十四歳
音楽を聞く	94	95	93
テレビを見る	79	80	78
FMラジオを聞く	66	62	70
新聞を読む	47	42	52
AMラジオを聞く	47	49	44
本を読む	29	31	28
雑誌を読む	20	23	18
ロックのビデオを見る	20	28	11

出典　1988年　プロジェクト・ティーン・カナダ

オックスフォード大学の著名な歴史学者、ジョン・ケアリーは、「マス・コミュニケーションの出現は、有史上で起こった、人間の意識における最大の変革を象徴している」と書いている。

キャリーは、ここわずか二、三十年の間に、我々は、世界中のほとんどの人々が、他の人達がどの様に暮らしているかについて何の知識や好奇心を持たない状況から、普通の人々が、「まったく見知らぬ人達の行動について正確な報告を得たり、得なければならない」ような状況への変化を見てきたと言う。彼はまた、この発展は、「その効果が計り知れない、精神活動における革命を代表する」と述べている。(72)

メディアがカナダ人にもたらした影響は驚くべきものである。メディアは現代における世界の創造主である。メディアはどの国が英雄で、どの国が悪者かを決める。メディアはスーパー・スターや負け犬も決める。メディアは現実を作り出し、個人の生活の模範を徐々に教え込む。教育専門家のロバート・パターソンとニック・カッチは、「伝統的な社会化を助ける組織の影響力が衰えてきている一方、マス・メディアの力が著しく増大している…特にテレビは価値、信条、知識などの調達者になった。マス・メディアは、より偉大な、寛大さ、多元主義、相対主義につながる展望を広げる」と書いている。(73)

歴史的に見ると、一般的にメディアは、特に報道メディアは、カナダにおいて高いレベルの表現の自由を経験してきた。一八〇〇年代の早期の新聞は、ほとんど、はっきりした政治的後援者を持つ週刊紙であった。それでもまだ、いくつかの新聞は敵意と暴力の的となった。セイント・ジョン市のある新聞社主は、現地のアイルランド系カトリック教徒達を激怒させ、見せしめに両耳を切り落とされ、出版社主であるウィリアム・L・マッケンジーとジョーゼフ・ハウの二人は名誉毀損で告発されたが、罪には問われなかった。(74)

歴史学者、ポール・ラザフォードは、そのような対決の中から、報道・出版の自由という概念は世論に支持され、自由主義的な前提によって正当化されて、カナダに根を下ろし始めた、と言う。一八三二年、マッケンジーは、「報道・出版が自由でない所はどこでも、人々は、貧しい、みじめな、卑しい奴隷となること、また、報道・出版は、自由な国の命であり、守りであり、まさに心臓の血であることを、思い起こせ」と書いている。(75) 前述のラザフォードは加えて、「報道・出版の自由という概念は、人民主権という概念と複雑に結び付いている」と言う。(76) 若干の異論はあるにしても、カナダの報道・出版が自由で、独立しているという考えは根強く生きている。この前提は、カナダの権利と自由の憲章にはっきりと謳われている。

大切な脚注を一つ。教育と共に、メディアは個人の重要性と真理の相対性を極めて明白に奨励してきた。カナダでは、カナダ人の生活に及ぼすメディアの影響について話すことは、カナダのメディアの影響だけについて話すことにとどまらない。アメリカのメディアが我々の文化や認識に与える影響は非常に大きい。

我々はアメリカの本の熱心な消費者であり、アメリカのベストセラーは我々のベストセラーになる。我々の書棚にはアメリカの雑誌や新聞がたくさん置かれている。テレビは、アメリカのチャンネルや番組で氾濫している。話を一九五二年に戻すと、カナダのテレビ放送局が開局した当時、カナダにはすでに十五万台近くのテレビがあった——すべてが、そのアンテナを、放送局が一九四七年に現れていたアメリカ側に向けられていた。(77) 一九八七年には、カナダ人はその視聴時間の六十%をアメリカの番組にあてた。(78)

アメリカの影響は一向に減る兆しがない。有線テレビは、一九七〇年にはなかったが、今では十、あるいはそれ以上のアメリカのチャンネルを一つの契約セットの中に含んでいる。そのセットは、カナダの大都市、小さな村落を問わず、十軒に七軒以上の家庭に取り入れられている。カナダの精神に与えるアメリカの影響はますます増大の一途を辿っている。特筆すべきは、アメリカの、個人主義及び相対主義への極度の強調が、かつてないほど（の規模と量で）カナダ人に発信されていることである。

政治のモザイク

個人主義と相対主義は政治の世界にも侵入した。昔からの地方優先が、州の中央政府に対する関係の中にはっきりと存続している。もちろん、その形態は、建国の父達が、議会と諸州とに権力を分割する連邦制を選択した事実にその源がある。言うまでもなく、力の均衡と関係は時と共に変化した。

結果として、我々は諸州から成る中央政府を有しており、しかも、それは、理論上、州政府を超越していることになっている。議会が開かれる時、その勢力分布は、構成する十州の人口差を反映する。

州の人口差の極度の不均衡が、力の不均衡を生み出す。公正さはカナダにとって常に大きな争点であった。プリンス・エドワード島は、十五万人に満たない人口で、四人の国会議員を出しているが、明らかに、百人の議員を有するオンタリオ州が持っているほどの影響力はない。西部諸州と大西洋沿岸諸州は、オンタリオ州とケベック州が優勢なため、長年守勢に回っていた。

諸州のカナダとの関係における任意性は、例えば、ケベックと西部が連邦から離脱すると脅しをかけた時のように、非常に強い不満がある時に、殊に明確になる――これは、国境の南では文字通り前代未聞の出来事である。

州の個人主義は決して新しくはない。自律的及び相互依存的部分の共存を強調することは、カナダの誕生と同じくらい古い。しかし、個人主義を文化的に強調することがますます激化し、それは、諸州が、自身で、連邦集合体に対抗することに合法性を与えた。個人主義は、中央政府が諸州との関係の中で高圧的な態度を取ることを不適当であるとした。

個人主義は、カナダ人の政治行動様式に著しい影響を及ぼす徴候を示している。一般的に、国民の政党に対する関心は薄らいでいる。例えば、一九八八年の新民主党の党主選出大会で、多くの人々が、その党員が――カナダの三大政党の中ではかつては最も若かったのだが――明らかに白髪になっていることに気付いた。

更に、カナダ人は、ミーチ・レイクのような大騒ぎがあって初めて、自分達の政治家を発見する。一九九〇年春のギャラップ調査で、カナダ人の九十五%がブライアン・マルーニーをカナダの首相であると言え、そして八十七%がジョージ・ブッシュがアメリカの大統領であることを知っていることが明らかになった。しかし、「ジョー誰だって?」という年来の皮肉は生きていた。ジョー・クラークが五年間にわたってカナダの外務大臣を務めた後でも、カナダ人のたった五十七％がそれを知っているに過ぎなかった。オードリー・マクロクリンは、新民主党の党首に選ばれてから三カ月経った後でも、一般の人の三十七％にしか知られていなかった。(79)

政党は信用を失う危機に瀕している。カナダ人は政党に対しては、公立学校、教会、大企業、及び労働組合に対してほど敬意も信頼も置いていない。

政党に対する敬意の減少

「あなたは…にどの程度の敬意と信頼を寄せていますか？」

％は「高く」、あるいは「非常に高く」を示す・

	1989	1979
公立学校	62	54
最高裁判所	59	57
組織宗教	55	60
新聞	36	37
大企業	33	34
連邦議会下院	30	38
労働組合	28	23
政党	18	30

出典　1989年2月9日ギャラップ・カナダ社

その投票行動様式になると、多くのカナダ人が、政党に対する自分達の関心——または忠誠心——が限られていることを示す更なる証拠を与えてくれる。一九八八年十一月の連邦選挙直後の『マクリーンズ誌』の世論調査では、五十一日間の選挙運動中、投票者の四分の一がどの政党に投票するかについて、少なくとも一度は考えを変えたと回答している。また、五人に一人の投票者が最後の二週間で政党を決め、七人に一人が投票日当日まで決めていなかった。調査に当たったデシーマ社のアラン・グレッグ社長は、「選挙の流動性には目を見張るものがあった。調査結果は、ますます多くのカナダ人が、自分自身の価値評価に基づいて政党支持を続けるか、やめるかを決める用意があることを示唆している。…良くも悪しくも変わらず同じ政党を支持するという古い考えは消えつつある」と述べている。クイーンズ大学の政治学者、ジョージ・パーリンは、カナダ人は、どの政党を支持するかと問われると、よく、最も最近投票した政党の名前をあげることに留意し、加えて、「これは、必ずしも持続的な忠誠心があるという意味ではない」としている。(80)

同調査によって、ほぼ五十%の人が、彼らの投票に影響を与える主要因は論争点であると答え、十八%が主要因は候補者であると言い、別の十八%が政党の党首をあげていることが判明した。ほんの十五%の人が、主に政党への忠誠心によって導かれていると言っている。(81) 人々は、政治的成果が、単独の努力ではなく、集団的活動を通して、達成されることを学んだ。しかし、彼らは、団結して連立を組み、集団的に個人的関心事を追求してきたのである。

彼らに共通するものは、イデオロギーよりもむしろ個人的な論点である。それ故、環境、核廃止、人工中絶、暴力、人種差別、貧困、その他の問題について、広範囲にわたる個人が率直に意見を述べることに参加するわけである。あるグループに属する人々は、州、性別、民族性、宗教、あるいは年齢などの特定の変数を媒介としてつながっているかもしれない。しかし、ここでも、一般の人は、実際に関係している問題によって影響を受けやすい。人は、運動から抜けるためには、グループと意見を異にしさえすればいいのである。

これが意味するところは、候補者にとっては深刻である。候補者は当選したければ、党ではなく、選挙民の問題を優先させなければならない。政党と密着していては、せいぜい当てにならない見返りがあるくらいで、下手をすると命取りになりかねない。多くの候補者が、所属政党の連邦支部と州支部との間の十字砲火にあっている。しばしば選挙民はどちらか一方、または、両方に反対するであろう。利口な候補者はその党との結び付きをぼかす。今日、選挙の勝利は、候補者が選挙民の関心事に専念することと、選挙民の生活を向上させるためには、自分が最適な人間であることを、選挙民に納得させることにかかっている。

個人主義を文化的に強調することは、個人的な関心事を現実化するための政治的手段利用への興味を増大することに貢献した。個人主義的な考えを持ったカナダ人は、政府は国民のためにあるべきだと強く主張している——我々は我々を支持する人を支持する。

宗教のモザイク

組織宗教に関わることは、かつて何らかの国民的規範のようなものであった。一九五〇年代後半、ローマ・カトリック教徒のほぼ八十五%と、プロテスタントの四十%が、毎週礼拝に出席していると言った。教会は、ほとんどのカナダ人の生活の中で重要な役割を果たしていたように思われる。ケベックではローマ・カトリック教会が日常生活を支配していた。その他の地域でもプロテスタントの各宗派が、カナダ人の生活にかなりの影響力をふるうという点でローマ・カトリック教会の仲間入りをした。他の宗教の役割も重要であった。

しかし、今日のカナダ人は、個人及びその見解をますます強調するようになった文化の中で暮らしているために、宗教に対してはまったく異なるアプローチをとっている。彼らは選択に関して非常に目の肥えた消費者になった。[82] たいていのカナダ人は、自分の好みの宗教を望んでいる。彼らは、ますます多様化している宗教的バイキング料理の中から、信仰、儀式、催し、職業的なサービスなどを選び取っている。現在、毎週の礼拝出席者は、三十%以下に落ち込んでいる。出席率は、カナダ人の選択的消費スタイルが、どの組織をも例外と認めないことを示す一つの兆候に過ぎない。

更にまた、出席率の問題は解決には程遠い。一九八七年末の、全国の十五歳から二十四歳までを対象とした調査では、多くの伝統的信条や慣行がまだ強く残っていることが判明した。しかし、こと団体活動になると、出席率や楽しむ度合いは両方とも極端に低い。カナダの若者の五人に一人弱しか毎週の礼拝に出席していない。宗教団体が高度の喜びを与えてくれる源泉であると報告しているのは、たったの六%に過ぎない。

礼拝出席はますます選択的に

「あなたは、自身が、たまたまこの七日間に教会かユダヤ人教会堂で礼拝しましたか?」

	一九四六	一九五六	一九六五	一九七五	一九八六	一九九〇
プロテスタント	60	43	32	25	27	24
ローマ・カトリック	83	87	83	61	43	37
全国	67	61	55	41	35	27

出典　ギャラップ・カナダ社

それにもかかわらず、八十%の人が、引き続き「彼らは(宗教的に)何かであると考えて」おり、主としてローマ・カトリック教会(四十五%)及びプロテスタント諸派(三十二%)に所属しているとみなしている。他の宗教団体を志向しているのは三%に過ぎない。更に、驚くことに、七十五%が、将来、子供の出生に関係する儀式を宗教団体にしてもらおうと思っていると言い、ほぼ八十%が、結婚の場合も同様であると答えている。八十五%以上の人が、いつか葬式を

教会でしてもらうことになるだろうと述べている。(83)

更なる調査結果は、自分は「(宗教的に) 何でもない」と言う二十%の人の多くが、一時的にそう言うに過ぎないことを暗示している。若者は、(冠婚葬祭などの) 通過儀礼が必要になるにつれて、主として、彼らの両親達が圧倒的に多く所属しているローマ・カトリックやプロテスタントの団体に「再加入する」であろう。(84) このような予測を支持して、この調査では——現時点では宗教的志向はないと言う若者の間で——四十七%が洗礼などを、六十九%が結婚式を、何と七十七%が葬式を、宗教団体に執り行ってもらおうと考えていることが分かった。(85)

現在のカナダでは、宗教が非常に大切であると思う信仰の堅固な人々——恐らく十五%から二十%くらいだろうが——は、宗教が周辺的なものになっている社会によって、絶えず自分の信仰を脅かされている。しかし、宗教が周縁的である人の大多数が、引き続きその特別な価値を認めて宗教を受け入れている。宗教学教授のテレンス・ペネルハムは、その結果、宗教の信奉者が、「信仰の非活性化」という形で「部分的世俗化」を経験する一方、懐疑主義者の場合は、「キリスト教のように複雑で、長い間培われてきたものが、そう簡単に二、三世代の間に完全に放棄されるはずはない」ということになると述べている。(86)

世評とは反対に、カナダ人は老いも若きも教会を見捨ててはいない。ほとんどの人にとって、所属宗教意識は特に明白ではないが、それは、少なくとも潜在的であって、そうでなくなるという兆候は少しも示していないことも確かである。しかし、カナダ人は、自分達が望むものについて非常に選択的になっている。彼らは、また、ほとんど、そのお返しに多くのものを与えることに興味を持っているようには見えない。まさに、大多数のカナダ人にとって信仰が個人的な事柄である、という表現は、草が緑色であるほど、自明なことである。その考えが当然のこととして受け入れられている事実こそ、個人性の文化的強調が、どの程度宗教を侵略し、支配し、改変してきたかを示す兆候である。

宗教　若者と大人

		若者	大人
信じること	神	84	81
	イエスキリストの神性	81	72
	死後の生命	65	71
祈り	少なくとも時々	80	73
団体的絆・行事	毎週参加	17	24
	非常な楽しみ	6	12
	帰属意識	80	87
予測される儀式	誕生	75	24
	結婚	80	31
	死	85	57

出典　1988年プロジェクト・ティーン・カナダ及び1995年プロジェクト・カナダ

一般的に言って、消費者向け宗教への要求は、無意識的、無意図的に応えられてきた。それにもかかわらず、厳しい現実は、カナダの宗教団体が、特製品志向のある顧客に、宗教特別一品料理、、、、を出す供給者として機能しがちであったことである。カナダ人の側が宗教の断片をほしがることは、既成の宗教組織に、その提供するものを多様化させるか、さもなければ、より特殊化した宗教団体や世俗団体に商売を奪われるぞ、と巨大な圧力をかけることになった。ほとんどの宗教団体がその要求に屈しがちであった。(87)

宗教が提供するものは、かつてなかったほど多様化している。文字通り、どんな大きな都市の、どんな団体の、どんな教会に飛び込んだ人でも、そのメニューが大きく多様であることに気が付くであろう。誰にとっても何かがある――礼拝、日曜学校、聖歌隊、聖書研究、女性や男性の集まり、若者や老人の集まり、社交活動、既婚者や独身者の集まり、教会員の学習会、自己啓発のクラス、社会正義を考える会、フィットネス・クラス、早朝の祈り、早朝のエアロビクスなど――そして、これらはほんの手始めの例に過ぎない。

教会に飛び込んだ人たちは、また、教会が、(人々の)広範囲にわたる(異なった)性格・性向や神学的指針を受け入れるのに、「十分大きい」ことも見て取るだろう。万一そうでなかったら、もう少し遠くの教会まで足を伸ばせばいいのである。ローマ・カトリック教会、イギリス国教会、合同教会、あるいは保守派プロテスタント教会などに籍を置く人は、自分自身の団体の内部で、福音伝道的であるか不可知論的であるか、聖霊的であるか形式主義的であるか、傍観するか直接参加するか、社会的関心を持つか敬虔的になるか、というような選択を持つ。(88)

重要性が減少しているのは、宗教的真理の方である。多元主義はその真理の追求を不適当と宣言し、相対主義はそれを不毛と宣告した。多くのカナダ人は、自分達が帰属意識を持つ伝統についてほとんど知らない。例えば、「ピーター（ペテロ）」が、「キリストを三回も拒否した」人物であると同定できる人は約半分しかいないし、トロント主教管区イギリス国教会派に属する人で、歴史的に神聖視されているイギリス国教祈祷書の著者の名をあげることができるのは、二十%に過ぎない。[89] 自分達の伝統について詳しい人がほとんどいないとすると、それを気遣う人は更に少ないように思われる。ある主要な宗教団体の真理の主張は、他の団体の主張とほぼ同様に、受け入れやすく、正しく見える。狂信的なグループや分離派の主張のみが疑わしいとみなされる。

　カナダの宗教団体は、宗教団体としては、特にそれ自身の物理的、社会的境界を越えて、真理についてほとんど主張しない傾向を持っている。そんな主張をすることは、教条主義的、あるいは知的浅薄のレッテルを貼られる可能性をもてあそぶことになる。規則は明白である。人々は、他の個人や集団の感情を害さない限り、意見を述べることを許される。また、人々は、自分達の側に真理があると主張さえしなければ、他の人にその考えを提供できる。キリスト教徒の団体の場合を例にとってみると、カナダの文化は、イエス・キリストを一つの道と認めるが、彼が唯一の道であるという主張には、みんな息が止まるほどびっくりする。人は慎重でなければならない、神のお告げがかなり暫定的であるから。そして、曖昧さは美徳である。

　個人主義と相対主義は、多くの人々にとって、宗教的にも、その束縛から自分達を解放するものであることを証明した。一九七五年、宗教への関わりが少なくなった主な理由を聞かれた人の半数以上が、「宗教は子供の時に押し付けられたものだから」と答えた。[90] 今日、自主と強制と

を区別することは可能である。今や、信仰は、模倣の産物ではなく、必然の産物になる機会を持っている。(91)

個人主義と相対主義という二つの命題は、また、一九六〇年代以前とはまったく異なるカナダの宗教的環境にも貢献した。多元主義は、各集団が、相互に、寛容という基本的な礼儀を示すことを定めた。集団間の衝突は、消滅したわけではないが、公の場では認められない。競争は不安な目で見られている。共存こそがカナダのお墨付きをもらったのである。

琥珀色の楓の葉

我々は長い道のりを歩んで来た。今日、カナダ人の九十％以上が、自分達が「非常に幸福」、「かなり幸福」であると言っており、これは一九六〇年頃のいわゆる、「幸福な日々」当時の約八十五％に匹敵する。更に、九十三％が、友人との付き合いから少なからぬ喜びを得ており、九十四％が、自分達の結婚が「非常に幸福」か「かなり幸福」である、七十四％が、彼らの現在の財政状況が自分達を満足させている（一九六三年の数字は六十八％であった）、七十一％が現在住んでいる所からかなりの喜びを得ている、と述べている。常勤（フルタイム）として雇用されている者の七十九％が、仕事に高いレベルの満足度を感じると報告し、非常勤（パートタイム）の場合は、その数字がやや高い八十四％である。(92)

カナダ人の、自分達の州やこの国での生活に関して示す満足度は、彼らが住むとしたらどこに住みたいかについて報告された中に、うまく要約されている。仮に、どの州にでも住める機会が与えられたら、ほとんどの人が今の所を動かないであろう。もし動かなければならないとしたら、人気がある土地は、美しいブリティッシュ・コロンビアである。もし、彼らが、どの国に住んでもよいと言われたら、わずか八%がアメリカに向い、十二%が世界の他の所を目指すであろう。残りは、カナダにとどまると言うだろう。(93)「たとえ、どのような不安定な状況が経済や環境を取り巻いても、カナダ人は、必ずしもいつも全体的にではないにしても、個人的には、将来うまくゆくだろうと楽観しているように見える」と、一九九〇年の『マクリーンズ誌』は書いている。(94)カナダ人は、他のどの国の人よりも生活に高い満足度を持っていると報告している。我々は、また、(他の国の人より)良い暮しをしているとも思っている。例えば、自分達をアメリカ人と比べてみて、我々の十人中九人が、我々の方がずっと優れた医療制度を持っていることを指摘し、十人中六人が、我々が世界的により偉大な尊敬を享受していると考えている。十人中ほとんど七人が、全体的に見て、我々の方がより優れた質の高い生活をしていると主張する。(95)

多元主義、個人主義、相対主義は、カナダにとってこれまで非常に有益であったように思われる。国家の最初の百年間に存在していた不均衡の多くは是正された。個人の行動や表現は、生活のあらゆる面でますます自由になってきている。初期の頃に多分に損をした二つの主な集団――女性と文化集団――は、前より良くやっている。我々の生活の質は疑いなく向上した。我々は以前より長生きし、たいていの場合、非常に良い生活をしている。一九八六年のカナダ人一人当たりの標準所得は、一五、九〇〇米ドルで、これは、ほぼ一七、四〇〇米ドル稼いだアメリカ人だけに後れを取っただけで、全世界で第二位であり、一九八五年から八九年にかけてのカナダの経済成長率は日本に次いで第二位であった。(96)

しかし、この話にはまだ続きがある。

カナダに変革が必要とされていたことを、現在は誰も疑ってはいない。集団を強調することによって多大なつけを支払わされたカナダでは、最初の百年間を通じて、個人的な、また社会的な損失は大きかった。個人の福利、社会の安寧という面でも理想からは程遠かった。

従って、一九六〇年代に入って、個人主義や真理の相対性などを新たに強調することは、人々の目に新鮮に映った。それに続くカナダにおける個人や制度の解放は、必要かつ意義深い歴史的発展であった。今日、カナダ人は自分に合うように、自由に人生を生きることができる。我々の組織は、例外なく、個人主義と相対主義を受け入れている。

カナダは、個人主義、多元主義、また相対主義の強調を通して、自由を促進する世界のリーダーとなったため、その地位には大きな報酬が伴ってきた。このように、より高度の生活水準を保ち、より平和的に存在し、自由を謳歌している国は、他にはほとんどないだろう。しかし、やっと腰を落ち着け、リラックスし、多元社会を世界のモデルとして誇示することができるようになったと思われたちょうどその時、予想もしなかった警告灯が点滅し始めたのである。

行き過ぎた個人主義

絆のないことの代償

社会に関する理論家や実践活動に携わる人は、常に、次の基本的な問題を取り扱わなければならなかった。それは、一つの社会がどの程度個人性を許容し得るか、そして、なおかつ社会として存在し得るか、という問いである。ジグムント・フロイトは、彼の古典的著作、『幻想の未来』の中で、文明は、個人の願望と集団の利益とが折り合う時にのみ可能である、と述べている。我が道を行くという個人の性向は、宗教のようなものに陶冶されないとすると、個人の意志のような他の方法で制御される必要がある。さもないと、社会生活は不可能である。(1) ホッブス、ロック、ルソーなどの社会哲学者は、際限がない利己心と無秩序は、人々が互いに喜んで協力し合う時――人々が「社会契約」を結ぶ時――に規制されると主張した。社会学者、エミール・デュルケムは、発達の遅れている社会を、道徳的合意、すなわち「基本的良心」を反映する、共有された感情、信条、価値などによって結束されていると見た。また、個性と専門化によって特徴づけられた近代社会では、社会の結束力はコンセンサスを通してではなく、相互依存を通して存続すると述べている。(2)

カナダでは一九六八年に、ピエール・トルードーがうまくその問題の概要をまとめている。彼によれば、「最も古い政治哲学の課題は…その過程で人間の独立を損わずに権威を正当化することである。個人を社会と、プライバシーの必要性を集団の中で生活する必要性と、また、自由の願いを秩序の必要性と、どう調和することができるであろうか。」(3)

そのような課題は、カナダやその他の国においても解決されてない。カナダのような国にとって、多元主義モデルを選び、自国を諸民族の国家であると宣言することは、建て前では可能なように思われる。また文化的モザイクという考えが、人間関係や家庭生活、あるいは教育やメディアのような他の分野に流出すると、多くの選択の中から自由に選ぶことができるという考えは、魅力的に聞こえる。

トルードーは、カナダは二つの信念によって結ばれていると主張した。それは、国家統一が無用であること、また、さもなければ我々を様々に分化するであろう差異に寛容であることの価値である。(4) 我々は違いを受け入れることで、我々の単一性を見出す。壁に散りばめられているモザイク画の芸術作品のように、我々の異なった部分は、事実上、統一的な全体となることができる。家庭生活のような範囲で、そのような原則を適用することは、我々お互いの権利が違っていることを受け入れることによって、一体感を見出すことを意味する。

しかしながら、多様な部分が単に存在しているからといって、それは、決してまとまった一つの芸術であることを保証しない――統合された豊かな社会に関しては言うまでもない。カナダにおいては、生活の色々な側面で、互いに関わりを持つ個人として、国家として、中心的で重要な問いに答える時が来ている。我々が共有するものが多様性であるならば、我々は本当に何か共有するものを持っているのだろうか。トロント大学の政治学者、ガット・ホロビッツは、かつて、多

文化主義とは現実に「カナダ人が何も持ってないことの自虐的な誉め言葉」であると述べた。(5)

ホロビッツの言うことは正しいのだろうか。多元主義はすべてを合法と認めることで、結局は何も生み出さないのであろうか。個人の権利及び、何もないことの究極的正当性を強調することで、多元主義は集団生活にとって脅威となるのであろうか。最近、アメリカの生活に関する鋭い批判の中で、カリフォルニア大学バークレー校の社会学者、ロバート・ベラーと彼の同僚は、アメリカの行き過ぎた個人主義——愛情や結婚、社会との関わり方、国家に対する帰属意識——が集団生活を脅かしている、と喝破する。「世界の国々から、一国の社会、地方社会、家庭に至るまで——あらゆるレベルで失敗しているものは——統合である…我々は公の利益に先んじて、個人として、集団として、国家として自分自身の利益を主張してきた。」(6)

皮肉にも、彼らの批判は、アメリカに対してよりも、カナダにもっとよく当てはまるように思われる。ベラーの同僚である、シーモア・リプセットは、彼自身の画期的とも言えるアメリカ・カナダ比較研究の中で、個人主義——反国家主権主義、人民主義、平等主義を伴う——は、「アメリカ主義」の核心にあると述べている。(7) 反対に、カナダは、遙かに個人主義的傾向が少なく、「より、権威を尊重し、積極的に国家(権力)を利用し、集団を基本にした権利を支持することを」存続させた。… カナダは、広範囲にわたる福祉国家となり、政府はかなりの所有権を持ち、労働組合運動はアメリカのそれよりもずっと均衡がとれている。フランス系カナダ人に与えられた民族的・文化的存続に対する憲法上の権利は、イギリス系以外の民族集団が持っている権利よりもずっと拡大されている」としている。

アメリカは個人主義に、カナダは集団主義に重きを置くというリプセットの説は、学者から広く共鳴を受けている。しかし、彼の議論は、アメリカの個人主義が集団生活への強力な取り組みと共存してきたという、核心的に重要な歴史的、今日的現状を考慮してない。この二つの特色は決して互いに排他的ではなかった。これについてプリンストン大学の社会学者、ロバート・ウスノーは、次のように述べている。「一国家として、我々の文化は、徹底的な自己依存という命題と利他主義や思いやりという命題とを密接に結び付けている。我々は、個人の生活において、自分自身への関心と他人への関心を混ぜ合わせる」と述べている。(8) リプセットはその分析の中で、「観念的合意」を合衆国に典型的であると述べているカナダの学者、サクバン・バーコビッチを引用している。バーコビッチは、一九六〇年代の終わりに、初めて「アメリカ人の合意」に接した時のことを思い出す。彼は、カナダとの国境を越えた時、その任意に決められた国境にもかかわらず、また人種と主義が驚くほど混在しているにもかかわらず、真のアメリカと呼べる何かを信じることができる国にいる自分を見付けた。「…ここには、約束を放棄したとして、中西部を叱りつけるユダヤ系無政府主義者、ポール・グッドマンがいたし、アメリカの奴隷の子孫、マーチン・ルーサー・キングが、アメリカ的価値に反するとして、不平等を非難していたし、また、国家の運命について延々と続く議論があった…。」　バーコビッチのカナダ人としての背景からは、そのような「光景を見ることは思いも寄らなかった。それぞれが互いに明らかに異なる数多くの党派や派閥が［あった］が、すべてが同じ使命を祝福していた。」(9)

この観念的合意への強烈な取り組みが、アメリカ人を一つにまとめる役割を果たしてきた。アメリカ人は、国家と家庭、共同体と地域、高校と大学にその精力を注いでいる。アメリカ人の観念の中で、個人主義は常にはっきりとした集団的文脈の中でとらえられてきた。家族、学校、大学、教会、共同体、地域は、個人をその社会的位置・役割とかなりきつく結び付ける綱になっている。

しかし、そのような所見を述べるのに修辞的表現だけに頼る必要はない。その事情を説明してくれる、いくつかの印象深い、簡単に手に入る一連の観察資料があり、その中には、高校や大学に対する愛着ということがある。アメリカのナンバー・プレートを付けた車を見たことがある人なら誰でも、アメリカ人にとって車の窓に自分の高校や大学のステッカーを貼り付けるのは普通のことであることを知っている。その同じ運転者の多くは、フットボールやバスケットボールの試合を見に母校に戻る——たいていのカナダ人にとっては異質な行動であるが。全州的な勝ち抜き試合には大勢の熱狂的な応援者がついて回る。大学レベルになると、在籍校と出身校に対する愛着はまさに驚異的である。秋の普通の土曜日はいつをとっても、アメリカ中の大学の競技場はフットボールの愛好者で埋め尽くされる——その数は五万から十万人にもなる。観客は、学生、州の住民、それに、「彼らのチーム」が競技するのを見るために、はるばる遠くからやって来た卒業生達である。しかし、そのような生の試合を見に来る人は、熱狂的なファンのほんの一部に過ぎない。アメリカの大学や単科大学は、放送網や有線テレビからも相当な収入を得ている。学術会議に関する契約以外に、カトリック教と運動競技と奨学金の統合象徴として非常に人気のある、ノートルダム大学は、地元の全試合を全米のテレビ放送で流すよう、ＣＢＳと個別に放送契約をしている。

カナダでは、ほとんどの所でそのような、高校に対する愛着はないに等しい。大学のフットボールの試合は、たいてい、観客ががらがらの競技場で行われている。ほとんどの学生、卒業生、住民にとって、トロント大学ブルーズ、マニトバ大学バイソンズ、あるいは、アルバータ大学ゴールデン・ベアーズの「来たる大試合」などはどうでもいいものである。

たかがスポーツですって。いえいえ、どうして。その人の学校と大学、共同体、自分の生い立ちへの帰属意識ということになると、その観客数は、アメリカ側とこちら側で見られる明らかに異なった傾向を示す、非常にいい尺度を提供してくれるのです。

二つ目の例。先週の日曜日、カナダ人が四分の一だったのに比べて、アメリカ人のほぼ半数が礼拝に出席した。ほとんどのカナダ人が、いずれかの宗教団体に帰属意識を持ち続け、通過儀礼（冠婚葬祭のような）や他の特別な行事の場合にはどこからともなく現れる。しかし、宗教団体への積極参加という意識は極めて少ない。アメリカ人は、宗教団体の活動への参加という点で、常にカナダ人を遙かに引き離している。

アメリカ人は歴史的に「徹底的な個人主義」を強調してきた。しかし、アメリカ人の信条は、また、「我々、人民」——集団性の命題——をも強調してきた。際立って対照的に、カナダはそのような「結束させる信条」を持たずにきた。集団生活はカナダ人の観念の中に根を下ろさなかった。リプセットが我々に思い起こさせてくれるように、「カナダ主義という観念（イデオロギー）はない」のである。(10)

これを理解する手がかりは、アメリカ人が英雄を持っていることである。カナダ人は自国の歴史的成果を無視し、トマス・バーガーが指摘するように、ほとんど例外なく、「他の国のヒーローとヒロイン」を受け入れる。(11)

団体加入を避ける傾向

「あなたはこれらの団体のどれかに正式に加入していますか？」　%は「はい」

	1975	1985	1995
教会（ユダヤ教会も含む）	58	35	31
スポーツクラブ	27	24	21
労働組合	26	24	24
奉仕クラブ	23	15	12
趣味に関するクラブ	22	15	15
男子・女子学生クラブ	16	6	3
政治団体	10	9	10
同国人団体	7	6	4
農業組織	7	2	2
その他の団体	10	8	12

出典　プロジェクト・カナダ・シリーズ

ばらばらなモザイク

カナダでは、我々は坩堝《るつぼ》を棄てて、モザイクをとった。権利と自由の憲章に期待された輝かしい神話の代わりに、我々は、異なる集団間で実務的な合意を結んでいる。そして、共同体に対する忠誠心となると、そうですね、人は、カナダ人が、如何なる集団にもあまり心を躍らせないことを示す証拠ばかりしか提示できなくて困るでしょう。我々はますます伝統的な家族構造を選択的なものとみなす。我々は、めったに自分の出た高校や大学を援助しようとは思わない。教会からは足が遠のいている。社会への積極的な取り組みには、決まって、あまり熱心とは言えない。また、我々の多くが、出身地について特に関心を払わない。アメリカ人の過剰な愛国心を非難しない方がいいでしょう。耳の痛い現実は、カナダ人は何に関してもそれほど忠誠心がないということですから。

我々の国を一つにまとめてきたものは、共有された観念への我々の積極的な取り組みではなく、むしろ共存への曖昧な意志である。個人主義は、アメリカでは集団に支持された観念に守られているが、カナダではそのような観念的保護は存在しない。荒っぽくスポーツに例えれば、アメリカの個人主義は、フットボール選手がボールを渡され、多くの防御側の選手に立ち向かっているようなものである。カナダでは、ボールを抱える個人主義者が、急に目の前がクリヤーになったようなものである。結果として、西洋世界における個人主義の加速度的な強調が、社会的結束にとって、アメリカでよりも、カナダでずっと大きな脅威になっている。

カナダ人の多元主義の強調は、個人にとっての自由につながる。しかし、多元主義は、その先、個人がどのように社会に還元されるかは示してない。多元主義は、全体を、保護された部分に分けるが、その部分を元に戻すことはない。

次のように説明しよう。壁に掛かっている絵の無機物的要素として、異なった部分がただ隣り合って共存しているならば、それはそれでよい。しかし、それらの異なった部分それぞれが、生物の相互依存的構成要素として生きる必要があるなら、話はまったく別である。カナダでは、バラバラな個人の貢献が必ずしも何かになるわけではない。

カナダを評価して、ノートルダム大学の社会学者、ケビン・クリスティアーノは、もし人々の集団が存続すべきならば、それらの集団は、ともかくも、その集団を集団たらしめているものが何かを、教えられなければならないと指摘する。集団には同一的身分（アイデンティティー）が与えられなければならない。クリスティアーノは、しかし、「個人主義の持つ言葉は…（集団に）同一的身分を与えるという仕事には不適当である。なぜならば、それを達成するためには、個を抹消しないまでも、個を避ける方法で歴史や運命について語らなければならないからである」と述べている。個人の強調は、民主主義や平等をもたらすかもしれないが、それは、また、「その集団による指導や伝統の与える心地よさから人々を遠ざけ、更に、自律的な市民としての新しい同一的身分を彼らに強制する。」(12)

我々カナダ人の、個人の権利及び個人的満足の強調が、カナダにおいて、集団生活を非常に難しいものにしており、結局は、それを不可能にしてしまうと思われる十分な根拠がある。カナダ人は、自己及び自分の福利を優先させよと言う文化に対応していながら、他の人と良い関係を結びたいという願いとの間で、自分が板挟みになっていることに気付く。若者は、社会的な関心よりも個人的な関心に高い価値を置いている。年齢が上のカナダ人も同じである。ヨーク大学のジョーゼフ・レビー教授は、多くの「白髪頭」は「一番良いものを探せ」という主義を取り入れ、今、「最も大きく、最も高い車を買い、休暇には外国に行き、社会、家族、友人を離れて自分だけで生きている」と書いている。(13)

そのような個人志向による不均衡が、ありとあらゆる関係に深刻な緊張を与えている。その潜在的犠牲の中には、友情、結婚、家庭生活、仕事上の関係、また地域、国、また、世界の市民としての関係、が含まれる。民間及び学問的英知にもかかわらず、個人主義のことになると、我々はアメリカ人を遙かに凌いでいると言える。

個人的抱負　カナダの若者（十五〜二十四歳）

「将来に目を向けると、次のことはあなたにとってどのくらい大切ですか。」

%は、「非常に大切」と答えた人

	全国	ブリティッシュ・コロンビア	草原州	オンタリオ	ケベック	大西洋沿岸諸州
良い結婚と家庭生活	82	84	88	84	74	81
固い友情	75	73	79	78	71	70
仕事上の成功	74	77	75	76	72	74
良い教育を得ること	70	67	73	70	71	66
社会的・経済的不平等の是正	16	12	16	17	17	18
自分の所属集団のリーダーになること	6	2	6	6	7	6

出典　一九八八年プロジェクト・ティーン・カナダ

行き過ぎた相対主義

カナダ人には、「選択のチャンピオン」候補に指名される資格が十分ある。我々は、人々に多くの選択を与えていることを誇りに思っている。我々は、たとえ、可能な選択が、我々が選ばないものであろうと、他の人の、自分が望むものを選ぶ権利、を守ることを美徳とする。それがカナダ式である。我々は、ますます、真理を個人的な好みの問題とみなすようになった。そのような考えがあまり広く普及したため、相対主義の意味を知らないカナダ人でも「何事も相対的だ」という表現を普通に使っている。その概念が真の理解から分離した考えであるということは、その表現が、しばしば、「何事も相関関係にある」と同義で使われることからもよく分かる。相対主義はカナダ人の決まり文句になった。

最善のものを選ぶための紛らわしい選択

真理の個人的な探求を強調することは、一九六〇年代以前を特徴づける思想を伝えようとする権威主義者に対する、大切な中和剤になった。例えば、学校での暗記の強調や宗教団体の伝道的傾向は、個人を息苦しくさせるだけではない。個人の成長や創造力を抑えるという点で、そのようなやり方は、社会的発達も深刻に阻害した。それ故、知的解放は誰にとっても一服の清涼剤であった。

しかしながら、多元主義の助けを借りて、真理を持つことについて独善的でなくなることの重要性は、真理を追求することの重要性と混同された。両親のいる家庭と親が一人の家庭の両方が認められるからといって、個人的及び社会的福利に両者が等しく貢献するということにはならない。たぶんそういうこともあるだろう。しかし、単に選択が存在するという事実は、それらが同じ個人的及び社会的利益を持つことを意味しない。カナダではすべての宗教が存在する権利を持っている。しかし、だからと言って、宗教的主張が純然と存在することが、すべての主張が同じように正しいということを意味せず、また、英国国教、ペンタコステ（五旬節）派、ヒンズー教、悪魔崇拝、を実践した結果が、すべて同じ感情的影響を持つことにはならない。

多元主義は色々な見方を表現することを是認する。だが、多元主義は、どちらかと言うと、色々な見方についての評価を、軽視することなく、更に大切なものにする。我々は、選択を奨励するが故に、洞察力という批判的概念を擁護する必要がある。人々はどう選ぶかを学ぶ必要がある。

そのように考えることは決して異端的ではない。自然科学者や社会科学者は、ある説明は他の説明よりも優れていると想定する。より優れている説明というのは、観察者が世界を理解する場合に一助となるようなものである。それらは、他のものより、うまく何が起こっているかを記述し、説明し、予測する。我々は自由に仮説が立てられる。しかし、どの仮説も同じ価値があるとは言えない。仮説は評価され、それから支持されるか、棄却される。例えば、様々な意見があったにもかかわらず、地球は平らではなく、丸い。ほとんどの物体はひとりでに——上がるよりはむしろ——落ちる。ある要因が常に心臓発作や癌に影響する。我々の顔立ちには遺伝的基盤がある。教育は偏見に対して良い効果がある。年齢と教会への出席率との関係は偶発的なものではない。

個人の福利に関しては、我々は、皆、すべてのことが同等な見返りをもたらさないことを知っている。例えば、身体の健康は単なる当て推量では得られない。我々は、何を健康のために良い食事であると認めるかということになると、異文化間的にも、また同じ文化内でも、異なっているかもしれない。しかし、実際は、ある食物は我々を殺し、他は栄養になるということである。同じように、我々は、健康を保つために何をするかに関して、それぞれの文化によって異なるであろう。しかし、我々は、どの文化を自分の文化と呼ぶかにかかわらず、不健康であれば、すべて同様な生理的影響を受ける。

人々は、肉体的、感情的、知的、精神的欲求を色々な形で表明する。けれども、だからと言って、すべての処置が同様に効き目があるということには先ずならない。また、人々が様々な倫理的見解を持っているからと言って、すべてが同じような人間関係に帰結することはない。人が多くの自己啓発プログラムに入っているからと言って、それらがすべて個人の福利に同じ効果をもたらすことにはならない。つまり、選択は、結果については何も語らないのである。

寛大な無思慮

アメリカの文脈における、過剰な相対主義に関する同じような懸念は、哲学者、アラン・ブルームによって一九八七年に出版された彼の著書、『アメリカン・マインドの終焉』の中に述べられている。ブルームは、大学生は、決まって、真理は相対的であり、従って、寛大さは道徳的美徳であると信じていると主張する。また、彼は、相対主義は、「良い生活の探求という教育の真の目的を失わせてきた」と書く。(14) ブルーム曰く、「無制限の、思慮のない、寛大さの追求は…寛大さを意味のないものにした…。歴史及び文化の研究は、価値や文化が相対的であるとは教えないし、また証明もしない…。それぞれの時代や場所に応じて、善悪に関して異なった意見があったことは、決して、どの主張も真実でないとか、どの主張も他より優っていることはない、ということを証明したことにならない。」(15) ブルームは、歴史及び一連の参考になる文化を利用して、進んで知識や真理を考え、追求する意欲が必要であるとする。

実例を使って説明しよう。カナダ人の若者は、「就学前の子供達は、母親が働くと悪影響を受ける」という説をどう思うかと聞かれて、五十一％が同意し、四十九％が反対した。ブルームはこの問題を取り上げ、両親が仕事を持っている場合、子供は喪失感を経験するかどうかという質問を論じる場合、我々は、潜在的な喪失感は、両親が子供の養育を等しく分担することによって埋め合わせられる、という典型的な回答を与えると指摘する。しかし、ブルームは、我々は、普通、そのような平等主義的な解答で満足してしまい、その選択をじっくり考えようとはしない—

―すなわち、〇・五プラス〇・五は本当にイコール―か、その一は、大人の一人が家にいて子供の養育に専念することを選んだ場合だが。答は恐らく「否」であろう――それは両親が仕事を持つべきではないという意味ではなく、むしろ、彼らの選択が異なった結果を伴うということである、と言明する。(16)

ブルームの言うように、カナダでは何事も可能である。しかし、それは、すべてが個人的あるいは社会的に見て同様に良いということではない。カナダ人として、我々は、選択を目的そのものとして崇拝することに、危なっかしいほど接近している。我々は、可能な選択による得失を注意深く調べ、それから、勇気を持って実際に何が「最善」であるかを提案するよりむしろ、代わりに安易な道を取る。我々は宣言する――多元主義のお墨付きをもって――教養があり、啓発された、洗練されたカナダ人は、ほぼ何事にも寛大であり、何事に関してもめったに立場を明らかにしない人々であることを。もしある人が、倫理的、道徳的、あるいは宗教的領域で――例えば、婚前交渉、結婚形態、同性愛、あるいは宗教など――あえて一つの立場を唱導するならば、そんな人は、決まって心が狭量な人とみなされる。故トロント・イギリス国教会大主教、ルイス・ガーンズワージーは、「カナダで何かについて率直に意見を述べることは、狂信家のレッテルを貼られる危険を冒すことである」とまで言った。(17)

正直というような、一見核心的な特質でさえも問題にぶつかる。カナダの大人と青少年のおよそ九十%が、正直に高い価値を置くと言う一方で、彼らは如何なる行動にも不正直というレッテルを貼ることにためらいを示す。彼らは、社会化の過程で、何かをすることは、即断的であるという印象を与える、と思うようになる。

例えば、ベン・ジョンソンの醜聞に関するドゥービン調査の期間中に、スポーツ・ネットワークは、毎朝視聴者に、コーチのチャーリー・フランシスがやったことは正当化できるかどうか、競技力増強のための薬剤を与えたコーチや使用した選手達は、生涯追放されるべきかどうか、また、一九八七年にジョンソンがローマで作った世界新記録は、そのまま有効として認められるべきかどうか、という質問をした。結果は、フランシスの肩を持ち、生涯追放には反対、ジョンソンの記録は有効、であった。『トロント・スター紙』のスポーツ記者であるケン・マッキーは、「もしその電話の回答者達がカナダ人の考え方を示しているとすると、我々は過去八年から十年にわたる一群のエリート選手、コーチ、その他が嘘をついたり、人をだましたりしたことよりもずっと大きな問題を抱えている」と論評した。[18] 一九九〇年四月のギャラップ調査は、スポーツ・チャンネルの調査結果が、いかに的を射ていたかに関するデータを提供した。カナダ人の五十五%が、二年間の出場停止が適当であると感じる一方、約二十%が、禁止されている薬剤を使用した選手に対し、何らの措置も講ずるべきではないと感じていた。そして、ほんの二十五%の人々が生涯出場停止を支持した。[19]

要するに、相対主義は、多くのカナダ人が、即断的であることとしっかりした判断を下すこと、また、差別的態度を示すことと差別をすること、を区別をしない状況に、寄与しているということである。個人は自由に価値を持つことができるが、他の人に勝手にその価値を押し付けることはできないという考え方を教え込む社会に住んでいると、我々は、自分達が選択それ自体を是認していることに気付く。識別力を無用なものにして、我々は可能な選択の中から最良のものを追い求めることをやめる。我々に残されたものは、無反省の、思慮のない相対主義である。我々は、もはや、過去におけるほど権威主義者になれなくなっているのかもしれない。しかし、我々は、また、もはや、より批判的に、内省的で、創造的であろうともしなくなっている。我々は、意見や行動において、大騒ぎをして自分達の多様な選択を主張する市民を、報酬として与えられた。我々には、何が正しく、良く、あるいは真実かという判断力はほとんど残っていない。思慮のない相対主義が、この種の神経の末端を破壊してしまったのである。

展望のない共存

行き過ぎた個人主義と行き過ぎた相対主義は、どんな社会にあっても深刻な問題を引き起こす可能性がある。カナダの社会生活にとって、個人主義と相対主義をそれほど危険なものにするのは、両者が、何がなんでも共存をという明白な姿勢を保っているために、すでに壊れやすくなっている社会に、強力なミサイルのように落ちてくるという事実である。その結果としての社会的荒廃の可能性は無限である。

建国以来、カナダの指導者は、何よりも先ず、ただ「仲良くやる」ことを切望した。ウィリアム・スタール教授は、イギリス自治領カナダ連邦は、「如何なる人種や党派の人々でも、自分の過去を示すものを捨てることを要求されずに、新しい国籍を自分のものとして請求すること」ができるようにしたと指摘する。彼はまた、「多少の音楽隊や爆竹などを除いては、イギリス自治領カナダ連邦には、大いなる感情のほとばしりが伴っていなかった」と付け加える。(20) アメリカ人が、「生活、自由、幸福の追求」を強調している間、我々の建国の父達は、「平和、秩序、良い政府」を強調した。(21) アメリカ人は幸福や福利の追求を夢見たが、カナダ人は単に共存を望んだだけであった。

ここで大切なことは、一九五〇年代以後のカナダの国家指導者が、そのような理想を賞賛したことである。ピエール・トルードーは、建国の憲章を、「原則、理想、あるいは他の美辞麗句、がない」点で際立っており、またそれが、異質で、「ばらばらになっていた半大陸」にとってふさわしいものとみなした。(22) クリスティアーノは、トルードー版連邦主義は、国民的合意を押し付けることを含まないが、その代わり、「故意に、(それを、) 国家を構成している様々な集団間の最大公約数に還元する」と述べている。トルードーの連邦主義は、歴史が偶然一緒にした多様な集団間に、合理的な妥協点を見い出そうとするものである。それ故、成員には社会契約の条件に従って行動することのみが求められる。(23)

トルードーの考えの中心は、真の民主的政府は「国家民族主義的」ではあり得ない、むしろ、すべての国民の福利を、その人種的背景に対する偏見なしに、追求しなければならないという考えである。それは、良い市民であることを支持し、奨励するが、決して国家民族主義を支持、奨励しない。トルードーにとって国家民族主義とは、「歴史、経済学、憲法、あるいは社会学などに、自分達の信念の基盤を見出せない人々のために、理性に取って代わる信仰」である。(24)

歴史は、国家民族主義が民族間の平和と民族内の秩序を破壊することを物語っている。「理性に基づいた国民の合意は、社会が必要とする結合力を提供するであろう」とトルードーは論じた。カナダに関して、「私は、冷厳な、無感動な合理性がいまだに船を救えると提言している」というトルードーの言葉には、心を動かされるが、冷たい響きも感じられる。(25)

クリスティアーノは、トルードーの考えを注意深く批評して、トルードーの政治哲学は、彼に、手に負えない近代国家の最高責任者になる素養を十分与えたと述べる。しかし、彼は、「その同じ哲学の個人主義に対するゆるぎない固執が」、カナダの諸問題に対する「永続的な解決を初めから不可能にしたかもしれない」とも言っている。なぜであろうか。それは、トルードーの政治哲学が、国全体を心情的に統合するような、如何なる象徴の存在も、その適切さも、どちらも認めなかったからである、とクリスティアーノは言う。(26)

トルードーにとって不幸なことに、国家は理性に訴えて存在するものではない。国家は、対話、討議、議論の成果として現れるのではなく、歴史の事実から現れる。これらの事実の回りには、高潔で勇敢な行為の歌、苦難の下での美徳談、地球上の諸民族の中での独自性の主張などがずらりと並んでいる。これらの事象が一緒になって、独立国家の象徴的な本質を形成する。この本質は、困難な経験によって変えられたり、増強されたりするかも知れないが、それは、国家そのものが危機に晒された場合にのみ、誹謗されたり、拒絶されたりするのである。(27)

カナダに残されたものは、カナダ特有と言えるものは何も含んでいない価値体系である。その価値体系に正当性を与える歴史や英雄は存在しない。寛容と理解という理想は、「宿命的に普遍的である。誰もがそれらを受け入れる可能性を持っているし、有り難いことに、すでにいくつかの国が受け入れている、しかも真剣に。しかし、なぜカナダ人がこの選択を無理矢理受け入れなければならないのかに関しては、そうすることが礼儀であるという、議論の余地がない事実の主張以外は、何ら論理的説明が与えられていない。」(28)

トルードー首相は、一九六九年のドミニオン・デー［カナダ自治領制定記念日(七月一日)］での演説で国民に向かって、「カナダ人の性格のそのような基本的な部分を形成するものは、お互いに対する寛容である。寛容と中庸は、」それに照らし合わせて、「我々が、国家として国民としてどれだけ成長したかを判定できる」基準であると言った。(29) それから二十年後、彼の一番新しい本に、同じ主題を要約する『公正な社会に向かって』という題が付けられることになる。その序論の中で、一九七〇年のトルードーの言葉が呼び起こされる。「社会における生活の目的は、すべての人にとっての最大の幸福であり、この幸福は、お互いに、そして誰に対しても公正であることによってのみ得られるものである。」(30) 正義、平等、寛容、共存――トルードー政権時代の主題――は、現在のカナダで進行中の主題である。しかし、更に前進する時が来ている。

カナダのような国が、多文化主義と二言語併用主義、また個人の権利を保証するような政策を通じて、多元主義を神聖化する時、結果は共存である――それ以上でも、以下でもない。それは、多様な人々の中から社会を造り出すには良い出発点である。しかし、そこには、一つの危険がある。もしそれに続く展望や、国家目標や、何らかの目的のために共存するという明確な意味がなければ、多元主義は魅力のない目的そのものになってしまう。ここでは、共存は、多様な国民が集合的に、可能な限り最高な種類の存在を追求することを可能にする基盤になるよりは、むしろ、国家的一大関心事に変質してしまう。多元主義は目的を見失う。その結果は、モザイクの狂気である。

およそ二十年ほど前、トルードーは彼一流の雄弁さでその問題を言い表した。「最高のイデオロギーは、特定の時期に、問題になっている時弊《じへい》と戦うために出てきたために、もしそのイデオロギーを生んだ必要性を越えて生き続けると、最悪になる。」(31) カナダでは、我々の多元主義の強調は無目的になった。我々は、社会的、個人的平等が実現されることを保証することに多大なエネルギーを費やしている。平等は、最適な生活を追求するための極めて重要な出発点であるが、カナダにおいて、それは決勝点をぼやけさせてしまった。

それで、我々は、集団を集団や個人と戦わせ、個人を集団や他の個人と争わせることになる。モザイクの狂気は至る所にある。サスカチュワン州選出の国会議員、サイモン・デジョングは、その辛辣な最終弁論の中で、憲法は、法的な拘束服になり、カナダにとって重要な多くの問題は、政治家によってではなく、最高裁判所の判事席に座っている「一団の老人達」によって解決されている、と言った。(32) アルバータ州の一九八三年から八四年の寛容・理解委員会の議長を務め、平等推進の旗頭になったロン・ギターは、最近、エドモントン多文化協会に対して、「多文化主義政策は、我々の社会の種々様々な断片の間に橋を架けるというよりも、むしろ孤立した居住区をつくり、ますます人々を分断する傾向にあると思う」と言った。ギターは続けて、「今や我々が、共同体を離間するのではなく、一緒にするために何を成すべきか、という問いを発する時ではないだろうか」と述べた。[33]

共存は国家的な夢としては不適切である。それだけでは十分ではなく、これまでも決して十分ではなかった。過去において、指導者達は、時たま、カナダ人が共通の地理的領土に住んでいるという考えの下に、「神話を持たない」カナダ人を結集しようとしただろう。国家の目標や主要な価値は、ジョン・ポーターがその著書『縦のモザイク』で指摘しているように、「大西洋岸から大平洋岸まで」というような地理的用語で表現されているようである。[34] 最近の例では、一九九〇年三月、ブライアン・マルーニー首相は、ミーチ・レイクに関するテレビ演説で、「カナディアン・プレス」の記者から、「一般大衆が理解していない（ミーチ・レイクに関する）取引きを説明し、（ケベックに提示された）特定社会という資格を定義しようとしている時、深い雪に覆われた森や、地平線まで広がる大平原や、空に接するかと思われるような山について熱狂的に語るために、同じぐらいの時間」を費やした、と評された。[35] 因みに、地理や風景についての訴えかけが、カナダの民衆の心を揺り動かしたためしはこれまでない。[36]

同様に、共存のための共存は、誰も元気付けることはない。それには、展望がないのである。もし我々が良い暮らしをしたいと思うならば、平和的共存の達成は、予備段階の個人的及び社会的目標に過ぎない。共存は我々に中学校の卒業証書を取らせてくれる。我々は、可能な限り最高の社会を造るためにもっと前進し、協働する時にのみ、もっと上級の学位が手に入れられるであろう。

カナダは長い道のりを辿って来た。我々は、一九六〇年代以前の「集団主義」と権威主義の多くを過去のものとしてきた。我々は、かなりの社会的、精神的自由を経験した。問題は、我々が行き過ぎたことである。我々は強制的な連帯関係を、展望のない共存と置き替えた。また我々は思慮のない真理の受容を、思慮のない相対主義の受容と取り替えた。そのための犠牲者リストは短くない。

第6章　人間関係における犠牲者リスト

人間関係の面で、カナダでの生活は以前よりずっと良くなったはずである。我々の言語・文化政策は、権利の憲章と並んで、一見、非常に良い社会的絆のための土台を整備してきたように見える。しかし、人間関係の基準の相対化と同時に、個人の福利を余りに強調し過ぎたために、期待される成果とは程遠い結果になってしまっている。

貧弱になった交流

カナダの色々な土地にしばらくいた人だったら、世界を飛び回っている人にはよく知られていること、すなわち文化は非常に異なる対応の仕方を伴うということを知っているであろう。トロントやモントリオールで、地下鉄の車両の中で見知らぬ人にどう対応するかには、ウィニペグやビクトリアの市バスの中での場合とは典型的に異った対応の仕方が見られる。オタワやバンクーバーのショッピング・センターにいる人々と、シャーロット・タウンやムース・ジョーやレッド・ディアの小さなショッピング・センターにいる人々とでは、お互いの接し方に違いがありそうである。同じカナダ人でも、率先して見知らぬ人に話しかける人は、大西洋沿岸諸州または西部カナダ出身か、また小さな都市か町か田舎出身――そうでなければアメリカ出身の可能性があり、これは一つの重要な点につながる。

人と人との接し方は、様々であるが、それでも、いくつかの一般的な国民的性格は明らかに見られる。私の経験を読者の経験に補ってみて、次に述べる「対人関係についての印象」が如何に的を射ているかを見てほしい。

汽車でイギリスを旅すると、イギリス南部では、反対側の座席に座っている人が、「イギリス的な控え目さ」を巧みに示すことにすぐ気付くだろう。彼らは話しかけられなければ決して話をしないが、話しかけられれば感じが良く、丁寧である。この人達は、愛想のいいヨークシャーに住む人々や、外向的でユーモア好きなスコットランド人や、温かみがあり機知に富んだアイルランド人とはほとんど類似点がない。しかし、ロンドンにいるイギリス人がいくら控え目だと言っても、ストックホルムの通りにいるスウェーデン人や、レニングラードの店にいるロシア人や、広汎に社交性が欠如しているヘルシンキのフィンランド人と比べたら、かなりましであろう。これら四つの都市においては、社会的な対人接触は、レストランや店の客であるといったような、状況のはっきりした場面におけるちょっとした触れ合いを除いては、事実上存在しない。お互いに知らない者同士は、単にお互いを無視するだけである。混雑した道路では、視線を合わせることはなく、ぶつかりあったり、前を遮ったりもする。

パリの町並みにいるフランス人は、チューリッヒのスイス人やリスボンのポルトガル人より、もっとあからさまに、通り過ぎる人々に視線を投げかけることが多い。たいてい、言葉の壁に直面するイギリス系カナダ人でさえ、イギリスのある地域と比べて、これらの国での方が見知らぬ人に対して驚くほど気楽に感じる。オーストラリア人やニュージーランド人は、イギリス南部の人よりもやや外向的であり、一方、フィジーの人は控え目であるが愛想が良い。

ストックホルムやオックスフォードやカルガリーのホテルのロビーで、その静けさを破るのはしばしばアメリカ人である――外向的でなく、うるさくない場合も同じくらいあるが。彼らの声の大きさと強引な態度は、彼らの金が招く友人と同じ数の敵をもたらす。それにしても、カナダ人が、ニューヨーク、ロサンゼルス、あるいはシカゴ、アトランタ、あるいはオースチン、プルマン、どこであろうとほとんど変わらないと思うことは、アメリカ式の視線と会話である。他の国から来たばかりで、まだ慣れていない人々の多くは、そのようなスタイルにまごつかされる。「親しみがある」とか「親切だ」と言って、歓迎したり、逆に「無遠慮だ」とか「表面的だ」と言って非難したり、様々である。

私は更に、アジアや南アメリカで、人々がどのように接するかをこの目で確かめなければならない。しかし、私は――皆さんと同じように――色々な国や地域や社会が様々な独自のスタイルを持っていることを十分見て知っている。また、私は多くのスタイルを見、経験して、それらのスタイルのある要素が、他の要素よりも人間の精神を高めることも知っている。冷たさに対して温かさを、無関心に対して思いやりを、また軽蔑に対して尊敬を、伝えるはっきりとした行為やジェスチャーがある。ある種の接触は我々を有頂天にし、また我々を意気消沈させるものもある。

自由が世界中を席巻するにつれて、人々は、全国的にも全世界的にも広範囲にわたる接触の可能性にさらされていることに気付く。困ったことに、行き過ぎた個人主義や相対主義が、むき出しの死活のレベルでの接触につながることを示す徴候が顕著に表れている。

カナダでは文化や個人の多様性をますます正当化したために、我々には次のような基本的な質問が問われている。我々はどんな人間関係を持ちたいのかと。ただ単に多種多様なグループを国家という遊び場に集め、それぞれ好きなように交流させよと言うだけでは十分ではない。そこで質的に良い人間関係を強調しなければ、雑多な人間関係以外には何も得られない。ここにはピエール・トルードーらの理想主義が現われているが、その悪い面もはっきり出ている。もし我々が寛容さを奨励すれば、その結果出てくる「最大公約数」が自ずと最適な生き方になることを、彼らは期待しているように思われる。一九七二年に前首相は次のように述べている。

模範的、あるいは理想的なカナダ人というものは存在しない。「すべてにおいてカナダ的」な男女という概念ほど馬鹿げているものがあるだろうか。画一性を強調する社会は、不寛容や憎悪を生み出す社会である。世界が探し求めるべきもの、そして、我々がカナダで育まねばならないものは、画一性に関する概念ではなく、思いやり・愛・理解などの人間的な価値基準である。すべての活動における我々の基準は、優れているかどうかでなければならないが、それに到達する道は、それを求めるカナダ人の数と同じくらい多くあるだろう。(1)

個人主義にさらされながらも思いやりを求め、また相対主義に直面しながらも最善を求めることは、まさに、個人及び社会の福利にとって極めて重要なゴールである。残念なことに、人間の歴史は、こういう目標は、追求すれば自然に達成されるという主張を認めない。それらは意識的・継続的に育まれることが必要である。ただ単に真の共存を強調したからといって、そのような目標が、自然に達成されるはずがないことは明白である。

どんな価値基準をカナダ人は望むか?

出生国及び人種別によるカナダの若者が選んだ価値基準

「とても重要」とみる人の割合(%)

	カナダ生れ：非先住民(1,865)	カナダ生れ：先住民*(100)	白人の移民(81)	非白人移民(59)
目標				
友情	83	82	86	83
愛されること	78	67	74	65
成功	76	77	65	86
自由	75	79	78	81
良い教育	63	72	63	83
他人への関心	64	57	64	56
家庭生活	62	65	63	58
神に受け入れられること	28	39	25	53
手段				
正直	84	78	82	77
高潔	74	77	65	72
信頼	74	59	68	61
礼儀正しさ	68	66	57	60
勤勉	62	63	60	61
知性	59	57	57	74
寛容	55	50	52	47
想像力	42	30	49	30

*カナダ全国にある居留地から引き出された、別個の非確率標本
出典　1988年プロジェクト・ティーン・カナダ

選択的思いやり

実際、カナダ人はお互いを思いやっている、と主張する人もいることはいるだろう。我々の多元主義政策と権利の憲章は、我々が寛大でお互いを尊重しようとしていることを示している。（国会の）開院式の勅語も、他を思いやるカナダに言及しており、カナダの社会福祉事業は多くの国々から賞賛を受けている。我々のお互いに対する思いやりは、カナダ人が、多くのグループの基金調達運動への支持にも見られる。しかし、実情は必ずしも見た通りとは限らない。

先ず、いくら良い意図があっても、他のカナダ人の福利を願う我々の積極的な思いやりには限界がある。金銭的、時間的な圧迫のために、我々は、選択的消費に倣って、思いやりも選択的にしてしまった。我々はすべての目的を達成したり、すべての人の面倒を見ることはできない。実際、我々はそうしていない。我々のほとんどは、思いやりや気遣いを、自分達の親族や友人、そして恐らく一つか二つの、お気に入りの慈善事業や好ましい目的に注いでいる。「私と私の妻、そして兄弟のジョンとその妻――我々の四人だけに神のお恵みを。アーメン」という古い風刺句は、色々な現象を、初めに考えられたより、ますます正確に描写しつつある。ヨーク大学教授のレビーの言葉は更に痛烈である。彼はある専門家の次のような見解を引用している。「我々は自分自身が成功したいあまり、自分の肉親をも含めて、どんな人にも、どんな事にも積極的に関わり合うことをためらう。」(2)

例えば、一九八九年に東欧の国々が次々と自由を宣言した時、我々のほとんどは感動を持って見守った。その年の終わりに行われた、『マクリーンズ誌』の調査によると、カナダ人の七十五%が、東欧に起こりつつある変革によって、戦争が起こる可能性が低くなったと感じていることが分かった。しかし、カナダが東欧の改革と安定を促進するために、大規模な経済援助を申し出るべきであると思っている人は、約三十%しかいない――特にそれがより高い税金を意味する場合は。作家のボブ・レビンはその間の事情を次のようにまとめている。「一般的に、ほとんどのカナダ人は、東欧を席巻している変革に対しては明らかに楽観的な見方をした――金銭的な援助をしなくてすんだ場合において。」因に、それにもかかわらず、政府は、ハンガリーとポーランドに七千二百万ドルの援助を約束し、一九九〇年の初頭に施設の子供達を助けるために、ルーマニアに約五十万ドルに値する医療品を送った。(3)

このような観察について意見を求められたブリティッシュ・コロンビア大学の社会学者ブルース・オハラは、「人々が第三世界の貧困やその他の問題に関心を持っていないということではなく、彼らは、身の回りの問題で手いっぱいなのだ」と見るべきではないかと述べている。例えば、それぞれキャリアを持っている夫婦は、お互いに、きつい仕事のスケジュールをこなさなければならず、その結果、「一家族単位における仕事量の増加は、理想の追求のための時間を減らさせ、生活の豊かさの多くが崩壊してしまった」とオハラは述べている。(4)

いつも時間が足りないように思える

平日一日当たりに費やされる時間　一九八六年

	全体	仕事を持つ男性	仕事を持つ女性	その他の女性
睡眠	8:25	7:53	8:06	8:37
賃金労働	3:35	7:04	5:49	:22
家事	3:03	1:47	3:13	6:02
メディア	2:55	2:35	1:56	3:04
テレビ／レンタル映画	2:20	2:08	1:31	2:29
読書	:27	:22	:19	:26
その他	:08	:05	:06	:09
他のレジャー	2:32	2:09	2:12	2:57
食事	1:25	1:21	1:15	1:39
個人的なケア	1:11	1:00	1:16	1:09
その他の雑事	0:54	0:11	0:13	0:10
合計	24:00	24:00	24:00	24:00

出典　1989年冬季号「カナディアン・ソーシャル・トレンド」24頁より算出

もちろん、これは部分的には、まったく数字の問題に過ぎない。何年も前にドイツの社会学者、ゲオルク・ジンメルが、「都市と精神生活」という大変面白いエッセイを書いている。(5)彼は、様々な人々が多く住む都市環境においては、個人がすべての人と深く付き合うことは不可能であると論じた。彼らは自己保身のために、感情的にも心理的にも、自分自身を抑制している。彼らは、ジンメルの言う「無感動な態度」を身に付ける。しかし、だからと言って、それは彼らが人々を嫌っているというわけではない。彼らは、ただ、自分がその中で生活している多くの人にまつわる出来事にうまく対処するために、自分自身を抑制しなければならないに過ぎない。

無感動な態度は、新聞を取り上げ、一面の隅に「火事で四人死ぬ」という見出しを見付けて「ひどいなあ」とつぶやいたと思ったら、すぐにスポーツ欄をめくり、前の晩はどのチームが勝ったかを見る、というような人に見られる。そのような態度は、エレベーターに乗った時お互いに背を向け合う人々――あるいは歩道で鉢合わせをする――まるで相手が見えないかのように――にも見られる。

そこには私的感情はまったくない――それが肝心なのだ。人々が相手を不快にさせようとしているわけではなく、彼らはただある種の無感覚さを育てる。これまで述べたようにしてエネルギーが節約できない人は、社会福祉用語で言う「思いやり疲れ」することになる。他人の問題を抱え込み過ぎて、自分のために費やす時間や力がほとんどなくなってしまう人は、幻滅を感じて落ち込む。人の救護を専門にする人々――医者、ソーシャルワーカー、セラピスト達――は、特にそれに陥りやすいと言われている。(6)

公には、我々は、他を思いやる。つまり、思いやりはカナダで公に受け入れられている。大義名分のはっきりした募金運動は、ナショナル・ホッケー・リーグの花形選手から、実業界や市民グループや地元のディスク・ジョッキーに至るまで、すべての人の支持を得る。テリー・フォックス、スティーブ・フォンヨ、リック・ハンセンなどは国内的にも、国際的にも誉め讃えられる名士になっている。ほぼすべての人が、医療費が払えない人でも適切な治療を受ける権利があると感じている。カナダ人の十人中約九人が、人々には生活をするのに十分な収入を得る権利があると主張している。更に、我々の十人のうち七人までが、カナダ人は気前が良いと思っている。(7)

でも、実際には、我々は特に寛大ではない。一九六九年から一九八五年の間、収入に対する寄付の割合は、一・一%から〇・八%に下がった。同じ期間、企業による寄付も、企業利益の〇・七%から〇・四%に下がっている。(8) 一九八八年にカナダ慈善事業センターから出された報告によると、我々はアメリカ人よりも気前が良いと思っているが、実はそうではない。一九八五年、個々のアメリカ人は、慈善事業にカナダ人の三倍もの寄付を行った。また、アメリカ企業は、カナダ企業の四・四倍もの寄付を行った。それは一九七〇年の一・五倍に比べると、相当な増加である。また、同報告によると、裕福な人が特に寛大ではないことも分かった。収入に対する寄付の割合を見ると、一九八五年には農民が全国第一位で、次に年金受給者、そして自営業と続く。最も寛大な地域は、最も貧しい地域——大西洋沿岸諸州であった。(9)

介護の委託

まさに我々は「公に他を思いやる」が、個人的には、どの程度他に救いの手を差し延べるかを制限している。それは、介護が一つの専門的な活動として進化してきたからである。例えば、カナダ人のことを案じるまことしやかな表現と、実際に彼らのために何かをすることの狭間で、我々の多くは、「それは政府の仕事であり、政府が問題を抱えている人々の面倒を見るべきだ」と指摘する。誰かが慈善のために寄付を求めて我々の門口に立つ時、我々は、しばしば、「政府は何をしているんだ。政府が我々の給料から毎月税金を取り上げていることを考えたら、一体どうしてこのような慈善事業を全部支援しなければならないんだ」とつぶやいている自分に気が付くであろう。助けが必要な人々を助けるのは政府の仕事だという考えは、そういう助けは専門家によってなされるものだという考えと密接に結び付いている。いわゆる「介護の職業」において、医者、看護婦、ソーシャルワーカー、カウンセラー、牧師などを雇うのは偶然ではない。このような職業に就く人は、人々に深い思いやりがあると期待されている。たいてい、そのような人々は、少なくとも公にはそれを受け入れる。例えば、州のある看護婦協会によって最近発表された自費発行の広報の記事に、「看護は単なる職業ではない。それは、人々を助け、世話をしたいという真摯な気持から発している。だから、誰もが皆、思いやりのある親切な看護婦を一人知っていても不思議ではない」と書かれている。[10] プリンストン大学の社会学者であるロバート・ウスノーは、「報酬を受ける介護」への移行についてうまくまとめている。彼は、良きサマリア人の話が、思いやりのある人のモデルを提供すると書いている。「サマリア人は他のことを考えながら、馬で旅をしていたが、突然助けが必要な人を見て、心を動かされ、自分の旅を中断して（多分、大事な商談を犠牲にして）けがをした見知らぬ人の手当をしたのである。」ウスノーは、今日における、良きサマリア人とは、報酬を受ける専門家であると指摘している。

現代の良きサマリア人は、人工蘇生法［CPR］や赤十字の応急処置のコースを受けている。事実、救援隊の隊員としてジェリコ（エリコ、パレスチナ）に向かう。この道路には、人々を襲って傷つけ、そのまま道路わきに置き去りにする盗賊が頻繁に出没する。彼は、そんな人を見付けた時にどうすべきかを知っている。もちろん彼は、時間を無駄にしない。すみやかにその見知らぬ人を病院に運び込んで、また任務に戻る。そして祭師とレビ人（祭司の補佐）はどうかって？　彼らの手を煩わす必要はなかった。なぜなら、彼らは救援隊が向かっていることを知っていたから。(11)

高度に専門化が進んでいるカナダでは、我々は皆、公には他人を思いやる。しかし、実際には、政府と専門家に請け負わせる。そのような委託は無意識のうちに行われているかもしれないが、実は社会的に重要な結果をもたらすことになる。もし、私とあなたが介護産業に雇われた専門家でなければ、介護はふつう我々の任務の一部ではない。人々に対して無関心であることは、看護婦の将来にとっては致命的であるかもしれないが、仕事熱心な会計士の将来を危うくするとは見られない。それ故、数多くのカナダ人は、「非介護的職業」を選ぶ。彼らは、自分の顧客、依頼人、学生、その他を助けて、直面している問題を解決することに関心を示す必要も義務も感じない。

例えば、我々のお金を徴収する仕事に従事する人が、とりわけ、その同情的スタイルでよく知られているかというとそんなことはない。私のある友人は、二、三年前財政的な問題にぶつかった。彼女は金融機関の貸付係に融資の再交渉を申し出た。彼女の個人的な問題を聞くと、その貸付係の人は、「ここを社会福祉課とでも思っているのですか」と怒鳴ったと言う。また、別の知人は会計監査を受け、その場で相当な額のお金を税務署員に支払うように言われた。彼女はうかつにも、「一枚目の小切手は今日の支払で、二枚目は事後日付にしてもいいでしょうか」と聞いてしまった。明らかにむっとした監査員は、「我々を金融会社か何かと勘違いしていませんか」と答えたという。端的に、この種の職業は——他の数多くの職業と同様に——人助けの仕事と考えられていないのである。今述べた貸付係と監査員は、特に同情的であるとか、感じが良いことさえ期待されていない——これは警察官、弁護士、学校長についても同様である。受益者側の我々の多くにとっては、彼らがそういう風に接してくれたら有り難いことであるが、彼らがそうする必要はないのである。たまに彼らがそのように振舞ったら、我々にとっては嬉しい驚きである。

共生的な絆《きずな》

多くのカナダ人に対する我々の無関心さは、単に、限られた資源・人材や大きな人口や職業の専門化のためばかりではない。他人を思いやる傾向は、過度の個人主義によって弱められている。

驚くほど多くの人々が——だいたい二人に一人のカナダ人が——他人への思いやりはそれほど大切なことではないとはっきり認めている。ほぼ同じ割合の人だけが、気前の良さに高い価値を置いていると言う。我々の文化で広まっている個人的満足の重視は、他との関わりが、個人的な見返りをもたらすことを想定する。もし我々が他の人々と付き合い、または、集団生活——例えば、結婚、友情、教育、就職、教会活動など——に加わろうとする場合、我々は、投資への見返りを得なければならないと考える。さもなければ、よく知られている「自分には関係ないよ」という答が返ってくる。

人工中絶、戦争、環境、児童虐待などの社会問題に携わる人々でさえも、思いやりを持って行動していないかもしれない。運動の多くの参加者にとって、社会改革運動家が自分達個々の関心を集合的に代表しているということは明らかである。例えば、女性運動に参加する女性は、しばしば、男性に対してだけでなく、自分達の関心に同情的でない女性に対しても、限られた理解しか示してこなかった。中絶問題の論議では、生命優先派も選択優先派も、どちらも生命に対する思いやりに動機付けられていると主張するが、それにもかかわらず、彼らがお互いに示す思いやりは、たいてい疑わしいものである。

更に、カナダ人の福利についての我々の関心は、やはり非常に条件付きのものである。カナダ人は、人々には十分な収入を得る権利と医療や教育を受ける権利があるかについて聞かれた調査で、基本的には支持しながらも、しばしば「働く意志があるなら」とか、「カナダに貢献しているのなら」というような条件を付ける。本音は、「もちろん我々は彼らの面倒を見よう。でもそれにはいくつかの条件がある」のようである。

同情はするが…

	同意する人の割合（%）
生活保護を受けている人も働くべきだ	84
政府は福祉にお金を使い過ぎている	40
家族は最低限度の年収を受けるべきだ	40
生活保護を受けている人は、その気になれば保護なしでも暮していけるはずだ	35

出典　一九八八年十二月一日ギャラップ・カナダ

社会が個人の満足を重視することを考えるならば、今述べたような条件付き思いやりが、一般に広まっているとしても決して不思議ではない。我々の生活の多くは交換を基礎にしている。「俺に何の得があるんだ?」は、お互いの関係を導くかなり良い指針である。条件付きの思いやりは、至る所に見られる。自分の特定の組織のために個人や企業に献金を求める諸団体は、その寄付が税の控除対象になることに重点を置く。企業は友好的で良心的であることを強調し、中には公然と、「我々は人々を思いやる」と公言してはばからない企業もあるくらいである。そのような美徳は、商売に有利になると考えられている。このような、交換が支配的な環境の中で、我々は自分の生活にプラスになるような人々や奉仕や組織を選んでいる。

このような考え方の持つ問題は、我々が時として、「ひも付きでない」種類の無条件の介護を必要とする人々と接触していることである。すべてのカナダ人が良い生活を求める一方で、多くの人々が困難を抱え、ある人々はひどく傷ついている。無条件の介護はかなり必要とされている。

あいにく、交換の原則が、自発的な関心を表しにくくしている。最近、カナダでは、人助けをするのに免許が必要であると言っても過言ではない。「単に人が必要としているから」助けようとするとトラブルのもとになる。我々と同様、我々の介護を受けることがあるかもしれない人々は、社会に浸透するこの交換モデルに影響されている。彼らもまた、介護には規則があることにすぐ気が付くのである。介護は、先ず、選択的で、友人関係や家族関係を優先し、何らかの見返りを伴うものであり――もしそうでない場合に限り――介護の専門家によって成されるべきだという規則である。そして、もしそのような規則が守られないと、疑いを持たれる。

無条件の介護という考えに関係ある、いくつかの決まり文句を調べてみればよい。最も月並なものの一つは、「見知らぬ人からアメをもらうな」である。確かな、良いアドバイスに聞こえる。見知らぬ人が、アメを使って子供を営利目的で搾取したり、虐待したりする可能性がある場合には、これは疑いなく大事な指針である。しかしながら、これは、暴力の心配がある時には役に立つ注意であっても、介護ということになるとあまり有効な規則ではない。それはまた、見知らぬ人は、善意でも、決して子供にアメを与えることを許されないということを意味する。

人が必要としているから、助けてあげたいと思っている人々は、何か他の隠された意図があるのではないかと疑われる危険を冒す。これによって交換の原則がどの程度我々の文化を支配しているかがよく分かるであろう。経験、忠告、メディアはみな次のように主張する。もし見知らぬ人が明らかに、余りに親切な場合、「何か他に目的があるに違いない。」悲劇的なのは、ただで何かをもらうことに慣れていない人にとって、提供者が不純な動機を持っていない場合でも、そういう動機が作られてしまうことである。提供者は、やましいところがあるとか、変わっているだとか、つむじ曲がりとか、時には、マゾ的などとさえ、様々に言われる。

仮に無条件で人に与えたいと願うカナダ人が、受け取る側の警戒を解くことができたとしても、まだ世間の目という大きな問題が残っている。また、交換志向の文化にあって、世間の人々は、同じように集合的な疑いを表明する。例えば、性的嫌がらせ（セクハラ）と児童虐待は、改善のための対応が必要とされる重要な問題である。しかし、そのような問題に注目し過ぎると、男性の女性への、そして大人の子供への対応の仕方をめぐって、国民的被害妄想が副産物として生じる。一人の男性が見知らぬ女性に話しかけることは、自分自身を潜在的に危うい状況に置くことになる。また、大人——特に男性——は、公園で自転車から転げ落ちた女の子を見て、助けに駆けつける前に、先ず慎重に考える。

私がある日、エレベーターに乗ると、一人の女性が、私が彼女の後をつけようとしていないことを確かめるために、私が先に行き先の階のボタンを押すまで、わざとらしく待っていたことがある。気持ちは分かるが、いささか悲劇的に思われる。大人の観点から見ると、レストランで見知らぬ子供に他愛ない冗談を言うと、母親から疑いの目で見られるということには、何か暗澹《あんたん》たる気持ちにさせられるものがある。

知らない子供にアメをやったり、見知らぬ人に話しかけたりすることを許さない社会は、同時に、何らかの形で、知らない人々に手を差しのべることが、事実上不可能な社会でもある。まさに数多くのカナダ人が、無条件で助けてくれる人々を必要としている時に、文化がそのような援助をほとんど不可能にしている。我々の用心深さが、同情の可能性をつぶすことに一役買ってしまったのである。

（思いやりに関する）選択性や、委託、及び個人主義の実質的影響は、看過されるということはあり得ない。一九八八年後半の全国調査で、三人に一人のカナダ人が、十年前と比べて、たいていの人が、以前よりお互いに助け合う気持ちを示さなくなっていると感じるという結果が得られている。(12) これらから分かったことは、ほんの序の口に過ぎない。

巧妙な言い訳

我々の、見知らぬ人々への接し方は、やはり、相対主義によって正当化される。我々は、小さな地域社会と比べて大きな都市では、ある種の行動のみが見られる、と教えられる。例えば、トロントの人々は、バリー（トロント近郊北西部）や、ノースベイ（オンタリオ州北西部）の人よりずっと無感動な態度をとる。だから、トロントの人は、混雑した歩道を歩く際に、よくお互いの前を遮ったり、ぎゅう詰めのエレベーターの中で、背中合わせでぶつかったりする、――しばしば「すみません」とも言わない。大都市の人々は、見知らぬ人に向かい合っても視線を避けがちで、話しかけることもほとんどない。それが大都市の生活である――あるいはそう議論が進む。マナーや礼儀や思いやりは、共同体の大きさに比例していると言われる。対人関係は、都市か町かで、どちらが良いとか悪いとかいうことではなく、単に異なっているのである。

シーク教徒やアジア人のような文化的小集団の成員との対応は、しばしば、かなり無愛想で形式的である。もし多数派や他の少数派の成員が、シーク教徒やアジア人はあまり友好的ではないと不平を言ったとする。これに対して予想される反応は、彼らは、表立って親しい態度を取ることに慣れていない――例えば、スコットランド人やアメリカ人と比べて――というものであろう。すべてが「相対的である」ことを我々は思い起こさせられる。だから、「自分達の文化的基準を彼らに押し付けてはいけない。」

ここで問題なのは、我々はカナダ人として「良い」対応の仕方についてどの見方も支持できないことに気が付くことである。社会を多元的に見ることへの我々の信念を推し進めていくと、一つの対応の形は、他の形と同じように有効であると言わざるを得なくなる。そこでは、異なった種類の対応がもたらす人間的な機微などは、取るに足らないものとみなされるようである。

そのような立場を取ると、我々の「心なき相対主義」が現れ、しかもひどい形で現れる。確かに我々は、お互いに付き合う場合、自由に数々のやり方で行動できる。そして明らかにその可能性の幅は文化的に決まってくる。

しかし、だからと言って、社会の福利ということになると、すべての対応の仕方が同じ影響を持つとは言えない。礼儀正しさと無礼さ、親切さと冷淡さ、無愛想さと忍耐強さが、個人的にも、社会的にもすべて同様な結果を生むなどと主張することはまったくばかげている。我々が、礼儀正しさ、友情、協力に接した時に抱く思いは、無神経、冷淡、無関心に接した時に抱く思いとは明らかに異なっている。

ワシントン州立大学で教えている私の友人は、最近、次のようなことを言っていた。「ニューヨークはアメリカ人にとっても非常に異質な所である。ニューヨークは非礼の島だ。」「ニューヨークのプライド」として知られる財団がニューヨークの状況を変えようとしている。その財団は、大都市における「悪いマナーを粛正する」宣伝キャンペーンを打ち出した。それは、「無愛想なタクシーの運転手」、「人を押し退けるバスの乗客」、「神風自転車メッセンジャー」から成るとされた。エドワード・コッシュ前市長の特別補佐官で、弁護士のハーバード・リックマンは、その財団を、「ニューヨークの町をもう一度住める場所にする」という目的を持つ「市民軍」と呼んだ。住民の流出調査に応じた人々は、なぜもうニューヨークに戻りたくないかと聞かれると、理由の一つとして「粗暴さと意地悪さ」をあげるとリックマンは述べている。テレビのコマーシャルは、「ニューヨークよ、のんびりやろうじゃないか。この世界で最も偉大な町を守って行こう」と視聴者に訴えかける。その財団はまた、年間三万本の植樹をすること、週に一度のラジオ・トーク番組を始めること、街の隅々で、ごみ投棄反対と落書き反対のキャンペーンも計画している。(13)

これは理想郷的目標か。恐らく。する価値がある目標か。疑いなく。もし、「良い」対応と「良くない」対応がまったく相対的である、と定められたら、我々は、理論的に可能な限り質の良い生活よりも遥かに劣った生活を経験するように自分自身の将来を決めてしまっているようなものである。どんな形の対応も、他とまったく同じように受け入れられるという立場を取るよりも、どんな種類の対応が個人と社会の福利に最も寄与するかを探究する必要がある。それから、我々は、それらを唱導しなければならない。我々の歴史の現時点では、我々はそういう地点から遠くかけ離れた所にいる。

疎遠になった関係

個人の自由を熱狂的に受け入れるカナダ社会では、男女の結び付きにおいて、劇的な変化以外、予想され得なかった。個人と集団を調和させるというジレンマは、親密な人間関係においてほど明白になる領域はない。控え目に言っても、我々は特にうまくやってはいない。

自己に始まる

人間関係において、自己の自律性を重んじることが高く賞讃されてきた。それは、専門家によっても支持を受け、広く人々に受け入れられた。人々は「必要とする」に対して、「欲する」人間関係に入る。個人は、他人によって自分の人生を決められたり抑圧されたりすることから解放されて、ついに自分が誰であるかを十分に経験できるようになった。自己愛、自己表現、自己開発、自己実現などは、一般に重要視される主題の中に見られる。まったく明らかに「自己」が中心的働きを与えられている。ある自己開発セミナーのリーダーはこう表現している。「愛とは一人の人間、すなわち、あなたをめぐる素晴らしいものである。」(14)

この自律性モデルは、多くのセラピストやカウンセラーによって重視されている。過去三十年間、自己に再び焦点を合わせることを通じて人間関係を促進しようとする研究会やプログラムが、爆発的に増えた。カナダで、より人気のあるものは、たいていアメリカから来たものである。例えば、交流分析、パーソナル・ベスト、コンテキスト・トレーニングが含まれている。自律性モデルには、いくつかの重要な個人的な見返りがある。多くのカナダ人は自尊心に問題を持つ。調査によれば、若者も老人も含めて、カナダ人の約五十％が劣等感に悩まされていることを認めることが分かった。(15) 自律性モデルを真面目に考える個人は、しばしば、強化された自己イメージと自分に何が成し得るかについての、よりはっきりした認識を身に付けるようになる。彼らはしばしば解放感、高揚感、生きがい、自由を感じ、人生のすべての側面において、最善のものを追求するよう力を与えられたと感じると主張する。

自己に終わる

しかし自律性モデルには、一つの大きな問題がある。うまくいかないのである。なぜか。すぐ分かる理由は、そのモデルが問う、人間関係についての次の中心的な質問に対する答えにある。「私があなたを必要としていなければ、なぜあなたを求めなければならないのだろうか。」

その答えは何か。「あなたが、私の人生に何かを付け足してくれるから」であろう。しかし、ここで、事情は非常に条件的になる。あなたが、私に何も持って来なくなり、なお更悪いことに、私の自己表現や発達から何かを差し引き始めた時点で、私達の関係は過去のものになる。そのような条件付きの人間関係は、使い捨て可能である。実際、我々は、自分が期待している愛され方で、愛されるならば、すすんで相手を愛すると言う。その積極的な取り組みは、人間関係に対してではなく、我々自身の個人的な福利に対してである。このような見方で見ると、今日のカナダにおける結婚は、しばしば、お互いの自己利害の形式的な完成を合図するに過ぎない。その結果、我々は、自分がもはや十分に満足できない状況に達すると、その関係を断ち切り、もう一度やり直す。

今日、カナダでは、個人主義は、人間関係に対してほぼ消費者的とも言えるアプローチを助長している。人々は、それぞれがあたかも自治のある、自給自足の島のようになった。人々は、自分にとって利益があると分かると、非常に携帯に便利な橋でつながれることに同意する。しかし、その橋は、相互の福利が高められている間だけ架かっているのである。その取り決めが、一方の島に利益をもたらさなくなると、契約は終わりで、架けられた橋は外され、しまわれるのである――一時的に。

このような相互の見返りの強調は、明らかな疑問を呼び起こす。愛は、ただ単に相手から取る――肉体的に、経済的に、感情的に――ことを乗り越えられないのであろうか――一人の人間が、他の人に何かをしてあげたいがために、相手に手を差し伸べるように。別の言い方をすれば、我々は、条件なしで本当に誰かを愛することがあるであろうか。

自律性モデルに従って、もし我々が自分自身を関心の出発点とするならば、我々が望み得る最善の解決は、相互「勝利」「勝利」しかないように思える。しかし、問題なのは、我々が関係を結んでいる人が、我々に「勝利」を提供できない時があることである。その場合、当事者達には、何らかの感情的補填が必要であろう。神学者の言葉を使えば、彼らには、「恩恵」（恵み）――自分がもらうに値しないものをもらって――と「慈悲」（情け）――自分がもらうに値するものがもらえない場合――の両方が必要であろう。「勝利―勝利」の公式は、「敗北―勝利」への修正を必要とするかもしれない。

人間関係において、恩恵と慈悲（の心）は、時には、どうしてもなくてはならないものである。自律性モデルは、自己満足を強調するが故に、そのどちらも適度な量を生み出すことはなさそうである。

古い融合モデルと、少し新しい相関モデルはどちらも、有力な文化的強調を反映してきた――前者の場合は集団であり、後者は個人である。どちらのやり方をとっても、その極端に走れば、個人や社会の広範な福利にはつながらない。人間関係の昔の融合モデルは、自由なき長命をもたらしたかもしれない。しかし、新しい自律性モデルは、長命なき自由をもたらす。両者とも、自身及び他の人の生活の質的向上に、可能な限り付け加えようとはしない。

個人及び、何が最善かについての相対性を、過度に強調することの相関的な費用は、極端に高い。その負債の多くは我が主要な組織が背負っている。

第7章　組織的犠牲者リスト

自由という命題は、カナダのすべての主要な組織に広く行き渡るようになった。自由は次々に組織によって擁護されていった。その結果、すべての人が多くの大事な特典を享受してきた。しかし、組織が個人と選択に過度に関心を向けたため、その個人的、社会的福利への貢献度はかなり制限されている。

メディア

もし孤立している個人が、現実についての自分の意見や見解を発表したいというのであれば、その社会的影響は、初めはかなり限られたものである。ローン・レンジャー達も、一匹狼の改革運動者達も、小さく始めて、味方を得、そして社会に聞いてもらったり、立法者に真剣に取り上げてもらえるように、社会運動を盛り上げるようにしなければならない。個人の声は、ほとんど荒野の遠吠えの域を出ることはない。従って、表現の自由が社会にもたらすつけは限られたものである。しかしながら、個人の表現の強調は、メディアに採用されると、広範囲に及ぶ影響を与えることになる。

報道の力

一九九〇年代のメディアの強大な影響力を考えると、メディア関係者の持つ価値観が非常に重要になってくる。価値観に左右されないジャーナリズムなどありはしない。一つの事件や問題を他より優先するという選択でさえ、誰かの価値観を反映している。選択の範囲を越えて、その事件や問題に関して取られる立場も、価値観を反映している。娯楽番組やコマーシャルのような一見無害なものについても同じことが言える。人は、ある人々や問題や生活様式などに関して、支持したり、非難したり、それに無関心であったりし得る。それを決める鍵は何であろうか。もちろん、各人の価値観である。アメリカのテレビの国際的な拡大による潜在的な影響に鑑み、未来を予測する、ジョン・ネイスビットとパトリシア・アバディーンは、「チーズ・バーガーやジーンズと違って、テレビの世界化は、より深い所での価値観を伝達するので、爆発的な影響力があり、問題が多い」と言っている。彼らはまた、それは、「表面的な情報交換という境界を越えて、その信条と行動を伝える基本的な精神をぶつけながら、一つの文化の深奥に迫る」と言う。(1)

メディアは現代の世界創造主である。歴史的に、神々はどうしても小さな影響を及ぼすだけにはとどまらなかった。現実を造り出すことは大切で困難な仕事である。先ず初めに、どんな社会を造りたいかについての展望が必要である。もし、神々が不注意だと、生活は不必要に困難になってしまう――それは、天の失策にはほとんど我慢しない、下等ではあるがうるさい被造物の憤慨と怒りをもたらすであろう。

今日、メディアが自分達の自由を表現することに抱いている関心と、責任をもって現実を造り出すことに関する関心との間に、釣り合いが取れているかは、まったく明らかではない。

最近の重要な例を一つあげてみよう。ミーチ・レイク協約失敗の直後、メディアは、ノーベル平和賞の候補についてはほとんど報道しなかった。「感覚がすべて」の時代に、メディアは、我々に、国家の突然の分裂――実際には起こらなかったが――と、経済危機――これも起きなかったが――が来ることを信じさせた。そのような劇的なニュースの代わりに、厚顔なメディアは、今度はケベックにおける「民族主義の新しい発生」に焦点を当て、州の復活された伝統的な、聖ジャン・バプティスト記念日のパレードへの参列者の数と、ケベックの民族主義者との選ばれた記者会見を「証拠」としてあげた。そして、それから、もちろん、ミーチ・レイク協約失敗後の興奮状態を、英国女王の訪問と融合させる絶好の機会に恵まれたのである。女王のハル「ケベック州」での短い滞在に対するケベック人の冷たい反応は、ケベックのカナダに対する新たに発見された幻滅を示す更なる証拠として最大限に利用された。

これは、ニュースの注意深い客観的な報道ではなかった。それは、目標を定めた、そして、率直に言わせてもらえば、イギリス系カナダ人のマゾ的ののしりであった。ケベックの明らかな歓喜は我々の恐怖をかきたて、伝えられた女王に対する拒絶は我々の怒りをかきたてた。もし我々が家族であったら、共同生活は急速に崩壊することであろう。

メディアへのいくつかの疑問

この特定の例に限らず、数多くの問題が——例えば、ニュース報道一般に——あることがすぐさま明らかになる。

【顧客へのサービス】　カナダにおいて、メディアが、その初めから経済的に独立していなかったことは注目に値する。一八四〇年代に、その後援者に頼っていた新聞は、一九九〇年代の今日では、広告会社とその広告を見る読者に依存している。他のメディアの場合も同様である。CBCのような公営企業や、PBSのように公共的に支持されている放送網でさえ、聴取者と視聴者を必要としているのである。

「ニュース」を報道する際、メディアは、しばしば、売れるもの——暴力、災害、スキャンダル、性的暴行、麻薬使用、不治の病——そして、当然、利益が上がるものを取り上げる。同様に、多くの映画製作者は、切符売場の売り上げをにらみながら、人々に必要と思われることに関心を持つよりも、人々が望むものを与えている。多くの人にとって分かりにくいのは、ニュースと娯楽番組との区別がはっきりしていないことである。ヘラルドのようなテレビのトークショーの司会者は、自分が、彼の言葉で言えば、「ニュースを民主化する」ジャーナリストだと言い張る。それにしても、「今晩のエンターテインメント」と「時事問題」との違いはそれほど明確ではない。「六十分」や「W五」のようなニュース雑誌・番組でさえも、時々よほど努力しなければ、紹介されたことが、「楽しませるニュース」なのか「ニュースとして紹介された楽しませる出来事」なのかの判断はつけにくい。

メディアは、往々にして、カナダ人に彼らの求めるものを与えてきた。残念なことに、センセーショナルな事件や、異常な事件を誇張することによって得られる経済的利益が、紙上で、スクリーンの上で、そしてラジオで、「本当の世界」より遙かに問題が多く、暴力が発生しやすい世界と国を「造り出した。」カナダ人は、しばしば、国境の南にあるアメリカ社会の描写から影響を受けて、自分達の社会が非常に暴力的であり、妻への虐待は当たり前に近くなっており、若者の間での麻薬使用は流行病のように蔓延していると信じるようになってしまった。全国調査によると、我々カナダ人には、アメリカの社会問題を我々の社会問題として見る傾向が顕著である。この負い目には二つの主な原因がある。それは、アメリカのメディアと、両社会に起きている客観的な問題が、往々にして非常に異なるということを、我々が忘れてしまうことである。(2)

描写は認識になり、認識は個人的及び社会的結果をもたらす。社会心理学者のW・I・トマスの広く引用されている言葉に曰く、「もし我々が物事を真実と規定すれば、それは結果においても真実になる。」(3) 結果をもたらすものは、真実であるものではなく我々が真実と思うものである。カナダにおいて、何が真実かという認識を浸透させるメディアの役割は天下無敵である。その結果、メディアがカナダ人とカナダのために描く生活のモデルは、個人的な、また個人間の福利に重大な影響を及ぼす。

その影響はすべての年齢層の人によって感じられている。エドモントンの地域大学の講師、アンドリュー・ブレイクは、高齢者が、待ち伏せしている犯罪者の格好の餌食であるという「神話」を取り除こうと努力してきた。「あるお年寄り達は、町が安全ではないと確信しているので、家に閉じこもって外に出ようとしない。それは実は本当ではないのだ」とブレイクは続ける。彼は、ほんの千人に四人の高齢者が、強盗に会う可能性があり、これは他の年齢層の人よりかなり低い確率であると指摘する。ブレイクは、「犯罪の犠牲者になるという彼らの認識が不安を引き起こし、安全を気遣うことが生活の質を損なうことになる。我々は、彼らに彼らの認識が正しくないことを知らせなければならない」と言う。それは容易なことではないであろう。最近の高齢者の会議での彼の発表に続いて、一人の女性が、早速、窓に鉄格子を取り付けるべきかどうかを質問した。(4)

メディアは、不安と不信の多い、また、良いことが規則的にではなく例外的に起きるような社会を造り出した。このような現実構築は疑いなく、「売れる」し、メディアはそれによって利潤を得る。皮肉にも、一般民衆は高いつけを払わされる。

【何がニュースになるかを選ぶ】　個人と社会への影響を考えると、ニュースは、慎重に、責任をもって選ばれなければならない。これは、特に主要な新聞や放送局の場合かなり実行されている。それでも、多くの場合、編集決定は少数の人か、ただ一人の人に任されている。従って、その日の特ダネのニュースは、投票や地位ある人によって、ある時は単に気紛れで決められる。

ここで危険なことは、明らかに、「通信社的物の見方」しか持ち合わせていない編集部員と個人がいることである。彼らは、なぜ一つの記事が他の記事より報道に値するかの根拠はあまり考えずに、ニュース通信やニュース・サービスのテープから資料を引き出す。ニュース・サービスの側の、「悪い研究」と「悪い調査」に対する予防策もかなり疑わしいものに見える。最も心配なことは、何が「ニュースを作る」かを知っていても、数多くのメディア関係者が、与えられた記事を印刷したり放送したりすることが、社会的にも個人的にもどんな影響を与えるかについて分かっていないか、ほとんど関心を持っていないということである。

【ニュースを作る】　もし何も起きていなければ、メディアはしばしばニュースを作り出す。カナダでよく使われる方法は、新聞や放送網が世論調査を委託することである。それは結構である。しかし、あまり好ましくないことは、メディアの関係者がそういう調査の結果を報道する時、認識と行動をめったに区別しないことである。

例えば、一九九〇年二月に『トロント・スター紙』は次のような見出しを載せた。「人種的不寛容は増えつつあると、五十四％の人が言う。」　信頼できるアンガス・リードによって行われた調査は、在郷軍人会館でのターバンの着用、司法制度による先住民の取り扱い、移民がカナダ社会を脅かしている、非白人移民より白人移民を優遇する、というような問題に関して、実際、カナダ人の一つの少数派が、人種差別的な感情を示している（に過ぎない）ことを明らかにした。

それにもかかわらず、記者は、人々の行動よりむしろ、不寛容が増加しているという人々の認識に焦点を当て、次のように始めた。「多くのカナダ人は、人種偏見あるいは差別的な感情を心に抱きながら、少数民族集団に対する寛容という理想に、口先だけの支持を表明する。」(5)これで、ニュースのでっちあげは完成する。メディアは人種差別主義が増えているという認識を作り出す。そして――後で、調査の結果そうではないと判明しても――カナダ人が「そう思っている」という事実をニュースとして流すのである。

恐らく、一般市民の最も素朴な考えの一つは、メディアは単にニュースを報道するに過ぎないということであろう。しかし、実際は、ニュースには割り当てがある。その日の大切な報道は、第一面のスペースの量や、五分とか三分とか三十秒というニュースのスポットによって左右される。事件はスペースを争う。ニュースは、利用できる時間とスペースに比例して見付けられる。もし何も起きていなくても、もし「ニュースの少ない日」でも、メディアは材料に事欠かない。事実的裏付けが怪しくても、こじつけられる材料を見付ければいいのである。一九八六年、私は、『エドモントン・ジャーナル紙』に、カナダでは、少なくとも一九七〇年代半ばから、人種差別主義は減少しているという内容のニュース記事を投稿したことがあった。その傾向への唯一の例外は草原州で、そこでは、一九八〇年から一九八五年の間、ほとんどか、まったく変化がなかった。新聞は、「民族差別主義、草原州で最高」という見出しを掲げた。(6)

ニュースは、常に「作られている」が、それはよく言われるすっぱ抜きの特ダネばかりではない。執筆者と記者は残業してまで、売れる話を作っている。一九七九年、雑誌、『マクリーンズ誌』の執筆者が私に連絡してきて、カナダで宗教が返り咲きつつあるという彼女の立論を支持するデータを見付けたいと言うのである。この課題は、トロントで、特にいくつかのペンタコステ派の中に、宗教への関心が明らかに芽生えていることに感心した、先任編集者の一人から与えられたとのことであった。我々は、三時間もかけて広範な全国的データを調べたが、それは彼女の立論をまったく支持しなかった。にもかかわらず、しばらくたってその話が掲載され、執筆者の議論は、「動かしがたい」証拠の代わりに逸話的な話によって正当化されていた。

【短い注意持続時間】　故トロント・イギリス国教会大司教のルイス・ガーンズワージーは、メディアからの攻撃に耐えるために、少し面の皮を厚くしようとしている［傍点は訳者による］頃、私に古い諺、「今晩の見出しを載せる新聞は、明日のゴミを出すことになるだろう」を思い出させてくれた。彼は正しかった。ニュースの寿命は短い。消費者は、非常に魅力のある話で連載物に発展させられない限り、同じニュースを二度とは聞きたがらないものである。一つの話がすべての可能な角度から報道し尽くされると、メディアは他の事柄に移っていく。メディアのニュースへの関心は短命である。ある日、彼らは、人々の心をかき乱し、強く動かすような事件を険しい表情で報道する。しかし、彼らは、すぐ次の事件に移り、その話が個人と社会に与えた衝撃にはほとんど注意を払わないということがよくある。

　重要なことは、事件が「完結した」時に――強姦犯人が捕まったとか、神父が罪を問われなかったとか、心配されていた経済的崩壊が起きなかったなど――報道が終わりになるというわけではないことである。むしろ、ある事件への関心がなくなるのは、その報道ではもう新聞がよく売れなくなったり、聴視者が興味を示さなくなった時である。エイズの蔓延の最中、ヘルペスはいったいどうなったのであろうか。核戦争の脅威は、まったく消え去ったのであろうか。エネルギー危機はいったいどうなったのであろうか。一九八九年、中国で起きた一連の事件（天安門事件）はメディアによって粘り強く監視されていた。しかし、人工中絶の問題が一連の法廷で扱われ始めると、概ね、中国の学生のことは急速に忘れられてしまった。次の一般化は誇張ではない。ニュースは音楽産業のトップ四十のようなもので、順位表に長くとどまっているものは一つもないのである。

【画面を埋める】　カナダにおけるテレビ視聴率の拡大を記録しながら、カナダ統計局のテッド・ウォネルとクレイグ・マキーは一九八六年にこう書いている。「テレビが情報と娯楽の源泉としてカナダ人の注目を得たことは明らかである。ここで、核心に触れる疑問があるとすれば、それは将来カナダのテレビの画面を埋めるものは何だろうかということになるであろう。」[7] より良い社会に貢献できるメディアが、責任をもって「情報の窓を満たす」必要がこんなに大きくなったことは、かつてなかった。しかし、メディア創造主――昔の神々のように――が、まさに注意深く賢くなければならない時に、内容が主に、「視聴率、読者、収入」に関する関心によって大きく左右されていると信じられる強い根拠がある。このような高邁な［傍点は訳者による］目標は住み良い社会を作るための構成要素ではない。

ニュース産業以外でも、例えば、番組、映画、ビデオなども一貫して生活向上を目的にする傾向をほとんど示していない。メディアの関係者は、色々な生活のモデルを見せてくれるわけであるが、何か人が追い求めるだけの価値のある展望を持っているのだろうか、それとも、利潤だけがすべてなのであろうか。我々は、ランボー〔Rambo〕やコスビー〔Bill Cosby〕や、ミスター・T〔Mr. T〕や、ウディー・アレン〔Woody Allen〕の世界を望んでいるのだろうか。そうでないとしたら、何を。映画産業に関係している人達は、終わりのない一連の「十三日の金曜日」〔Friday the 13th〕のような恐怖映画が、「親であること」〔Parenthood〕や「ハリーがサリーに会った時」〔When Harry Met Sally〕などのような人間関係を重視する映画と比べて、どんな社会的影響を与えるか分からないのであろうか、また心配しないのであろうか。

メディアが前例のない影響力を持ったために、カナダ社会はかつてなかったほど、緊急にその助けを必要としている。残念ながら、現時点では、メディアの自由の強調と利潤の追求への取り組みは、メディア自身を、個人と社会の福利をもたらす神のような存在からは、程遠い存在にしてしまっている。

教育

教育者は、明らかに、カナダの社会に深く肯定的な影響を与える地位にいる。しかし、彼らの個人と選択を積極的に評価する教育があまりに過度になり、非生産的にさえなっている。その例としていくつかの領域が即座にあげられる。

個性のない個人主義

カナダの若者達が、個人主義をたたき込まれて教育制度を終えていくことにはほとんど疑いがない。十五歳から二十四歳までの若者達は、彼らがどんな教育を受けたかにかかわらず、社会的価値より個人的価値を是認する傾向においてほとんど変わりない。

皮肉なことに、若者達は、個人と個人的満足に高い価値を置きながら、個性には余り高い価値を置かない。何はともあれ、カナダの若者が、「大衆文化」の消費者であることを示す証左は多い。彼らは、想像力豊かで内省的であろうと自ら努力する個人主義者ではない。それどころか、彼らは、想像力と創造力をほぼ一番低く評価しているのである。この二つの特質が、大人のカナダ人によっても余り高く評価されていないことは特筆すべきである。

個人的満足を得るための手段としての同一化への衝動は、明らかに色々な組織的要因に根ざしている。最も重要なのは学校のようである。若者達は、カナダの教育制度のすべての段階で、しばしば二重の相反するメッセージを受け取っている。彼らは、一方で個人として自分の潜在能力を開発し、なりたい者になることを奨励されている。他方、彼らの行動と思考には引き続き非常に制約が多い。一九九〇年代に入っても、「良い学生」は——幼稚園であろうと、高校であろうと、大学院であろうと——依然、規則を守り、教材を覚え、問題を起こさない学生である、という主張はかなり当たっている。その結果、社会が得る報酬は、高い個人的期待を持って学校を出て来る若者達である。彼らは、想像性や創造性や失敗を恐れない態度などの価値を軽んずる一方、枝葉末節なことを習得し、大衆文化を受け入れている。

価値の選択（十五〜十九歳まで）

「非常に大切」を示す％

	全国	女子	男子
自由	85	86	84
成功	76	76	76
他への関心	62	75	48
個人的満足	59	64	53
創造性	45	45	45
寛大さ	40	48	32

出典　プロジェクト・ティーン・カナダ1992年

内省のない相対主義

「無分別な相対主義」は、恐らく、主に我々の教育制度から生まれるのであろう。問題は、学生が相対主義の概念にさらされて、それをどう使うかを学ぶことではなく、相対主義が何か「与えられたもの」、ととらえられていることである。すなわち、学生は「すべてが相対的である」ことを教えられる。しかし、ほとんどがそれがなぜかを知らないようである。

この点で、ブルームの批評は痛烈である。彼は、相対主義は、「美徳であり、すべての初等教育が五十年以上も教え込むことに専念してきた唯一の美徳である。学生は、もちろん、自分達の意見を弁護することができない。」なぜなら、相対主義が強い教化の結果であるから、とブルームは強調する。「彼らにできることは、せいぜい存在している、また存在してきたすべての見解や文化を指摘し」、誰かが、「一つのものが他より優れていると言う」権利を持っていることに疑問を投げ掛けることぐらいであろう。ブルームはまた、「彼らを教育する目的は、学者にすることではなく、彼らに一つの道徳的美徳——開いた心——を与えることにある」と言う。(8)

ここに我々は一考すべき逆説を見る。学校も大学も開いた心を持つ重要性を教える。しかし、実際は、我々の教育機関は閉じた心を教え込んでいるのである。批判的評価は、創造性と進歩にとって必要不可欠である。相対主義が調査の必要上、仮説よりもむしろ仮定になると、批判的精神を窒息させてしまう。我々は、事実を見る前に、すべてが同等であると言われる。

我々の教育制度は、考えと行動が相対的であると仮定すべきでなく、それらの正確さと有効性を批判的に探求すべきである。多元社会における教育は、人々を刺激してより少なくでなく、より多く考えさせるものである。カナダでは現在、相対的な仮定を無批判に受け入れたために、我々はもっと考えるどころか、あまり考えなくなってしまった。我々のアメリカ人の同僚と同じように、我々にも、「閉じた心を開く」時が来たようである。

生活技術を伴わない職業技術

カナダ人は、教育には二つの主要な目的があると教えられる。初めに、教育は目的への手段であり、その目的は、識字や技術を得るような目標を含む。第二に、教育はそれ自体が目的でもあり、個人の成長を助け、そのカリキュラムは、我々の知識と批判的能力を拡大することを目指している。

しかし、学校教育は人々にどう生きるかを教えない。教育者は、学生に数多くの学問分野を紹介するコースを取らせ、学生は、幾何学命題から、カエルの呼吸器組織までのすべての基本的な知識を得て高校を卒業する。しかし、ほとんどの学生が人生をどう生きるかについては知らない。

過去三十年間以上にわたって精神科医や社会学者の間で激化した、非常に大切な論争がこれにとても大きく関係している。問題になっているのは、我々が個人の感情面での健康をどう見るかである。今世紀になってかなりの間、我々は「精神病」と「精神的健康」という対の概念を信じてきた。我々は、人はこの二つのカテゴリーのどちらかに属すると仮定してきた。もし人が精神的に健康であれば、かなり良い生活を送ることができる。反対に、精神的に病気であれば、うまくいかない。人々が良くなるためには、精神療法や、薬剤や――今なお使われる――ショック療法のような治療を受けなければならない。治療が行われる場所は、現在利用される順序で言うと、個人オフィスとクリニック、精神科病棟、精神病院という順になっている。

しかしながら、このような見方は深刻な挑戦を受けた。特に、アメリカ人の社会学者のトマス・シェフと精神科医のトマス・ザッツの両者は、「精神病」という概念の有効性を疑ってきた。彼らは、この考えは、「精神病」を精神的健康と対比して取り扱ってきた医療関係者によって作られたものであると論ずる。この二人の批評家は、この対比は適切でないとする。例えば、シェフは、「精神病」の診断は、身体的診断の正確さとは程遠く、法だけでなく慣習から外れただけの様々な行動に対しても無差別に適用されることが顕著であると言う。我々は、他の人の異なった、突飛な行動に、他にどんなラベルを貼ったらよいか分からない時に、彼らは「精神的に病気」であると言う。シェフにとっては、「精神病」は「残余逸脱」なのである。

各々の集団の文化は、たくさんの規則違反を分類する語彙を持っている。犯罪、倒錯、酩酊、行儀の悪さなどはよく聞く例である。…このような行動の分類をすべて当てはめた後に、その文化がはっきりした名称を持っていない最も逸脱した種類の違反がいつも残る。…そのような違反はいっしょくたにされて残余カテゴリーに入れられる。魔術、狐つき、あるいは、我々の社会では、精神病がその中に入る。(9)

ザッツは、精神的健康は、人生において正しい選択を可能にしてくれる、生得的な特性ではないと論ずる。それは、むしろ、我々が正しい選択をしてから与えられる名称である。我々が「健康」とみなす人々は、基本的には人生をうまくやっていける人達である。(10) ザッツに従うと、「うまくやる」ことができる人は、二つのことがうまくできる。彼らは、他の人と仲良くすることができ、目標を立て、それを達成するための手段が持てる人である。

であるから、明らかな身体的特徴が関係している場合を除き、「精神的健康」は、人々がどう人生を生きるかを学ぶことによって可能になる。単純に薬を与えて、人々を魔法のように、「まともにする」ことができると考えられれば、誠にありがたいのだが、みんなが知っているように、社交技術と問題解決能力は獲得するのには何年も何年もかかる。単純明快に、それは学ばれるものである。

このような精神的健康の解釈は今では広く受け入れられている。一九八六年、国民健康福祉大臣のジェイク・エップは、健康促進国際会議で一つの文書を発表した。「今日、我々は、健康を毎日の生活の一部として扱う考え方を採用している」とその文書は始まり、生活の質は、「選択をし、生活から喜びを得る機会を含む。それ故、健康は、人々に、生活をやっていく能力と、時にはその環境を変える能力を与える源泉として描かれる。」(11)

これと一緒に提出された「憲章」の文書も繰り返し出てくる次の主題を強調していた。健康は、結果として出てきた状態ではなく、「身体的能力だけではなく社会的個人的実力をつける……毎日の生活のための源泉ととらえられる。(12)

心が痛む現実は、数多くの北米人が、教育機関から、どう生きるかについて、十分な情報を得ていないことである。人生に如何に対処していくかについての情報の巨大な市場――本、プログラム、ワークショップ、セミナー――は、多くの人が、人間関係、職業、子供、その他に関して、うまくやっていこうとする時に経験する問題が如何に深刻か、を示す良い証拠となる。彼らは、どうやって人と仲良くするか、また問題を解決するかを教わったことがない。彼らの社会化の過程――すなわち、それを通じて彼らが社会の成員となる過程であるが――は、端的に言って不完全なのである。

職業訓練と教養課程の指導では十分ではない。四日間の自己開発プログラムに参加した直後、ある有名なカナダ人の教授は、自分が四つの学位を取る課程で得たより、この四日間で、対人関係に関する洞察力をより多く得ることができたと述べた。十ヵ月後、一人の心理学の教授が、自分の同僚の告白のことはまったく知らずに、その同僚に、自分が六つの学位を集めている間に得たより、五日間で対人関係についてもっと多くの洞察力を得たと語った。

教育者は、人々に人生について教える面では良い仕事をしている。しかし、それだけでは十分ではない。個人的、社会的福利のために、学校は人々にどう生きるかをもっと良く教える必要がある。我々は、今では、カナダ人がどうやってもっと効果的に生活を営んでいくことができるかに関してかなり分かっている。教育者が皆にそれを知らせる時期が来ている。

道徳なき成熟

社会生活は、個々人が、その帰属する集団の存続を可能にする基本的な規範や規則に同意することを必要とする。定められた規則は、人々が内在化した価値によって強化される必要がある。我々はすべてを取り締まることはできないからである。

カナダでは、我々は、個人を強調するほどにはそのような合意の必要性を強調してこなかった。我々が相対主義及び選択のための選択を教え広めることを強調してきたことは、社会を痛めつける結果となった。ブルームは、「公共の福利に関して共通の目標や理想がない場合、社会契約はなお可能であろうか」と問う。(13) 答えは否である。

カナダの教育者は、個人の自由を極大化し、倫理的合意の必要性を極小化するのに主要な役割を果たしてきた。ちょっと誤解のないようにしておこう。ここで問題になっているのは、偏狭な道徳振興家が「人に強いること」――ある種の個人の道徳観の法制化――を望む選択的規範のことではない。問題にしているのは、単なる法律を超える価値と規範の必要性――最も道徳とは関係のない社会科学者でさえも認める必要性――である。もし、我々が、「法のこちら側」(合法的)のどんな行動も許されるという立場を取り続けるのであれば、社会として、我々は大きな問題を抱えることになる。

一九八九年十一月、ヨーク大学における、企業倫理に関する一連の講義発表で、前教授で現在ロイヤル・ラページ社［不動産業界の大手］の会長である、ウイリアム・ディマはこう言った。

…倫理は法律の枠を越える。法律は鈍重である。法律が倫理的行動の満足すべき基準になるためにはその変化はあまりにも遅い。たいていの場合、法律は自身の潜在的な抜け道を予想しない。むしろ、その抜け道を濫用するものに、遅れて対応する。…どの時点でも、法的ではあるが、許せない、倫理的でない慣行がある。…そして、それは、はっきり法的と定められていないどんな活動をも合法化するという副作用を持っている。これは法律万能主義社会の共通の問題である。(14)

ディマは「倫理に対する関心は環境への関心と同様に、企業的にも個人的にも、我々の生活にとってますます重要で、より中心的な課題になっている」と主張する。(15)

我々がすべてを法制化し、施行することができないという、まさにその理由のために、中心となる規範と価値に関して、何らかの合意に達し、それから、それらを浸透させることがどうしても大切である。教育は、明らかに、中心となって、そのような社会化を推し進める重要な基盤である。

長い間、多くのカナダ人によって世界最高と思われていた、イギリスの教育制度そのものが、価値と倫理を広めるためにより良く機能するよう求められたというのは皮肉である。一九八八年の夏、オックスフォードでの講演で、内務大臣のダグラス・ハードは、全国カリキュラム諮問委員会が、どのようにしたら「個人の責任、自己修練、市民の務めが学校のカリキュラムを通じて最も効果的に教えられるか」を考慮することを期待すると述べた。ハードは、家族構造の変化が、子供にとって、不適切な世話、不十分な愛情を含む幾多の問題を引き起こしたと言った。その変化はまた、社会にも、反抗と少年非行から暴力、そして「（若者をして）彼らの被害者に対して同情のかけらも持ち合わせないようにする道徳的未開性」にわたる数多くの問題を生じた。「…彼らが襲った年配の女性、彼らが強盗に入った家庭の主婦、暴行した女の子は、加害者に一時的な満足を与える以外には、個性も感情も目的もない、ただの対象であり、おもちゃである。」ハードは、多くの若者にとって、「学校は、一つの世代から次の世代にわたる、誤った子育てと少年非行という悪循環の可能性を断つ、唯一の機会を与えてくれる」と主張する。彼は教育者に、蔓延している「道徳の低習得」との戦いに手を貸すよう要請し、個人的また社会的教育が、学校生活の主要な部分になるべきであると付け加えた。そして、主要科目や個別指導時間や学生集会では、道徳的価値を扱うべきであると言う。(16)

カナダの教育者も傾聴すべきであろう。

職場

雇用者と被雇用者を解放した個人主義と相対主義の強調は、また、職場にも大混乱をもたらした。この問題は次のディマの観察の中に暗示されている。「一方の極が物質主義と欲望で、もう一方が理想主義と共同体感覚で固定されている連続体の上で、均衡を示す針が不吉にも間違った方向に動き続けていることにはほとんど疑問の余地がない。」(17)

すべては一人のために、すべてのためには何もせず

もし雇用者と被雇用者の両者が自立すると、忠誠心は不安定になる。例えば、企業部門では、忠誠心はますます手に入れ難くなっている。トロントの弁護士、ブライアン・グロウスマンが指摘するように、まともな従業員にとって、彼らの忠誠心が、まともな人々からのまともな報酬につながるという保証はほとんどない。雇用者にも、従業員が、組織の利益を個人の利益に優先する、信頼できるチームプレーヤーであると信じる理由はほとんどない。[18] これは特に驚くにあたらない。もし、組織が個人のことは構わず、生産性と利益だけを気にかけるならば、個人が組織のことを心配する理由はほとんどない。

こういう状況は、組織と個人の生活に不安定をもたらす。どちらの側からの忠誠心も、それを保証することは非現実的かもしれないが、時にはそういうことがあってもいいのではないだろうか。問題は、個人の倫理を教え込んできた文化が、個人が自分の菓子を食べてから、なおそれを貪り食おうとするのを難しくする［食べた菓子はもう残っていない――両方はうまくできないという慣用句］ことである。なぜなら、どちらの側にとっても、（忠誠心を持って）積極的に取り組むことは、自分の自由と柔軟性を放棄することだからである。職場での解決法は、雇用者と従業員がその同盟をできるだけ短いものとし、相互に自己目的的であることである。同盟の解約はどちらかの側の自己利益の如何によって決められる。

信頼の終焉

広く行き渡っている「すべては相対的である」という文化的主張は、職場において破壊的な結果をもたらす可能性を持っている。二百五十人の事務職員を対象にした、ルイス・ハリスによる一九八九年の世論調査によると、八十二％の人が、彼らの一番大きな関心は、会社の管理職が従業員とその共同体に対して、「誠実で、正しく、倫理的」であることにあると述べた。しかし、その内、彼らの上司がこの要件を満たしていると言ったのは三十六％に過ぎなかった。七十七％が、管理職が従業員の貢献を認めることが非常に大切だと言っているが、彼らの上司が実際そうすると考えていたのは四十二％だけである。ハリスは、このような、管理職に対する不信は、企業合併、吸収、構造改革による混乱の結果であるように思えると言う。(19)

共生的な職場では誰もが報酬をほしがる。それがなければ、取引はなしである。しかし、ある種の共通の規範をお互いが受け入れなければ、色々な問題が出てくる。雇用者は、法律と労働力の供給だけ考えて搾取的になり得る。結果は、不当な給与、特別手当ての拒否、言葉による虐待、性的嫌がらせ（セクハラ）である。被雇用者の方も、法律及び解雇される可能性を考慮して搾取的になり得る。そのいくつかの例は、貧弱な努力、並みの貢献度、在庫品窃盗など。

会社が大きくなるに従い、従業員と雇用者間の信頼度は当然減るしかないだろうと思われる。ロバート・ライクは、最近、『ニューヨーク・タイムズ・マガジン』に次のように書いている。「分け前の分捕り合戦をしている人々が、分け前そのものを大きくしようとしている人より、遙かに数が増え、富裕になるに従って、信頼度は減っていく。」更に加えて、ライクは「信頼がなければ、人は共通の目標に向かって献身することはない。彼らは、代わりに自分のエネルギーを自分の利益を守る方に向ける」と言う。(20) ディマは、個人の過度の欲望に警告を発して、ちょっとおどけて次のように付け加えた。「さて、私の言っていることを誤解しないで下さい。欲望は、我々の経済組織が適当に機能するためには必要不可欠です。」それは、精力的な仕事ぶりと野心、あるいは押しと突きに姿を変えて、「自由企業というエンジンを動かす。」しかし、と彼は続ける。「欲望より遙かに優れ、まったく異なるもの」によって強化されなければ、そのエンジンの運転者は、いつの日か道路を飛び出し、崖から落ちるであろう。(21)

家族

今日我々は、家族をどう構成するか、また、役割、性行動について、疑いなく、以前より多くの選択を与えられている。それでも、個人と社会の福利という観点から、我々が、実際、どの程度進歩的に解放されているかを考えてみる理由がある。

何のための解放か

選択が与えられているということは、ある場合には、人がどんな選択をしても結果はほとんど変わりないという印象を与えるようである。しかし、ただ可能性を広げるだけでは、異なった選択が個人と社会にとって同じレベルの利益を生み出すことにはならない。選択があるということは、その社会の寛容さの度合いについてを多く語るが、それは選択自身の有効性についてはほとんど何も言っていないのである。

我々が問わなければならない大事な質問は、次のようなものである。我々はカナダにおける家族生活について何か展望を持っているか。組織的にも個人的にも、寛容が我々の出発点なのか、目的地なのか。我々は、まだ何らかの「夢」を持っているのだろうか、それとも、個人主義と相対主義は、その夢を時代遅れのものにしてしまったのだろうか。

もし、多元主義がすべてのタイプの家族生活が同等に望ましいと宣言するならば、我々は二つの主要な問題に突き当たる。先ず、我々は、ある家族構成が、他より効果的に皆の福利に役立つという可能性を探ることができなくなってしまう。そのような研究は不適ということにされる。次に、我々は、若い人々とその他の人々に対して、最善と思われる形式と役割をすすめることもできなくなる。心を広く持とうという努力が、またしても、その反対の結果になってしまう危険を冒すことになる。

ここで、我々が我慢をして受け入れることと、奨励することとを区別することが非常に重要であると思われる。例えば、離婚を経験した人に不名誉な烙印を押すべきでないと言うことと、離婚が個人的にも社会的にも望ましいと言うことは、まったく別のことである。社会が離婚に対して「青信号」を出しても、人々はしばしばかなりの感情的、経済的な犠牲を払う。同様に、ある人々、特にずっと若い人にとっては、教育や職業的理由のために同棲が基本的に婚前の現実になっている状況で、彼らが将来実際に結婚するか、他の人と結婚するかにかかわらず、一緒に暮らすことが一番都合良く思えるかもしれない。しかしながら、多くの場合、同棲は、感情的に満足できる長続きする関係に必要な、構造的安定性を与えることができないと思って間違いないだろう。特に、子供がいる場合、このような不安定性は望ましくないことが多い。

カナダにおいて我々は、選択を強調することで、許容と奨励の区別をぼやかしてしまった。メディア、学校、政府、そして宗教団体をも含めて、主な組織体は、より良い、また最善の可能性についてますます語らなくなっている。特に若いカナダ人はそのお陰でだいぶ損をしてきた。

選択と生きる

選択の重視は、カナダの家族に奇妙な矛盾を作り出した。人々は、結婚と性、子供を持つこと、家庭の外で働く、というようなことになると、個人としての権利を実践する重要性を強調する。しかし、この同じ人達の多くは、何か問題が起きると、即座に経済的、人間的損失を補填してくれることを社会に期待する。経済的にも感情的にもこの費用は非常に高い。

コラムニストのクレア・バーンスティンは、最近、結婚に関するいくつかの選択が子供達にとってどういう意味を持つかに注目して次のように述べた。「結婚は、今では使い捨て可能な契約である」、そしてそれには、結婚の失敗が「結婚の誓いを交換する瞬間でさえ、初めから存在する可能性として」伴っている。「この選択の結果はもうすぐ我々に影響を与える－失われた若い世代――結婚の崩壊による犠牲者――社会と政府が見捨てたために救いのない貧困生活を余儀なくさせられる人達である。」結婚の崩壊は高くつく。夫が二つの家庭を持つことは難しく、独身の母親は絶望的な状況に追い込まれる。この時点で政府の介入が求められる。バーンスティンは、国家は母親に短期的に十分な収入を与え、子供を養育するための新しい制度、及び、職場への再復帰のための再訓練と心の準備を助けるサービスも提供すべきであると主張する。彼女は、我々がそのようなプログラムの費用を払う用意があるべきこと、さもなければ、「次の世代の若者が貧困の中で、多くの場合愛情も世話もなく育ち、麻薬密売者、クラック［強力コカイン］中毒者、スキンヘッドのグループの人口を増やし、法廷と監獄をいっぱいにする責任を受け入れ」なければならないと結論を結んでいる。彼女は、もし我々が「金でこの勘定を払う」つもりがなければ、我々はある日、「恐怖の中でその代償を払う」ことになるだろうと警告している。(22)

これらは心して聞くべき意見である。しかし、その見通しほど明確でないのは、こういう中での個人の責任である。乱暴な言い方をすれば、もし、彼らが自分でこのような苦況に陥ったのであれば、いったいなぜ、ここでバーンスティンの言葉を借りれば、「我々が責任を負わなければならないのか。」

明らかに、同情の念があるからこそ、我々は、問題を抱えている社会の他の成員を助けようとする。しかし、選択は常に代価を伴うものである。選択の自由を欲する個人は、その結果を受け入れる心の準備をしておくことが必要である。なぜだろうか。それは、個人主義が我々に両天秤をかけることを許さないからである。個人主義は個人の満足という見方を促進する。だから、我々が失敗したからといって、個人主義的な考えを持った我々の同胞が、自分達の自己利益を棚上げにして、我々を救い出してくれると期待する理由がどこにあるだろうか。もし、競争原理が個は勝たなくてはならないということであるなら、競争者が、負けの手を持っている人の救出に来てくれると期待することはできない。個人主義は、うまくいかない時にそれが呼び起こそうとする、まさにその推進力を破壊する。度の過ぎた個人主義は、自己中心主義を促進し、同情心を根こそぎにする。個人主義的に考えるカナダ人は、ますます個人の選択を助長しようという気持ちを失っている。

我々の中の何人かが選んだ選択は、すでにかなりの抵抗にあっている。例えば、結婚をし、子供をつくり、しかも家庭外で働くことを選んだ女性達は、「社会」が育児費用を支払うべきだと主張している。結婚し、子供をつくり、家庭内で仕事をすることを選んだ他の女性達は、社会が彼らに給料を支払うべきだと言っている。我々の、交換中心主義の「社会」を構成しているあとのカナダ人は、お金を出すように要求されると、「我々にはどんな利益があるのか」とはっきりと声高に質問する。幅広く求められている人工中絶も同じ問題を提起する。性行為をし、妊娠を中絶することを選ぶ女性達も、「社会」が中絶費用を払うことを期待する傾向にある。それぞれの利益団体が、母親の権利、胎児の権利、また父親の権利までも含めた擁護運動をしているが、この三つの声が、四つめの声——社会の権利——に少なくとも耳を傾ける必要があると、勇気をもって提起する人はほとんどいない。しかし、これは変わるかもしれない。

もし、社会が、選択によってもたらされた費用を払うとすれば、社会はその支出に口を出すことを要求するだろう。可能な選択は評価され、最善の選択がすすめられるだろう。さもなければ、選択の自由は、すべての人にとって生活の向上を保証できないからである。我々は、大人が傷ついたり、子供が苦しんだり、人々が貧しくなったり、性的に搾取されたりすることを望まない。我々はまた、金銭的損失を減らしたいとも望んでいる。人間の自由解放は、ますます、単に「選択に声援を送る」より遥かに多くの問題を扱うことを期待されている。

宗教

個人主義と相対主義が高度に行き渡っている文化の中で活動している宗教団体は、その影響を強く感じている。人々は、宗教から自分の求めるものを取り、選択する。彼らは、また、真理を単に個人の良心の問題ととらえがちである。

宗教団体の方は、知らない間に、数多くの前菜は出すが、比較的主料理の少ないレストランのようになってしまった。そればかりではなく、市場の状況によっては、かなりの制約に直面する。

消費者宗教

カナダでは、宗教はあまり積極的でない方が良いと思われている。多元社会には、他の宗教の成員や信奉者を、公然とまた熱心に改宗させようとする宗教の存在する余地はない。率直に言って、福音伝道活動はあまりカナダ的ではない。それは不寛容だけでなく偏狭の味さえする。それはプライバシーの侵害でもある。そして、それが新来者、貧者、若者、老齢者に向けられる時、それは帝国主義と搾取とに境を接する。ある人は、それは権利と自由の憲章に違反するかもしれないとさえ言う。

たいていのグループはこの自制の基準に従う。恐らく、エホバの証人とモルモン教のグループと並んで、保守的なプロテスタントのグループのいくつかを除いては、わが国の宗教団体は競争することはしない。それ故、他のグループの成員を「盗む」と非難されるグループはほとんどない。彼らは、基本的にはカナダ人の宗教的必要を満たし、お互いに協調と敬意を示す態度を守る。

カナダ・スタイルの宗教は、多くを要求してもいけない。成員は時間と金に制約があるため、ほどほどの時間と金を使う。その上、ボランティア平信徒として彼らは励まされたり、機嫌を取られたり、感謝されたりすることはあるが、過度に強いられたり、罰を受けたり、やめさせられたりすることはない。もし、指導者が彼らの心証を悪くすると、彼らはどこか他の所へ行くことができるし、もっとひどい場合には、居座って、時々わざと嫌がらせをすることもできる。

敬虔な信者は少数派である。個人的報酬――それが、幸せな気持ち、子供のための便宜、冠婚葬祭、免税などのどれであろうと――が見えなければ、ほとんどのカナダ人は、宗教団体とはあまり関係を持ちたがらない。また、怒ったり感情を害したりしている人も少ない。要するに、彼らは、単に多くを望まないのである。信仰を理想的に評価する指導者や他の成員が、宗教を全人生に関わるものと見る一方、ほとんどのカナダ人の生活にとって、宗教はせいぜい周縁的な位置しか占めてない。

一九八七年の十五歳から二十四歳までの若者に関する全国調査の結果は――宗教の影響について関心を持っている人にとって――驚愕以外の何物でもなかった。若者の八十%が一つの宗教グループをあげ、八十五%以上が自分の宗教グループに冠婚葬祭をとり行ってほしいと思っている一方、ほんの十二%が神が彼らの生活に多くの影響を与えていると言い、宗教を非常に高く評価していると答えたのは、十四%に過ぎなかった。十六%のみが、毎日の生活の中で彼らの信仰に従って生きることが大切だと報告している。[23]

真理無き宗教

カナダの宗教の個人主義は、その相対主義とうまく均衡を保っている。ほとんどのグループはもはや真理を唱道しない。従って、宗教的帰属意識は変わらないが、宗教的内容はおおよそ、誰にでも勝手に選べるもののようである。

人々を分裂させる問題は、神学的性格の様相さえ持っていないことがほとんどである。問題になるのは、たいてい単なる変化や生活様式についての論争である。例えば、一九八〇年代の半ば、カナダ英国国教会は、礼拝式を変えるか否かで大騒ぎをした。カナダ合同教会は、同性愛者に牧師の資格を与えるべきかの問題で感情的に分裂している。このどちらの場合も、神学は変化と生活様式の問題に関して表に現われてきていない。

あるグループの成員が他のグループに対して何らかの嫌悪感を持つとしたら、原因は、神学であるよりも文化であることが多い。保守的プロテスタントに対する、ある英国国教会、合同教会、ローマ・カトリック教会のいわゆる「主流派」の側からの蔑視は、例えば、三位一体や終末論に関する異なる見解とはほとんど関係がない。きまって主流派を苛立たせるのは、明らかに粗野な信心や信仰及び、生活に関する単純過ぎる柔軟性のない見解である。垣根の向こう側では、バプティスト（浸礼）派やペンタコステ派のような保守主義者が、主流派の神学にいくらか気分を害しているにしても、彼らの生活様式や、福音伝道的な語彙の欠如や、秘蹟の伝統があることに、同じくらい問題を感じているように見える。ほとんどの人にとっては、神学は副次的な問題なのである。

カナダ文化における相対主義の蔓延は、神学的真理の主張を時代遅れなものにした。真理を主張しようとすることは、見解第一主義の規則を破ることになる。そして、多元主義的検閲の基準は効果的である。宗教的真理の主張は、あたかも「闇夜の灰色の猫のよう」に見える――見分けるのが非常に難しい――ものとなる。

宗教団体がまったく意見を発表しないというわけではない。彼らが社会的、経済的問題に関する見解を発表することは大歓迎されていて、彼らもしばしば発表する。しかし、そのような見解のほとんどは、ローマ・カトリック、合同教会、国教会、保守的プロテスタント研究機関のどこから出て来たかにかかわらず、余り予言的なものではない。それらはたいてい、準備した人達の教育的、イデオロギー（観念形態）的背景を反映している。

しかし、ある疑問が、社会的研究及び集合的意見を通して、容易に問いかけ得ない場合——例えば、人生の目的とか死後に何があるかについての疑問——宗教的指導者は、明らかに、ほとんど何も発言しない。往々にして、彼らは、生と死の自然主義的解釈に相当する考えを示す点において、カウンセラーや他の人達とほとんど変わらないように聞こえる。

二年ほど前、私は聴衆の中の英国国教会員に、「宗教団体は、人生の意味に関する分野でますます世俗の競争者と競合するようになると思いますか」と聞かれた。それに対して、私は、「ええ、ですが、あなたが問うべきもっと大事な質問は、相対主義の影響を受けて、宗教団体はその競争市場に参入すらできないのではないかであるように思えます」と答えた。

「次の場面を想像して下さい」と私は続けた。「一人の二十歳の男が、飛行機の中で隣に座っている人が牧師であることを知る。『ぼくはそれを興味深く思います』と彼は静かに言う。『三カ月ぐらい前、妹が白血病で死にました。彼女は十七そこそこでした。私はいつか妹に再び会えるでしょうか。』」このような質問に接して、指導者と他の人達は何か言うこと、何か示すこと——「（人生の）意味の領域に踏み込むこと」——を持っているだろうか。社会学的に言って、もし彼らが絶句したままであったり、ただ単に牧師的であったりすれば、――その結果についてはずに答えてくれる競争者に打ち負かされるであろう。誰も甘い考えを捨てなければならない――彼らは、宗教関係であろうとなかろうと、言葉を失せ

宗教の、意味の領域を放棄するという傾向がますます強くなるもとで、それに代わるものが実際に仮定され、受け入れられていることに誰も驚きはしないだろう。「回答」は典型的に「付け足し」の形を取り、それによって、輪廻のような考えは、各人のプロテスタントやローマ・カトリックのスモーガス・ボード［より取り見取りの料理］に外国料理の選択として付け加えられる。人々は答えを求めている。もし、伝統的な宗教が沈黙していれば、その空白は「消費者カルト［狂信的な宗教団体］」や非宗教的代替物によって満たされてしまう。この意味で、恐らくメディアほど偉大な「人生の意味に関する市場」への参入者は存在しないであろう。例えば、オックスフォードのジョン・ケアリーは、前コミュニケーション時代において、思想の背景となったのは宗教であったと論ずる。当時の個人は必ずしも宗教的ではなかったが、宗教は、彼らの存在を理解することを可能にする多くの考えを供給したと彼は説明する。(24)

メディアの影響力の大きい声とは対照的に、カナダのキリスト教の指導者達は、共通に、ほとんどすべてのこと――キリスト教的主題、コミットメント（信仰）、その結果などがすぐ頭に浮かぶが――についてはっきりさせない。数多くの機会に、私は、宗教的信仰に関する自分が持っている尺度のために、不当に批判されてきたと感じる、と聖職者に言ってきた。社会学者として、私には彼らに信仰がどんなものかを言う特別な権利はないと彼らにはっきり述べた。「だか

ら、間違いを正しましょう」と私は言った。「あなたが私に信仰がどんなものかを教えて下さい。そうしたら、私は喜んで出掛けて行ってそれを計ってきます。」私は、また、彼らがしばしば、同じように、正義、信義、福利というような観念に関する私の尺度を攻撃していたので、どんな結果を示せば、それらの観念が使用可能になるのか教えてほしいと頼んだ。私に分かったことは、宗教指導者がその場で信仰の性質やその結果について発言させられると、彼らはほとんど無言になることである。そのような場合、その見解が妥当と見られる人は、何事にもはっきりした立場を取らない人か、「信仰は、当事者個人次第の相対的なものである」という見方を表明する人のどちらかである。このような無意見や相対性の支持の枠を越える人――例えば、神や祈りを信じることは特別の意味を持つと言う人――は誰でも即座に非難される。今日の多元的、相対的規範に強く反対して、個人の見解と信念を公表する人はかなり大きな犠牲を払うことになる。それ故、宗教指導者は、「宗教は何をするか」――信仰がどんな結果を引き起こすかについて発言するよう請われても、めったにはっきりした見解を示さない。

この国の宗教指導者が注目に値する状況にいることを示す、良い証拠がある。彼らは、カナダ人に、カナダ人は何かを必要としていると言うが、「それ」が何なのかをはっきり言うことができない。彼らは、また、この確認できない「何か」が重要な結果をもたらすと説くが、その結果がどんなものであるかもはっきり言えない。マーケティングの専門家を煩わせるまでもなく、そのような「目に見えない製品」の売れ行きが余りかんばしくないことは明らかである。

無害な宗教

宗教の消費者と供給者の間に発生してきた共生的（持ちつ持たれつの）関係は、ある都合の良い相互利益をもたらしたように思える。個人は選択して取り、団体は選択して与える。もし、宗教がこれだけのものとして見られるならば――大衆の要求に同意して、時とともに形を変えるものとして――現在の状況には問題がないように見える。

しかしながら、もし、信仰を大切にする人々が、宗教を、文化と同義語としてでなく、また常に変化している市場の要求に合わせる製品以上のものと考えるならば、消費者と供給者との共生は茶番に見える。もし、宗教が、個人が求めたり、心に描いたりする以上のものであるならば――例えば、もし、神々、あるいは、人に「心と魂と頭と力」を要求する神が、本当に「あちらに」いるならば――個人の要求に応じることは、お話にならないほどひどい背信行為である。

そして、もし、宗教的真理というようなものが存在し、我々がそれを追求しないとすると、我々は、早計に、知られ得るものに蓋をしてしまうことになる。神や生と死、またすべてのものに関して絶対的真理があるのだろうか。探求を続けなければ、我々はそれを決して知ることはないであろう。宗教指導者がその探検旅行の放棄に先鞭をつけることは、地位の放棄と自己消滅の奇妙な組合せを示唆するように思える。

宗教は、その完全な形において、我々の時代に貢献するものをたくさん持っている。宗教は存在に関する基本的な疑問を投げ掛ける――我々は、なぜここにいるのか、どこに生きがいが見出せるか、どのように他の人と付き合っていくか、どこに行くのか。従って、宗教は、社会科学者と未来学者が共通に、まだ世の中に広く受け入れられているとする、少なくとも三つの命題を権威をもって論ずることができる——人生の意義、自己肯定、共同体の探求。(25)

しかしながら、個人主義に制限され、相対主義によって格下げされて、カナダの宗教は権威的でなくなってしまった。問いを発し、希望を求め、共同体を探し求め続けるカナダ人は、宗教がただ単にきれぎれの断片的な回答しか与えてくれないことを知る。

社会学者は長い間、宗教の主要な機能は社会的結束に貢献することにあると論じてきた。宗教は共同体の絆を作り、個人を集団にまとめてきた。宗教は、社会全体を統合し、長く継続する友情を奨励し、生涯続く結婚を求めてきた。そのような統合化は、また、必然的に、よそ者に対する集団的敵愾心、流血の惨事、そして戦争へとつながっていった。しかし、良いことに利用されたにせよ、悪いことに利用されたにせよ、宗教は、「人々を一つにまとめる」ことにその力を発揮してきたのである。

宗教をばらばらに解体していく過程の中で、個人主義と相対主義は、また、社会的統合化の主要な原動力を崩壊させた。ピーター・バーガーによれば、理論家達は、社会は、人々が、必要とあらば、死を堵してでもそれを守る心構えを持っていなければ、存続しないと論じている。彼は、二、三年前にかなり有名になった、プリンストンの学生デモ隊員が、「命を賭けるほど大切なものは何もない」と書かれたプラカードを掲げている写真を思い起す。そのような傾向は広く浸透しているとバーガーは見る。加えて、彼は、「人間は、もはや、それぞれの利益を実際的に

調停することを目的としただけの契約に命を賭けようとは思わない」と言う。(26)

集団生活を最も大切とする考えに取って代るべきものが見付からなければ、多くの人が弾圧的な社会の仕組みに対する勝利とみなしてきたものが、実際には、社会的自虐性の一つの近視眼的な演習に終わってしまうかもしれない。悲しむべきことに、宗教は、過剰な個人主義と相対主義を糾弾するより、むしろそれを包摂する傾向が強かった。宗教は、そのために、その言葉も声も失ってしまったのである。

政治

個人主義と相対主義は、政治をも見逃さずにはおかなかった。それに対して、これまでのところ、政府の指導者が、その行き過ぎに、対応するどころか気が付くのさえ余りに遅かった。

一つの国家か諸国家か

もし我々にカナダ国家民族主義の意識が欠けているとすれば、我々がそれを、少なくとも政府のレベルでは、各州の「国家民族主義」という形で補っていることを示す現象が見られる。各州の知事とその内閣の閣僚達は、可能な限り最高の国家を建設することの重要性に関しては、めったに口を開かないが、自分の州の利益を守ろうとする傾向は顕著に示す。同様に、地区の住民は、近所のことについてはあまり関心を持っていないかもしれないが、自分の個人の土地や家屋の保持には大きな関心を示す。

自国のために戦う意志

「言うまでもなく、我々は皆再び戦争がないことを望んでいるが、万一そうなった場合、自国のために戦うつもりですか。」

	はい	場合によって	いいえ	分からない	総計
イスラエル	89	3	3	5	100
米国	77	7	14	2	100
オーストラリア	60	20	18	2	100
英国	49	17	28	5	100
カナダ	44	24	28	4	100
フランス	41	25	26	8	100
西ドイツ	15	36	33	16	100

出典　1989年8月25日ギャラップ・カナダ

国家的な大事へのこのような慎重で条件付きの参加を典型的に象徴するものは、一九八二年に制定された憲法にある第三十三条の「例外」条項である。この条項を援用することによって、各州は——当然州議会も——基本的な自由、法律的権利、平等の権利に関する、憲法のどの規定からも免れる法律を制定することができる。

ある人達は、ミーチ・レイク協約の是非に関する論議は、カナダの「地方主義」をその絶頂において如実に示したと論ずる。一九八九年終わりの下院と上院の合同委員会における発表の中で、ピエール・トルードーは、一九八七年の初めの合意が成立した当日に、「この協約が、カナダ連合が成立して以来、各州にとっての最大の勝利、…州の愛国主義の勝利、を象徴している」ことを含めた、大規模な非中央集権化に関する論議があったことを明らかにした。[27] 前自由党閣僚のドナルド・ジョンストンは、この協約は、連邦政府を「各州のための調整機関」に過ぎなくしてしまうと主張した。彼は更に続けて、「この枠組みの中では、連邦政府は、コンドミニアムの所有者達から、共有の財産を管理し、芝生を刈り、雪かきをし、ロビーや廊下を掃除する責任を任された管理人に例えられるであろう」と言っている。[28]

傍観者達は、地方主義は「良い政治」であると決めてかかっている。メディアもそれを当然のことと扱い、教師がそれを伝達し、学生がそれを消費し、市民がそれを信じる。その宣伝によれば、各州はこの我々の「弱肉強食」のカナダ連合の中で、自分の利益がしっかり守られるよう一所懸命努力しなければならない。州の政治家達に与えられた役割は、より多く獲得することは言うまでもないが、少なくとも損得なしの五分五分の地位を守ることである。賭け金は高く、緊張関係は激しく、ムードは暗い。

このような州個人主義の問題は、それが現実とまったく合わないことである。それは現実に存在しないモデル、すなわち、我々が非常に静的な人口であり、一ヵ所に定住し、面倒を見てもらう必要があるというモデルに基づいている。

実際には、イギリス系カナダ人の大多数は、地理的に非常によく動き回る。我々は州から州へと自由に動く。例えば、一九八六年から八八年までの三年間で、州の間の移動は百万件に達しており、これは、同じ時期の四十一万二千の移民の件数の二倍以上である。(29) 特定の一つの州に対する我々の忠誠心はしばしば疑わしく、いや、それどころか、我々は時々、どの州を自分の故郷と呼んだらいいかについてさえあまりはっきりしないのである。更に、我々が同じ州内にとどまる傾向を持っていても、我々の親戚や親友達が国中に広がる可能性は大いにある。

その上、我々は移り気である。我々は、戦線の反対側に自分の全財産を移動している時、戦場に横たわっている州の政治家に向かって陽気に手を振る傾向がある——それも、より良い就職口があるとか、日がもっと当たるだろうというような高尚な理由にひかれて。一九八九年十一月の全国世論調査によると、およそ四人に三人が、自分を先ずカナダ人として、次に特定の州の市民と見る。先に述べた移動性という要素を反映して、もっとも親州派の人々は、地方の住民と若者、同時に、ケベックとニューファンドランドからの人に不均衡なほど多い。(30)

移動するカナダ人

%はどこに移ったか　一九八六、一九八七、一九八八

目的地＼出発地	大西洋沿岸諸州	ケベック	オンタリオ	マニトバ	サスカチュワン	アルバータ	ブリティッシュ・コロンビア	一〇〇〇人単位で：転出	転入	増減
大西洋沿岸諸州	26	13	23	6	3	8	6	158	136	-22
ケベック	9	-	24	3	2	4	5	106	86	-20
オンタリオ	45	68	-	35	18	33	36	222	312	+90
マニトバ	3	2	8	-	14	6	6	76	58	-18
サスカチュワン	1	1	4	12	-	10	6	84	50	-34
アルバータ	9	6	18	20	42	-	41	221	175	-46
ブリティッシュ・コロンビア	7	10	23	24	21	39	-	149	199	+50
合計	100	100	100	100	100	100	100	1016	1016	0*

出典　1990—92年統計カナダ、カタログ 91—209E
＊四捨五入

我々の多くにとっては、州同士の綱引き合戦は、大体架空の戦いである。それには、実際的というよりはむしろ技術的な問題が関係しているようである。一九九〇年の春、ミーチ・レイク協約に関する論議がたけなわの頃、連邦政治家も州政治家も手榴弾をあらゆる方向に向けて投げ付けていた。ケベック州首相のロベール・ブラサは、ミーチ・レイク協約の拒絶は国家の分裂につながるだろうと盛んに主張した。ノーバスコシア州首相のジョン・ブキャナンは、もしケベックがカナダを去るなら、大西洋沿岸諸州は米国に加盟しなければならないだろうと言った。(31) サスカチュワンの議員のサイモン・デジョングは、もしミーチ・レイク協約が失敗すれば、西部諸州は余儀なく合衆国に加盟させられることもあり得ると述べた。(32) アルバータの閣僚のジム・ホースマンは、もしケベックが分離するなら、アルバータはその最大の味方を失うことになるだろうと言った。(33) ニューファンドランド州首相のクライド・ウエルズは、彼の州はあくまでも協約の承認を取り消すと言い、四月初旬、実際に取り消した――そのために、彼は後に謝罪し辞任した議長代理補佐のデニス・プロノボストから「精神病患者」という汚名を着せられた。首相のケベックにおける腹心の部下で、前ケベック独立党党員のルシエン・ブシャードは、イギリス系カナダはケベックをとるかニューファンドランドをとるかの決断を迫られるかもしれないと述べた。ケベック州・政府間業務担当相のギル・レミラードは、「この国はニューファンドランドなしに楽に生きてゆける」と付け加えた。(34) ブシャードは、レネ・レベック［前ケベック州首相で独立推進派］は正しかった――ケベックにとって主権国家としてカナダと提携することが正しい道である――と宣言して、五月に辞任した。

これらすべてが進行している間、承認間際の五月になっても、半数以上のカナダ人がこの協約に関して、「ほとんど」か「まったく」知らないと言っていた。更に、大多数の人が、どうなっても大したことではないと考えており、ケベック州外では二十七％、州内では二十六％の人しか、この協約を「非常に大切な」問題であるとみなしていなかった。[35] そのような奇妙な状況は、一九八〇年代初頭の憲法論争を思い起こさせるものであった。当時、政治家とメディアが、祖国離脱（憲法を英国からカナダに持ち帰る）問題にばかり気を取られている時、平均的カナダ人は主に経済と失業問題に関心を寄せていたのである。[36]

連邦会議から帰ってくる州の政治家達の勝利宣言にもかかわらず、明らかな勝利でさえも、基本的には「些事に関する勝利」のように思われる。我々が真に望むのは、「生存し、良い生活をすること」である。我々は、自分達の生活の質が脅かされていると感じる時点でのみ、州に、連邦政府に対して「一矢を報いて来てくれる」ことを望むのである。

そこで、明らかな疑問が持ち上がる。ケベックの問題は別として、州の政治家達は、いったい誰を守ろうとして躍起になって闘っているのだろうか。もちろん、先週ブリティッシュ・コロンビアに向けて旅立ったアルバータ人のためでも、今はトロントに住んでいるニューファンドランド人のためでも、プリンス・エドワード島に漕いで渡ったノーバスコシア人を守るためでもないはずである。州の政治家達は、自分達のタウンハウスをきれいに飾り付けているかもしれないが、その間に、彼らの借家人は出たり入ったりしているのである。一九九〇年代において、州個人主義は、カナダの政治の中で、不適当であるだけでなく、不必要でもある。カナダ人は、各州の政治家達が協力して、可能な限り最善の国を造った時にのみ恩恵を被るのである。

もちろん、明らかに、これまで言ってきたことはケベックにはほとんど当てはまらない。比率的に見て、ケベックを出入りする人口は全国で最低である。(37) ケベック州政府は、その比較的安定した人口のために、各州間の交渉においてかなりの責任を抱えている。

しかし、(州) 個人主義が他の九つの州の場合に不必要であったとすれば、ケベックの場合は、しばしばそれは非生産的であった。カナダ史を通じて、ケベック州の政治家達は、それが自分達にとって最高の利益となると思った時には、一貫して分離の脅しをかけてきた。一九九〇年代初め、ピエール・トルードーは、そのような傾向に関して自分の評価をずばりと次のように述べた。「私はケベックの民族主義者が嫌いである。なぜなら、彼らは潔く負けを認められないからである。…私の感じでは、ケベックの政治勢力が、泣き言ばかり言う、ゆすりを働く民族主義者達と歩みを共にしている限り、ケベックは決して真の成長を遂げないだろう。」(38)

ケベックは何か問題が起きると、別れると脅す結婚相手のようであったと言っても歴史的に言い過ぎではないであろう。公平に見るとケベックにも言い分があり、全国の関心を集めるためには、時々そのような戦略が必要であったかもしれない。しかし、別れると脅すことが結婚生活をつらいものにするように、国家生活の助けにもならない。どのような集団生活も、当事者が逃げないことを決め、次に問題解決に向かう時に、初めて可能になり生産的になる。ケベックや他のどの州も、問題を反対方向から攻めるならば――問題が解決されれば参加するという態度をもって――当然終わりのない緊張を引き起こすことになる。ミーチ・レイク以後は、単にごく最近の

「結婚の危機」に過ぎないのである。

間断ない離婚の脅しに疲れ果てて、相手は次第に努力しようという意志を失う。長い間懸念されていたケベックの離脱の可能性は、苦痛をもたらすと同時に、かなりの安堵感をももたらした。カナダ人は、ケベックの脅しにますます嫌気をさす兆候を示している。結局、どの州も同じ不平を言うことが可能であるからである。一九八九年末の『マクリーンズ誌』の全国調査によると、ケベックが分離を求めた場合、ケベック以外の全国民の半数だけが、ケベックにカナダにとどまるよう説得する努力をすべきだと感じている。改革党党首、プレストン・マニングの言葉を借りれば、「西部には一つの倦怠感がある。それは、カナダがケベックにコミットするよりはむしろ、ケベックにカナダにコミットするよう求める時期ではないかという感情である。」しかし、次の事実を見失わないことも大事である。一九九〇年代が始まった時点で、ケベックの住民の三十三％が、ケベック州がカナダから分離することを期待すると述べている一方、ケベック以外ではその数字は、たかだか二十％に過ぎない。(39)

とは言え、個人主義が蔓延している文化においては、人々の生活に何も寄与していないとみなされる個人や州は、長くは大目に見てもらうことを期待できない。ケベックもその例外ではない。その相互作用として、ケベックの個人主義が最終的に州を動かすかもしれない――カナダ連合の内か外のどちらかへ。

人間不在の政治

個人のレベルでは、カナダの政治は、利己的な目的のための利己的な手段になってしまった。カナダ人の間で、党より人を支持し、団結して自分達の共通の利益を追求する傾向が増していることは、自己利益の政治化という現象をよく物語っている。

メディア、教育、宗教といった他の分野で跳梁している消費思考は、政治の舞台にも蔓延している。カナダ人は、自分の利益を最大限に守ってくれる候補者を選び、州のレベルと連邦のレベルで異なった政党を支持することなど何とも思っていない。党の綱領、優先政策、実績などは、多岐にわたった人々の個別の利害を満足させられるわけがないからである。徹底した政党支持者のみが、これらすべてを堪え忍び、頑張るであろう――しかし、ここでも反抗的な離脱者が一人や二人出ることはまれではない。

それ故、候補者達は、しばしば党旗を掲げるか隠すか、すなわち、連邦レベルの党と州のレベルの党のどちらに同調するか、またどちらと距離を置くか、の板挟みに悩む。明らかに、主要な政治的ジレンマは、どうしたら多様で利己的な有権者達を満足させられるか――あるいは、少なくとも、彼らに、満足させられているという錯覚を起こさせるか――ということである。政党の支持があってもなくても、それに成功する者が選挙に勝つのである。最悪の場合、政治家は有権者に自由を奪われてしまう。ドナルド・ジョンストンは、政治家は世論に敏感であると述べ、「原理・原則ではなく、世論による政府が政治的現実である」と付け加える。(40) ある観察者達は、例えば、オードリー・マクロクリンの新民主党指導者としての出現は、党のあまり高尚でない動機から生まれたものと見た。『バンクーバー・プロビンス紙』は、全国党大会の最中に、一人の国会議員が投票未決定の一人の男の代表者に、もしマクロクリンが党首に選出されれば、女性であるために、党の支持率が自動的に五％上がると言ったと報道した。同日載ったある社説には、「彼女が北米で主要な国家政党の党首の地位を獲得した初めての女性であるということは、平等の原則に対する積極的な対応というよりはむしろ御都合主義の公認である」と書かれていた。たぶん、これは言い過ぎかもしれないが、それでも、我々に、政党が「市場に敏感」であることを思い起させてくれる。(41)

急激に増加している利益団体は、議員に陳情運動を繰り返す。ある人達は、そのような団体の存在は、社会がより理解のある社会である証拠であり、カナダ人は大切な社会変化を引き起こすべく団結していると論ずるかもしれない。そのような解釈に従えば、環境、平和、中絶問題に関心を持っている人は、他の人のことを気遣う人であるということになる。

明らかに、デモ行進をし、陳情活動をするカナダ人の中には、利他的で、未来の世代にとっての環境破壊、戦争と圧政によって生活を分断された人々にとっての平和、未生児にとっての中絶、がどんな意味を持つかに関心を持っている人がいる。しかし、同様に明白なことは、しばしば利益団体が、自身の中核グループ以外の人にはほとんど関心を示さないということである。多くの人が陳情活動をするのは、成功すれば、直接自分自身が利益を受ける立場にあるからである。豊かな者は、きまって豊かな者のために、少数団体は少数団体のために、学生は学生のために、というように陳情活動をする。『マクリーンズ誌』のクリス・ウッドは、一九五〇年代と六〇年代に生まれた人達が、どんなことに最も関心を持っているかについての最近の調査結果を振り返って、「ベビー・ブームの世代は、急速に以前持っていた理想主義を放棄している。…今では、彼らが発言するのは、近隣の安全、きれいな空気と水、保育と職場での平等というような身近な問題について関心を持っている時である」と書いている。デシマ社の世論調査員、ブルース・アンダーソンは、「それが理想主義だということは分かるが、一皮むけば、それは私中心主義なのである」と喝破している。[42]

このような一見正常に見える「党より人に投票する」、そして「自己の目的のために陳情活動をする」というパターンは、次の明らかな理由で、社会生活にとってはっきりとした欠陥になる。それは、主な目的が個人の福利にあり、社会の福利という点についてはその関心は疑わしいからある。政治が個人の利益を実現するための手段に堕落する傾向は、大きく広がっている。もし、個人と社会の最適な福利がこの国で経験されるはずであるならば、このような過剰な個人主義の表現は反対されなければならない。

一九九〇年初めに、コラムニストのキャロル・ゴアは、カナダは現在、急性の自己没頭症にかかっていると書いた。「これが我々が待ち望んでいた春なのだ」と彼女は書く。「核戦争の脅威は遠退き、兵士は国に呼び戻され、弾圧政権は崩壊しつつあり、民主主義が至る所で発生している。それなのに、ここカナダでは、我々は、まだ自身の憂鬱な一室に閉じこもっている。」ゴアは、我々の政治家達は、六月までに憲法を改正しなければ、国は分裂するということを我々に信じさせたと指摘する。利率は高く、行く手には、反対すべき、物品・サービス税が待ち構えていた。このような問題を一緒に抱えて、我々は、悲観して当然というように感じさせられた。ゴアは次のように直言する。「これはばかげている。我々は逆境の被害者ではない。我々は、修辞過多、自分に課した締切り、集団記憶の欠如、の被害者である。」民主的連合国家を創造しようとして闘っているゴルバチョフや、南アフリカの人種差別を解体しようとしているデ・クラークや、アメリカ経済の根幹をなす産軍共同体を縮小しようとしているブッシュや、ドイツを再統一しようとしているコールとモドロウのような人が直面している難問には驚嘆すべきものがあるとゴアは述べる。そして彼女は次のように結ぶ。「未来の世代は、一九八〇年代末期と九〇年代初期を振り返って、人類史上希望と動揺の時代、最も興奮の高まった期間の一つとみなすであろう。そして次にカナダを見て、世界で最も富裕で、自由な国の一つが、自分個人の嵐の雲の下で、濡れて、寒く、迫害されたように感じているのを見出すであろう。そして彼らは、理解し難いとばかりに頭をかしげるであろう。」(43)

我々が個人と選択という考えに取りつかれていること、すなわち、モザイクの狂気は、かなりの代償を要求している。それは、我々の毎日の対人関係、最も個人的な人間関係、組織参加に悪い影響を与えている。その狂気は、非常に破壊的で、我々が、可能な限り最高な質的生活を個人としても集団としても経験することを妨げている。しかし、その狂気が存在することを認識することが、その終焉への始まりを画すのである。社会正気を取り戻すのはこれからでも遅くはない。

第8章　より良いものに向かって

ある人達は今日のカナダを見て、我々の「失楽園」を多少でも取り戻すために、昔に戻させたいと思うだろう。しかし、これまで見てきたように、そのような見解に伴う問題は、その過去も、楽園からは程遠いものであったことである。それ故に、一九五〇年代以降における個人及び公正の強調は、極めて重要な役割を果たしてきた。それは、広範囲にわたる解放と希望をもたらしたのである。

このように、我々の所有していたものが満足できるものではなかったのであるから、社会問題解決の糸口は、過去や我々が得たものの中には見付からない。解決策は、未来、そして我々がこれから得るかもしれないものの中に存在する。我々は、既知のレベルを遙かに凌ぐ質の高い生活を追求するために、これまでの中で最善のものと、今持っているものの中で最良のものとを組み合わせる必要がある。

我々の問題は自由そのものにあるのではない。我々は、個人としての可能性を実現するために自由を必要とする。そうして初めて、社会は全体的に利益を得る。我々の問題は多元主義にあるわけでもない。互敬精神の風土の中で、様々なグループの様々な貢献が、社会生活を豊かにする。また、我々の問題は個人主義そのものにもない。社会生活は、個人の固有の貢献から得るところが多い。我々の問題は相対主義それ自体にもない。人生における多くの事柄は相対的であり、もし我々が探求心と寛大さのある環境を持てなければ、社会生活は成り立たない。

カナダにおける問題は過剰にある。個人の自由は、しばしば社会責任を伴わないある種の個人主義の形をとる。多元主義政策は、最良の個人生活及び社会生活を築く基礎として機能するというよりは、それ自体が目的となる。更に、一般に広まっている相対主義は、洞察力を阻喪し、性急に評価を放棄することによって、盲目的に選択の自由を認めることになる。

まさに、我々に、より良いものへ移行する時期がやってきたのである。今や、カナダにおいては、個人にとっても組織にとっても、いくつかの本質的な社会的及び個人的目標を確認することが焦眉の急となっている。

自分が何を望むかを明らかにする

問題の本質

国際的な世論調査の結果は、世界中の人々が二つのことを望んでいることを、常に示している。人々は生きていたい、また、豊かに暮らしたいと思っている。[1] カナダ人もこの例に漏れない。ところが、可能な限り最高の生活を追求することに総エネルギーを費やすことよりも、国を挙げての共存至上主義の方が優先されてしまった。一九九〇年初頭のある会議で、ある一人の連邦政府の役人が私に、カナダにおける多元主義というのは、基本的には「我々は、お互いに干渉してはいけない」ということを意味するのではないかと言った。それは、人々を鼓舞するような国家的目標とは程遠い。

共存という目標を受け入れる過程で、我々は手段が目的を葬ることを許してしまった。例えば、二言語併用主義は、単にフランス語を話すカナダ人と英語を話すカナダ人を共存させることを意図してはいなかった。望まれたのは、二つの主要言語グループが、可能な限り最高の社会生活を築くために力を合わせてゆくことであった。また、多文化主義の目標は、単に雑多な文化集団の共存を認めるものではなかった。その夢は、様々な集団が、それぞれの一番優れた文化遺産を持ち寄り、まさにその文化的多様性故に、カナダをより豊かな国にすることであった。権利と自由の憲章は、単に個々のカナダ人を保護することを意図しただけではなかった。期待されたことは、そのような保護が、個人的、地域的、国家的、世界的な、あらゆるレベルにおいて、生活の質的向上を生み出すことでもあった。我が歴史は、我々に多元主義社会を造ってくれた。二言語併用主義、多文化主義、そして憲章は、その歴史的現実を認め、共存を可能にする。

カナダ人が一番欲しいもの

「とても重要」と答えた人の割合（%）

	カナダ全体	ブリティッシュ・コロンビア州	草原州	オンタリオ州	ケベック州	大西洋沿岸諸州
自由	87	92	90	86	85	83
家庭生活	86	77	93	90	80	87
愛されること	82	81	86	82	79	84
友情	77	79	76	78	78	79
快適な生活	67	65	65	71	58	76
成功	60	52	61	62	59	65

出典　一九九五年プロジェクト・カナダ

一つの目的を伴った政策

二言語併用主義、多文化主義、自由と権利の憲章、それ自体にはまったく問題がない。それらは極めて重要な積木のようなものである。問題は、建物が積木の総和に過ぎなくなっているという事実にある。我々は、（いまだに）共存のレベルにとどまっている。我々は、二つの公用語、多様な文化、個人の権利という点においては勝利を見た。共存が、我々の国民的な関心事になり、平等さの度合いが、如何に我々がうまく共存しているかのバロメーターになった。

その結果、政府、メディア、利益団体、学者達は、一九九〇年代に入っても、我々が平等さを追求しているか否かに異常なほど監視の目を注ぎ続けてきた。より良い教育を受けた若者達は、不平等な、また不当な処遇に対して真っ先に敏感になり、その先駆となった。ニューファンドランドの突端から、ケベックを通り、ブリティッシュ・コロンビアの最西端に至るまで、カナダ人は、生きていたい、いい暮らしをしたいと願っている。我々が、国家的、組織的、個人的なエネルギーを向け直すことを切実に迫られているのは、まさにこの幸福な生活という目標に対してである。

今求められているのは、奇跡的に国を一つにまとめるような、ある種の国家主義的な熱情を吐露することではない。ことは、ただ単に「偉大な国家を建設する」ではすまされない。そのような目標を設定することは、不適当な国家観を他のそれと置き換えることに他ならない。共存では十分ではない。国家主義でも十分ではない。カナダ人を「発奮させ」、また、一つにまとめる可能性を約束するものは、個人的にも社会的にも可能な限り最高な生活をみんなで追求することである。意識的に集団として幸福な生活を希求する時、初めて、多元主義はその意義を見出すであろう。

福利追求を目的とした多元主義は、潜在的に影響力の強大な政策である。それは、社会の多様性を認めるだけでなく、更に、可能な限り最高の質の良い生活を享受するために、様々な人が共に努力することができる、自由で寛容な環境を保証する。差別と不平等がその行く手を阻むことは許されない。しかし、差別と不平等は、いまだに、福利という夢そのものに対してではないが、その実現への障害となっている。二言語併用主義は、単に個人が言語能力拡大のために二つの言語を学ぶという以上の意味を持っている。多文化主義は、単に芸術祭や食品見本市を意味するだけではない。権利の憲章は、自由を許可する免許状以上の意味を持つ。

我々には夢があり、そして作戦計画もある。福利の追求にとってとりわけ重要なことは、個人と集団との間に均衡を見出すことである。異なった視点を持つことを奨励する前に、どの見方が最良かを見分けなければならない。個人の自由を可能にする相対主義と個人主義には、平衡関係が保たれていなければならない。そうでないと、社会生活は耐え難いものになってしまうだろう。

そこまでの道程──均衡

イギリス自治領カナダ連邦成立後の最初の百年間、カナダ人は集団に対して過度の注意を払った。一九六〇年代の初期から、我々は個人に過大な活動の自由を与えてきた。それで、天秤操作をより上手にしなければならない。誰もそれが簡単にできるとは言っていない。例えば、マーチン・ルーサー・キングは、相反するものを混ぜ合わせる必要性を強く説いたが、理想的な均衡状態が、実際には非常にまれであるとも指摘した。キング曰く、「一般に、理想主義者は現実的ではなく、現実主義者は理想主義的ではない。また、好戦的な人は、概して受身的でなく、受身的な人は好戦的ではない。謙虚な人はめったに自己主張をせず、自己主張をする人は先ず謙虚ではない。」それにもかかわらず、「生活が最高潮に達した時というのは、相反するものが創造的に統合されて、実りの多い調和状態にある時である」から、やはり均衡状態が追求されなければならないとキングは述べた。(2)

国境のこちら側では、ピエール・トルードーも、個人を非常に強調しながらも、均衡を取ることも説いていた。彼は、個人の独立を侵すことなく体制の権力を正当化する必要があるなら、「哲学が辿り得たもっとも有益な結論は、人は個人の独立か権力かという選択のどちらからも等距離を保たなければならないということである。権力が強過ぎても、弱過ぎても、それは自由の終焉を意味する。なぜなら、圧制は、秩序の欠如からも、大衆による暴政からも生じるからである。」と指摘する。(3)

カナダにおいて、個人と集団の間により良い均衡を保つことが焦眉の急となっている。そのような均衡は、社会的な贅沢品ではなく、時が経つにつれて、それはますます社会の必需品になるであろう。蔓延する個人主義に直面して、全国津々浦々の人々は、一つの重要な基本的事実を思い起こす必要がある。それは、幸福な生活を得るために、カナダ人はお互いを必要としているということである。そのような現実認識が、我々を良い人間関係に置く。我々の祖先がこの地球上に最初の頼りない一歩を踏み出した時から、彼らは一緒に固まっていれば、生存しやすく、暮らしやすいことを知っていた。大勢の中にいれば、安全と支えがあった。集団生活は、感情的、性的、精神的満足も与えた。

我々の先達は、我々が知っていること――個人の福利は社会を離れては存在しない――を知っていた。それどころか、個人の福利は良い社会的環境の産物なのである。今日、個人の福利とは、良い人間関係、家庭生活、学校、職場、地域社会、国家、良い世界を意味する。あの人類初めの祖先達は、疑いなく、一つの事実関係――個人の福利は、また、社会の繁栄の源泉であること――を把握していた。幸福であり、人生にも満足を感じているカナダ人は、集団生活に積極的な貢献をすることができる。前向きで、積極的で、物事に熱意のある人々は、他の人に何らかの形で刺激を与える。彼らは、活性剤の働きをする。彼らは人間関係を促進し、組織を豊かにしてくれる。その影響力は大きい。

社会の組織化がうまくいっている場合、たいてい、異なってはいるが、相互に補完し合う、個人の多様な貢献がその特徴となっている。我々の能力、教育、才能は大きく異なっている。しかし、その多様な要素を結集すると、個々の分離した部分の総和より大きなものを生み出す。

更に、人類の進歩は、文化と個人との相互作用に依存している。集団は累積した知識を伝え、次の世代はそれを基礎にして、それまで存在しなかったものを創り出すことができる。創造性はすべての者が得意とするところではない。社会学者のチャールズ・クーリーは、社会生活における受与の過程で、個人はほとんどの場合受け手の側に回っていると言う。(4)

しかし、もちろん、「与える」人もいる。思索し、創造するという人間の能力は、貴重な科学的、技術的進歩をもたらしてきた。我々は、我々の世界、更には宇宙についてもかなりの理解を深めた。この地球はより管理しやすく、身近なものとなり、我々の生活はより健康的になり、長生きもでき、生きていくのもより容易になり、問題も少なくなっている。少数の個人が思索し、創造し、残りの我々はその恩恵を被っている。

しかし、我々は皆、現実がそれほど甘くないことも知っている。他のどこでも同じであるが、カナダで社会の一員になるには、ただでというわけにはいかない。集団生活から得る利益には、個人的な値札が付いている。我々が対人関係を持ち、集団に加盟する時、我々は自由と財産の一部を放棄しなければならない。社会生活は、集団生活を可能にするための指針を必要とする。友情には信頼が、結婚には誠実さが、組織には良心が、社会には従順さが必要とされている。更に、カナダでは、どのレベルの集団でも、自ら欲するものを手にしたいと思ったら、人々は責任を負わなければならない。カナダ人はまた、財産を寄付しなければならない。それは、前時代においては物品であり奉仕であり、現代においては税金や付加税やその他多くの税金である。

個人と集団間の均衡の必要性は、再確認されなければならない。なぜなら、蔓延する個人主義は社会生活を崩壊に導くからである。それは、人との交わりを空しいものにし、人間関係を貧しいものにし、家庭生活を不安定なものにし、職場を非生産的にし、教育を注文あつらえ的なものにし、宗教を商品化し、市民権や地域社会参加を利己的な目的のための手段そのものにしてしまう。

それは、また、次の世代に大きな損失をもたらすことになるだろう。これをはっきり説明するには、環境問題を見るだけで十分であろう。テレンス・ペネルハムは、例えば、最近の水質汚染は、我々の後継者が水をきれいに保つことを、現代より一層困難にするだろうと指摘する人達の一人である。彼は、「我々の行為の結果が他の人々に引き継がれる」ことを我々に思い起こさせ、「それ故、彼らは白紙からではなく、もっと後退した所から始めることになる」と述べている。もし我々が、責任を持って行動しなければ、被害があまりひどくなり過ぎ、「我々にとっても、我々の子孫にとっても、修復不能な状態になる」段階に達してしまうかもしれない。(5)

個人と集団との均衡は、その数多くの特徴と関係付けられるであろう。私は簡単に次の四つ——オプティング・イン（自主的参加）、問題解決、コミュニケーション、アカウンタビリティー（義務責任）——に触れたい。

自主的参加

カナダ人は名うての日和見主義者である。我々の政治的関与は暫定的で、希薄であった。イギリス系のカナダ人は、郷愁の念から、イギリスとのつながりを断ち切って国家主権を主張することには、乗り気ではないことを表明した。ケベック州とカナダのそれ以外の地域との関係は、引き続き非常に暫定的である。他の州は、連邦主義にふさわしいと見られる用心深さを持って、相互の、また、連邦政府との関係を保っている。

そのような政治スタイルは、文化全体の中に溢れ出てきた。多くのカナダ人は保守的で注意深く、冒険には気乗りせず、自分の選択は確保して置きたがる。暫定性への国民的執着は、社会的、個人的福利の主要な障害となっている。もし我々が何を望むかを早く決めなければ、我々には集団的及び個人的エネルギーを向けるべき目標がない。このジレンマを要約する決まり文句は数えきれないほどある。例えば、「どこに行くのかが分っていなければ、そこに行き着くことはあり得ない」、そして、恐らく、カナダの例をもっと印象的に表すのは、「どこに行くのかが分からなければ、どの道を行ってもかまわない」である。

　この行動指針は、これまであまりに完全に支持されてきたので、あたかも法律のようになっている。社会的な関係は、我々がそれを機能させたいと決心した時に、初めて、機能する。同様にして、その関係が終わる時に関しても不思議なことは何もない。我々が関係を終わらせようと決心した時に、その関係は終わる。国際的に見ても、戦争は、当事国が戦争を始めることを選択した時点で始まっている。国同士が互いに平和を保っているとしたら、それはその国々が平和を選び、仲よくするための手段を講じるからである。国内的にも、連邦政府と州は、そう決心すればお互いに協力できる。

　同じことが良い人間関係にも当てはまる。人々がそう望めば、良い関係が持てる。例えば、精神科医のスコット・ペックは、愛は決断であるとさえ言う。彼は愛を「自己、または他者の精神的な成長を育むために精いっぱい頑張ろうとする意志」であると定義している。それだけでは、愛は好ましい感情でも、依存関係でも、利己的な犠牲でもない、と彼は書いている。「愛は、感情的というよりも意志的である。真に愛する者は、愛そうと決めたから愛するのである。」愛は決断を要求する、なぜなら、それは相当のエネルギーを必要とするので、多くの人に与えることはできないからである。配偶者や子供と純粋な愛情ある関係を作ることができるということは、ほとんどの人が、一生を賭けて達成できる以上のものである、と述べる。(6)

先に、人間関係について述べた時に、私は、頻繁に人間関係をかなり利己的にする新しい「自律性モデル」と同じく、しばしば女性のことを無視する古い「融合モデル」の両方に対して、批判的であった。ペックの考えに従うと、カナダにおける人間関係はしばしば問題になる、というのは、我々が、愛していると言う時、我々の多くが考えているのは、愛されていることであるからである。我々が選ぶ人々は、我々を、幸せで、いい気持ちにさせてくれ、面白くて、刺激を与えてくれる人々である――すべての特徴が、彼らが我々に何を与えてくれるかを反映している。我々は、めったに、彼らに何かをもたらすことができるかもしれないというふうには考えない。カナダ式結婚は、お互いを愛するという決断というよりは、お互いの愛を受けるという決断を象徴的に表すことが多い。

そして、約束された品物が出て来そうにないと、相互の利己心に基づいた関係は失敗する運命にある。我々は、もう、「愛されている」――すなわち、幸福で、楽しく、わくわくした――と感じなくなると、我々はもはやその関係を望まなくなるのである。これと対照的に、ペックが述べているような形で、二人がお互いに愛し合いたいと決断する時には、関係はそんな簡単に結ばれたり切れたりしない。問題解決的見通しが働き始めるからである。社会的な関係は、我々がそれを本当に機能させたいと決める時に機能する。

同じ原理が、社会の色々な問題についても当てはまる。一九三六年に、アメリカの社会学者、ウィラード・ウォラーは、社会問題について、深く考えさせられる評論を書いた。彼は、もし我々が、社会問題——貧困や住宅不足を含む——を本当に解決したいと思うなら、可能であると述べた。しかし、我々はそうはしない——なぜなら、そうすることが、すべての人にとって一番得になる選択ではないからである。(7) ある人の問題は、他の人にとっては好機である。映画『天使に御用心(*Limit Up*)』の中で、商品取引を教える人が言うように、「問題は食料の不足ではなく、金銭の不足である。もし、貧しい人々に金があったら、我々は喜んで彼らに食べ物を与えるだろう。」

カナダの国家統合は可能である——もし我々がそれを望むなら。良い人間関係や満足のいく組織的経験も可能である——もし我々がそれを望むのなら。我々が個人生活及び社会生活において最善を求めることを決意することが、その実現への第一歩なのである。

単なる共存を超える生活は可能である。もし我々が、地球的、国家的、制度的、個人的レベルで、可能な限り最適な生活を実現すべきであるなら、出発点は、我々がそれを求めたいと決意することである。

問題解決

我々が、集団生活が「うまくいく」よう望むことを決意する時、それを成し遂げるためにエネルギーを注ぐことが可能となる。その過程で最も大切なことは、問題解決的見通しである。そのような見通しを持つ人ならば、問題は避けられないが、解決可能であると認識する。

ここで再び、ペックの言葉が役に立つ。彼は自著の『愛と心理療法』を、「そもそも人生は困難なものである」という言葉で始めている。(8) 彼は、我々が、いったん、問題というものを、異常なことではなく、人生の自然な、必然的な部分であると了解すれば、我々のエネルギーを、それに驚き、腹を立てることから、それに対処することに注ぐことが可能になる。

問題解決的見通しを持つ人々は、生きるということは、その道程において諸問題に遭遇することであると認識している。それらの問題は、我々を意気消沈させ、絶望に落とすような、日々見慣れたレーダースクリーン上の、予期せぬ機影ではない。むしろ、人生の本質から当然起こるべくして起こるのである。我々は、問題が起こるたびに、解決しようとする。問題に対する最初の反応は感情的なもの――失望、怒り、痛み、後悔――である。しかし、すぐさま出てくる次の反応は、「それをどうしたらいいか」である。

生産的な個人生活及び集団生活は、そのような考え方によって特徴づけられる。カナダ人には、社会生活のあらゆるレベルにおいて、――家庭生活、友情、人間関係、組織との関わりを通じての毎日の対応から、州や国家の領域における政治生活に至るまで――問題解決的見通しが必要である。それは、ある程度、明らかに存在する。が、そうでないことも多い。サービス業に従事している多くの人々は、例えば、問題解決よりも、問題そのものに焦点を当てることがうまい――「エンジンがいかれています」、「飛行機に間に合わないでしょう」、「必要な身分証明書を持っていらっしゃらないので小切手を現金化できません」、「棚に見付からなければ、うちにはないんでしょう」等々。彼らは、我々に、事実、問題があるということを気付かせることに長けている。

専門職の人々も決して例外ではない。学校の先生や大学教授は、学生の成績の悩みに対して、時折冷淡で、無関心な態度で応対する。医者はしばしば、患者の予定などお構いなしという態度をとり、ほぼ決まったように定員以上を受け付けて、言葉通りぴったりの「待合室」と称する家畜の檻のような場所に患者を長い間待たせる。

このような人々と好対照なのが、我々に、問題があることを知らせ、それについてどうしたらよいかを見付けようとしてくれる人である。「車はちょっと問題がありますが、修理できますよ」、「搭乗ゲートに電話して、お客様が今向かっていることを知らせておきます」、「上司に相談して、その小切手をなんとか換金できる方法があるかどうか調べてみましょう」、「棚にないようでしたら、ちょっと裏にあるかどうか見てきましょう」、「その成績を変えられるかどうか検討してみよう」。問題解決的志向を持つ人は、少なくとも、「うまくいくかどうか分かりませんが、できるだけのことはやってみましょう」と言ってくれる。

「生活をうまくいかせる」というような決定がなぜそれほど大切かというと、それが、我々を問題解決的思考に変えるからである。積極的な姿勢は、我々の選択故存在する。例えば、父親あるいは母親として、我々は、「私の幼い息子や娘がいい子だったら、あるいは機嫌が良かったら、面倒を見よう」などという立場は取らない。むしろ、「この子達は自分の子供だから面倒を見よう」という態度をとる。二人の政治家は、交渉のテーブルからいとも簡単に席を蹴って退場することができる。しかし、もし彼らが、何があっても、困難な政治問題への解決策を見出そうと決心していたならば、そのような行動は取らないであろう。

一方、例えば、我々が親といさかいを起こす場合、それは、ある出来事、あるいは、一連の出来事のせいでは決してない。それは、我々が、出来事にどう対応するかを決定したからである。関係は、ある時点で問題解決をあきらめ、関係が悪くなってもよいと決めるために、おかしくなる。もし我々双方が、良い関係を保とうとする決意を再確認することを選択するならば、その関係は互いに満足するものであり続けるだろう。

カナダにおいて、意見の相違や敵意が存在する所――各州の間、文化集団の間、男女の間、中絶賛成・反対団体の間など――では、どこでも、肝心な問いかけは、「問題は解消し得るか」ではなく、「我々は問題を解消したいか」である。我々が問題解消支持を決定すれば、問題は解決される。このルールに例外はない。

カナダは神経過敏な国である。我々は、対立の兆し、不平等な処遇に関する訴えに対して常に警戒をしている。そのような姿勢は、主に、お互いに何とかうまくやっていくこと以上の国家的な夢がないことの所産である。その結果、我々は人種差別、性差別、不寛容、偏狭さに少しでも似ているものは根こそぎにすることに、多くのエネルギーを費やしている。公平採用（政策）に関する問題は、カナダでは「ニュース」を代表し、メディアからかなりの注目を集めている。カナダはいつも変わらず自身を気遣っている国である。我々は、共に人生を生き抜くことよりも、絶えずお互いの関係に焦点を当てている夫婦のようなものである。

我々には両極端の立場を取る傾向もある。カナダ人は、次のように分類されて垣根の両側に整列する――女性対男性、少数派対多数派、地域対地域、労働者対経営者、人工中絶反対派対人工中絶容認派、人種憎悪犯容疑者対人種憎悪者憎悪犯容疑者。そのような勝ち負け思考は、社会生活を不快なものから耐えられないものにしてしまう。それは、勝者と敗者を作り出すことになる――エリート主義の名目で作り出された結果と何ら変わりない結果を平等の名のもとに作り出す。

国家の形成に取り組み始めた時から、我々には、解決策より、むしろ国家的問題に焦点を合わせ、また、良い生活を取り入れていくというより、何とか暮していければ良いと説く傾向があった。更に、その傾向は見え見えである。アメリカの社会学者、シーモア・リプセットは、カナダの文献を調べた後で、カナダ人には、彼の言う「敗北者意識」のようなものがあると述べている。また彼は、カナダの作家、J・M・S・ケアレスを引用して、それと対照的にアメリカ人は、「どこかに陰謀がない限り、負けることなど想像できない」と言う。リプセットは、カナダの月刊誌、『サタデイ・ナイト』が、一九八六年新年号で、表紙のタイトルに「すばらしき敗北者――カナダの伝統」と載せていたことを指摘する。

国家的に、個人的に、我々は問題解決的見通しを必要としている。余りにも長い間、我々は、国を一つにまとめることで満足してきた。我々の多くは、自分自身の問題による犠牲者のようにふるまってきた。我々は、問題解決的志向を浸透させるようもっと努力しなければならない。西海岸から東海岸に至るまで、人々は、「我々はこれに関しては皆一緒である」ことを学ばなければならない。カナダを良くするためには、我々はもはやお互いを戦わせたり、自分だけの権利を要求したりしないことが必要である。モントリオールの虐殺された女子学生達の葬儀で、学生組合委員長のアラン・ペローの訴えは、ノートル・ダム大聖堂のホールを遥かに越え、また、性差別だけの問題を越えて、聞かれるべきである――「協力し、団結し、…共に希望を見付けよう。」

カナダ人には、社会的、個人的な問題は必ず起こるが、協力することによって解決できるという基本的な考えを植え付けることが非常に重要である。一九八九年八月、ポーランドの首相に選出された際、ソリダリティ（連帯派）活動家のタドゥー・マゾビッキは、前共産主義政権の閣僚と握手を交わし、「私は、協力に期待している。対抗者を排除する目的を持った闘争の原理は、協力に取って代わられなければならない。さもなければ、我々は、全体主義体制から民主主義に移行しないだろう。」(9) 一九九〇年二月、フィル・エドモンストンは、ケベック州に初めて新民主党連邦議席をもたらす圧倒的な勝利を得た際、こう述べた。「この結果ほどケベック人の寛容さを示す良い証拠があるだろうか。我々は、カナダ人、フランス系カナダ人、イギリス系カナダ人として、我々を隔てるものよりも遥かに多くを共通して持っているのであるから、共に偉大なカナダを建設しよう。」(10)

今や、地方、地域、国家を通じての直接的な人間関係から、地球規模にわたる人間関係においいて、問題解決的見通しを持つことが焦眉の急となっている。

【顕著な実例　ケベック州】カナダの生活の中で、ケベック州分離の可能性ほど、人々を感情的にする問題は少ない。まさにその考えそのものが、メディアが率先して分離は危機と同義であると宣言することと相俟って、イギリス系カナダに警鐘を鳴らした。ケベック州の多くの政治家やその有権者は、この考えを勝ち誇った態度で取り上げる。一九九〇年六月下旬に発表された、ケベック州の将来は今後、超党派の委員会によって討議されるという声明は、多くのケベック人から熱狂的な歓迎を受けた。その他の地域は、不安を隠せない無力な傍観者の役割を演じているように見えた。ケベックの下院議員は――毎日のように自由党からも保守党からも辞めていくように思われた――新たに見付かった自由を宣言して離党した。その短期的な影響は何か。フランス系カナダでは盛り上がる気運、イギリス系カナダでは麻痺状態である。

熱狂と歯ぎしりの真っ只中で、誰かが、危機は存在しない、という声明を出す時が来ている。唯一危機があるとすれば、それは、我々が作り出したものである。

歴史の現時点において、ケベックは再び選択を検討している。他のどの州も同じ特権を持っている。だからケベックが、特別、勝ち誇ったり、鼻持ちならない態度を取ったり、分離を威嚇の手段として使ったり、訪問中の英国女王に失礼な態度を取ったりする必要はない。あとのカナダも、姉の一人を必死になって家に引き止めようとする、甘えん坊の、めそめそ泣く弟妹の役割を演ずる必要はないのである。

一般の思惑とは異なり、ケベックの、その将来についての考えは、カナダにとっての危機を意味しない。警世家の無責任な発言にもかかわらず、また、ケベックがどういう決断を下そうとも、カナダは存在し続けるであろう。

問題解決的な見通しは、ケベックに、自身にとって何が最善かを注意深く考えることを求める――文化的、人口分布的な問題に関しての解決策を見出すために。その間、あとのカナダは、静観すべきである。もちろん、適切な範囲内で、カナダはケベックを失いたくないと主張する必要がある。しかし、ケベックが自ら望むものを実際に経験するためには、「家を出」なければならないかもしれない。あとのカナダはそれを受け入れる覚悟をしていなければならない。

ケベックには、自らにとって何が最善かを決めるために、時間が必要である。一度その決定がなされたら、他の地域も「新しいケベック」との可能な限り積極的、かつ生産的な関係を発展させながら、同じように問題解決を図る必要がある。

ケベックの状況は、カナダの危機を象徴するものではない。危機は、我々がその状況を解決可能として取り扱い損ねた時に生まれる。そのような場合、我々が御執心である虚構の「到来する大惨事」は、自ずから実現し、不安や苦痛を引き起こすであろう。が、そうなる必然性はない。

コミュニケーション

問題解決が実現するためには、コミュニケーション回線が作動していなければならない。コミュニケーションの大切さはよく理解されているようである。我々は、互いに話し合い、耳を傾けることがなければ、集団がうまく機能しないことを知っている。向い合っての対話を超えて、集団は、コミュニケーションや協同を図ろうとする中で、幅広く印刷や電子メディアを利用する。良いコミュニケーションの必要性は、様々な社会状況——夫と妻、両親とティーンの子供、雇用者と被雇用者、政治家と有権者——の中でかなりよく理解されているように見える現実である。

まさに、二方向的コミュニケーションが、余りにも数多くの集団的状況において強調されているため、一つの極めて重要な領域においてコミュニケーションがなぜそんなに顕著に欠如しているかは不可解である。我々はそれを、「国家的例外」と呼ぶことができるであろう。コミュニケーションの理想は、多数派と少数派が接触する時、棚上げされてしまう。このようなことを言うと変に聞こえるかもしれないが、言うべき時期に来ている——カナダでは我々は話すことができない。コミュニケーションの規則はよく理解されている——社会的に不利な立場に立たされていると感じる少数グループは、率直に意見を述べることを許されるが、多数グループにはそれが許されない。

では、具体例を見てみよう。

エライジャ・ハーパーが、マニトバ州議会によるミーチ・レイク協約可決を引き延ばすことに成功した主な理由は、誰も先住民の「悪口を言う」ことができなかったからである。もうそろそろ自分達をごまかすのはやめよう。かなりの数の人々がかんかんになっている。もし、州議会の中の若者支持派、人工中絶容認派、あるいは宗教振興派の一員が、自分の主義・主張を売り込むじような非難を向けるのは容易ではない」と書いている。[11]

ために同じ戦術を使ったならば、彼らはとてつもない攻撃を受けたことだろう。しかし、カナダでは、少なくとも公には、少数グループは攻撃されてはいけないのである。ある通信社系列のコラムニストは、英国系カナダ人多数派の役割が、実質的な傍観者のそれに縮小されてしまい、最も過激なケベックの愛国主義者達でさえも突然絶句したままになったと述べた。彼は、「(ケベックが）英語使用者の多数派にひどい扱いを受けてきたことに、非難を浴びせることは、それとして」、「話の途中で、切り替えて、控え目な一人のクリー［先住民の一つのグループ］に対し、同じような非難を向けるのは容易ではない」と書いている。[11]

　前述のコミュニケーションの規則にのっとって、もし先住民が住居を手に入れようとする際に、差別されていると感じたら、彼らは記者会見を開いて彼らの懸念を公表できる。もしユダヤ人組織が、反ユダヤ人主義が増加の傾向にあると思ったら、新聞発表をすることができる。もし女性が今職場で差別を経験していると思ったら、彼女らは記者会見を持つことができる。もしシーク教徒が職場でターバンを着用したかったら、メディアに訴えて、彼らが遭遇した反感に関する懸念を表明することができる。

　しかしながら、そのようなコミュニケーションはすべて一方通行である。もし、関係している多数派が、少数派の主張に賛成しなければ、人種差別主義者とか狭量な人などというレッテルを貼られる。皆さん、ちょっと、先住民は差別されていないと言い張る市長、反ユダヤ人主義は増えていないと言うカトリック神父、女性は職場で平等に扱われているとほのめかす男性、そして市警察内でのターバン着用を好まない警察署長などを想像してみて下さい。

カナダ人は、多数派が率直に意見を述べることを許さない。そして、我々は、少数派と多数派が互いに話し合うことを奨励しない。規範は集団間の積極的なコミュニケーションではない。むしろ、人々はメディアを通して意見を述べるのである。

我が国の社会的健全さを保つためには、市民的自由を超えて、すべてのカナダ人に、自分の考えを述べる機会が与えられることが必要である。もし、暗黙のルールが、虐待を受けていると感じる人だけに話すことを許すとすれば、我々は自分達の問題を解決できないだろう。それどころか、我々が育むのは、沈黙を守ることを余儀なくされている多数派の側につのる敵意である。

カナダ騎馬警察隊でターバンが着用される問題を取り上げてみよう。その提案に異議を唱えた西部カナダ、あるいは、その他のカナダ人は、首相を初め、レスブリッジ・ヘラルド紙の編集者に至るまでを含むあらゆる人から、人種差別主義者のレッテルを貼られてしまった。彼らは、本音を言うことを許されなかった。評論家の意見とは反対に、これには人種差別以上のものが含まれていた。例えば、トムソン紙のコラムニスト、スチュワート・マクラウドは、ターバン論争に決着がついた直後、個人的にはその結果について、「何ら強烈な感情」も持たなかったと書いた。「しかし、ひどい不公平だとショックを受けたのは、その変化に対するすべての反対者を、一種の人種差別に結び付けてしまう傾向が増していることである」と言う。人種差別的要素は、反対者側の一部にあったかもしれないが、「誰彼となく十把一からげに汚名を着せることは、伝統的なものに強い愛着を感じている人々に対するひどい仕打ちというだけではすまない…それは新しい潜在型の人種差別を助長することにもなりかねない」と、マクラウドは続ける。投書を寄せた人々は、自分達の意見が、人種的に動機付けられたものではないことを強調する文章を出さざるを得ないと感じた。多くの人は、明らかに誤解されることを恐れて、問題を指摘することにさえ消極的であった。

マクラウドは、西部以外の人々のほとんどは、西部のカナダ人がカナダ騎馬警察隊とその伝統に対して抱く特別な感情を理解することは決してなかったと述べている。彼は、元首相のジョン・ディーフェンベーカーが、馬を車として使っている「カナダ騎馬警察隊」を普通の「警察」に代えようという自由党の提案に反対したことを回顧する。ディーフェンベーカーは、激しい口調で、「州警察を持っているオンタリオ州やケベック州出身の大臣が優勢なこの政府は、我々西部の人間がカナダ騎馬警察隊をどう思っているかについて何も分かっていない――まったく何も」と言った。この変更案は結局承認されなかった。マクラウドは、次の点を鋭く指摘した。司法長官は、服装規制は特定の宗教集団を差別することになるので、自由と権利の憲章がその修正を義務付けると述べた。もしそうなら、「私には、あの伝統を重んじる、善意のターバン反対者は、彼らが筋の通った疑問を投げかける時、人種差別的非難を受けることを恐れる必要はないはずである…と思われる。」(12)

ほとんど忘れられたもう一つの重要な問題がある。我々が話をすることがそんなに大切であるのは、我々は、自分が思っているほどお互いをよく理解していないからである。型にはまった見方は数多くある。社会学者のジーン・バーネットは、例えば、少数民族集団は、実際、人口の三分の一を構成する同質的な統合された集団ではないと指摘している。彼らは極めて多様であり、必ずしもお互いに——あるいは多数派に対して——好感を持っているわけではない。翻って、バーネットが思い出させてくれたように、歴史的にイギリス系の人がすべて新移住者に対して敵意を持ったわけではないし、新移住者すべてがアングロサクソン系の人々を受け入れ、親切であったわけでもない。我々は皆ずいぶん異なっているからこそ、互いに話をしなければならないのである。(13)

我々が、カナダにおける最適な社会的結び付きを追求したいと心に決め、問題解決の姿勢に徹する限り、我々は話し合えるし、率直に話し合うことができる——我々の結び付きはすでに確立されており、何を言っても言われても、その関係には影響しないことを知っているから。

「それは、持ち出さないことになっている」というような暗黙の了解を破ることは、人を驚かすと同時に、新鮮で、価値あるものであり得ると私は思いたい。簡単に説明してみよう。長年、私は、社会学入門コースの一環として、集団間関係について一つのクラスを教えてきた。私は客観的な立場で、カナダにおける偏見や差別に関する教材を学生に示してきた。学生達は、かなり多くが先住民、アジア系、黒人であるが、お決まりのように傍観的で、黙々と講義内容を書き取り、答案用紙にそのままを書き込む。過去二年間、この決まりきったような手順を、鋭い批評や質問を差し挟んで、中断するようにしてきた。「我々は、次のような問題について話し合う必要がある。住宅及びサービスに関する差別の訴えは妥当か。文化的少数集団に属する皆さんの中に、誰か同じことが自分にも起っていると感じる人はいるか。その他の皆さん——多数派を構成する皆さん——研究者が皆さん方がやっているというような差別を、皆さん方や、皆さんの両親や友人が実際に行っているか。皆さんは、言わば生きているデータということになる。それについてはどう思うか。」クラスでの話し合いが始まりやすいように、時々、著名な少数集団の成員を連れて来たこともある。学生の反応は、最初、驚きと当惑であった。そんなに直接的であること――そう、それはカナダ的なやり方ではありません。私の意見ですか。我々は、こういう問題についてお互いに話し合わなければならないと思います。そうしないと、いつまでも消えない問題に関して対立したままになってしまうでしょう。

カルガリーの弁護士、ロン・ギターは、最近の講演でその問題を率直に開陳した。彼は、「誰もが、ごく親しい友人の間でなければ、自分の本心を語ることができないと感じる、薄氷を踏むような対応の仕方を今後も続けていくより、むしろ、率直な判断と評価をもって、正直に質問すべき時が来ているのではないだろうか。我々は、見せかけの公正さと我々の法律を隠れ蓑にして行動するのはもうやめねばならない。我々は、諸問題について正直に論じ合わなければならない。さもなければ、如何なる前進もあり得ないであろう」と言った。⒁

もし西部のカナダ人とケベック人が、いつかお互いに理解し始めるとしたら、その時我々は話し合いができなければならない。西部のカナダ人は、質問したいことをたくさん持っている――しかし、彼らは、たとえ言う機会が与えられても、めったに話さない。彼らも、ケベックに住む普通の人々が言いたいことを聞く必要が大いにある。カナダ人は、男性も女性も互いにもっと話し合うべきである。余りにも多くの状況で、男性は女性を押さえ付け、女性は受け身になり、ほとんど何も言わない。他の場合には、女性が力を持ち、男性は、何か間違ったことを言うのを恐れて黙って座っている。この様な状況は望ましくない。我々はお互いに話し合う必要がある。

オタワ大学の政治学教授、ジョン・トレントも同じように感じているようである。一九九〇年七月、トレントは、「対話カナダ」の結成集会を主催した。これは、無知と誤解に対処するために、カナダ人を話し合いの場に集めたいと願うグループである。地方支部及び、最終的には全国レベルの組織を作ることが計画されている。それは正しい方向への第一歩である。

アカウンタビリティー——義務責任

我々の福利にとって欠くことができない四つ目の原則は義務責任である。我々の祖先は、個人に自分の行動に責任を持つ意志がなければ、——自分のしたことを認める——社会生活は不可能であることをよく知っていた。

例えば、我が刑法制度は、人々が自分の言動に責任を持つという仮定に基づいている。もし集団生活が公正かつ公平であるべきならば、個人は自分の行動に責任を取らなければならない。

残念なことに、個人主義と相対主義は、人々の義務責任感を低下させる潜在力を持っている。ある場合には、役職を隠れ蓑にし、自分の地位——医療や教育、法執行や司法などの——を理由に、自分達は誰に対しても責任を負わないと主張するカナダ人もいる。例えば、一九九〇年四月、ある判事がマニトバ州司法諮問委員会によって取り調べられた。その判事の弁護人は、委員会には、判事に対する告訴を審理する権限がないと主張した。判事は、申し立てによると、女性を侮辱する発言をした。弁護人は、判事という職にある者は判決を下す過程において見解を述べる時には、無条件の訴追免責を有すると主張した。(15)

一見免責権があるとみなされている役職についている人以外にも、どんな人の生活にも見られる行き過ぎた個人主義が、人々をして、ああ、彼らは勝手に自分の意見を述べているだけだよとか、もし、他の人達が、自分達が述べたことを扱いかねている場合、「仕方ないね――こちらにはこちらの権利があるから」と言わせることがある。ここで相対主義が、「どんな行動も他の行動に勝るということはない」と相槌を打つ。

このような考え方は、社会にとって破滅的である。人間関係において対立が生じる時、個人主義は行き詰まる。彼女は、彼が黙って女性の友達と夕食をしたので、機嫌を悪くした。彼はまったく悪気はなかったと主張し、もし、それが彼女の気分を害すなら、「それは彼女の問題さ」と主張する。一方、義務責任は、その状況に異なった規則を持ち込む。もし彼の行為が彼女の気分を害したのなら、それは単に「彼女の問題」ではない。そもそも、彼がこの別の女性と食事をしたのである。彼は、彼女の解釈を受け入れる必要はないが、自分の行為を「認め」なければならない。その出来事は、実際に起こったのである。肝心なのは、その出来事の意味である。

個人の行動に最大限の権利を認めているカナダでは、義務責任が是非とも必要である。さもなければ、カナダを「公正な社会」にできるだけ近付けようという夢に別れを告げることになるだろう。個人及び集団は、進んで自らの所作に義務責任を負わなければならない。更に、彼らがそうしない場合に、義務責任が問われる必要がある。

自分達の目標を達成することに失敗した少数集団の成員は、簡単に自らの失敗を不公平のせいにし得る。彼らは、気に入らないことはほとんど何ででも、自分達の性別、人種、民族的絆、年齢、身体障害、あるいは容姿のせいであると言うことができる。多数派集団に属する人々も、同様に、実際に起こることの中で、彼ら自身が果す役割を否定し得る。彼らは、自分達の問題を、自分達が女性でないこと、フランス系でないこと、二言語使用者でないこと、若者でないこと、などのせいにできる。

卑近な例をあげてみよう。オンタリオ州のある教授は、自分が男だから職に就けないと言う。大学は、被差別者雇用促進政策を導入して、今後十年間は女性だけを雇う方針である。義務責任というのは、その教授が、自ら、自分がその職の最適な候補者ではないかもしれないという可能性を考えること、また大学も、過去に女性応募者に対して行った不当な行為を矯正するための手段として、逆差別をしていることを認めることを意味する。

ある女権拡張論者の一人は、女性が経験してきた経済的、職業的成果をめぐる（男性側の）憤慨を反映して、男性から女性に対して激しい反発があることを指摘する。義務責任は、女性が、それが、自分達にとって有益な反発であるかもしれないし、それが、一部の女権拡張論者自身の対応の仕方に対する反応を反映したものであるかもしれないと考えることを必然的に含むであろう。男性側も、義務責任を果たすとすれば、女性に対する過去及び現在の不公平な処遇に対する対応が余りに遅かったために、男性自身がどのぐらいそのような女性の行動を必然的にしたかを考慮するであろう。

一九八九年後半、南アルバータの先住民は、家やアパートを借りる際に差別を受けていることを報告するために記者会見を行った。アルバータ人権委員会の委員長は同意し、その地域に対してその慣行を修正すべきであると警告した。義務責任は、先住民共同体が、先住民の借家人達が同地域の賃貸家屋の管理及び維持に関していい評判を持っていないことを認め、しかしながら、その状況を改善するためにあらゆる努力がなされていること、町に新しくやって来る者にも公平な機会が与えられることが必要であると強調することを意味する。義務責任は、また、家主も、過去の経験に鑑みて、自分達が先住民の借家人には危惧を抱いていることを認め、それでも、相互利害関係を解決しようと進んで先住民共同体と協力することも意味する。

社会生活は、相互作用――刺激と反応――を内包する。カナダのような、平等が最も重要視されている社会では、集団や個人が公正に扱われていないという訴えはよくあるだろう。また、当然そうあるべきである。人種差別と性差別、偏狭と偏見、搾取と虐待による犠牲者には、率直に発言する正当な理由がある。公正な社会においては、不当な扱いは糾弾されなければならない。しかし、個人や集団が不当に非難されることになんら美点はない。明らかに、公正と公平は、社会劇のすべての役者が義務責任を負うことを要求する。

例えば、非個人的な行動の記述――人種差別、偏狭、子供の虐待――は、たやすく個人的な属性――人種差別主義者、偏狭な人、虐待者――に置き換えることができる。そのようなレッテルは、かなりの重みを持っており、ひとたびそれが個人や組織に貼られてしまうと、顕著な社会的意味合いを持つことになる。残念なことに、レッテルは、信じ難いほど一人歩きする生き物である。レッテルは、事実的に確かであれ、誰かの豊かな想像の産物であれ、何らかの個人的、社会的結果を生み出す。

レッテルが簡単に貼られ得ることと、それが及ぼす被害を考えると、レッテルを貼る人が義務責任を負うことは是非とも必要である。「(ウソをついて)狼が来た」と言うことは、本当に狼が来た時に助けてもらえないだけではなく、狼狩りにつながることにもなる。公正な社会では、レッテルは、注意深く、責任を持って貼られなければならない。さもなければ、レッテルは、気に入らない個人や集団に無差別に適用できる武器になり得る。だから、レッテルを貼る人には義務責任を負わさなければならない。

言論の自由は、人身攻撃すれすれの所で制限されなければならない。三人の女子中学生が、身体に触わられたと一人のカナダ人教師を訴えた。一九八九年後半、裁判所は彼に無罪の判決を下した。にもかかわらず、そのレッテルは消えないであろう。彼の教師としての将来は、地元はもちろん、恐らく、他のどこであろうと、終わりである。女生徒達はどうなったか?私の知る限りでは、その告発が企てられた問題を取り扱うことに関しては何も成されていない。恐らく、彼女らの年齢のために、その訴えに関して義務責任を問われなかったのであろう。

一九八九年の新民主党大会中、一人の代議員が、なぜデイブ・バレットを支持したくないのかを尋ねられた。代議員は「彼が性差別主義者だから」と答えた。記者が「どういう意味ですか」と尋ねると、代議員は、「彼は、普通の人のようにではなく、まるでプリマドンナのように振舞う」と答えた。[16] もし、「性差別主義者」、「人種差別主義者」、「偏狭者」のような言葉の使用上の定義が、このような範囲にまで適用されるなら、カナダでは事実上誰も安泰ではいられない。人々が、不適切な、刺激的な政治的レッテルを貼る傾向を持っていることについての論述の中で、カナダ公民自由協会の顧問弁護士、アラン・ボロボイは、「必然的に、言葉に関するこのような警告を単に意味論の問題であると片付けたいという誘惑があるだろう。――（不適切な言葉を使うことによって）我々が直面している不公正に関わる区別を曖昧にしてはならない。言うまでもなく、我々は積極的にこの国における不公正と戦わなければならない。しかし、我々がその不公正さに使う形容表現は、含まれる悪意に見合ったものでなければならない。[17]

私には、個人と集団との間により良い均衡を保つための完全な処方箋を示そうというつもりはさらさらないが、簡単に論じた四つの特徴――自主的参加、問題解決的見通し、コミュニケーション、義務責任――は、あらゆるレベルの社会生活――国家的、地域的、組織的、対人関係的――にとって根幹的に重要であると昨今の専門家が認めている諸特徴の中に含まれている。

過度の個人主義を、社会にとって潜在的にそれほど危険なものにするのは、コントロールを失った個人主義が、これら四つの基本原則すべてと抵触するからである。例えば自主的参加は、個人の利益如何に依存している。問題解決は、問題の領域を解決することが自分にとって最有益かどうかにかかっており、任意的なものと見られる。コミュニケーションは、もし聞くこと、あるいは、話すことが、自分にとって得にならないならば、必要とはみなされない。義務責任は、人がむしろ避けたいと思うような要求を個人に押し付けるとみなされる。

要するに、過度の個人主義は、生産的な社会生活の四つの基本的構成要素すべてに抵触するものである。個人と集団との均衡が見付からなければ、結果的に社会的混沌を招くことになる。

最善を求めて

相対主義は、多元的な社会を可能にするとされる。しかし、度が過ぎると、相対主義は社会からその最も貴重な資産を奪うことがある。多様な選択を正当化する過程で、それは、可能なものの中から最善の選択を探る上で邪魔になることがある。危険なのは、我々がすべてに「優」を付けることである。我々は、悪いをより良いで、平凡を優秀でぼかしてしまう。終いに、我々は個人としても、国家としても最善を追い求めなくなる。我々は、個人的には、色々な視点があることで満足し、国家的には、共存できれば良いとする。相対主義は、我々に決勝線を見誤らせることになる。

色々な見方を奨励する

カナダにおいて、二言語併用主義及び多文化主義それ自身を目的にすることから起る、最も不幸な側面の一つは、我々が国家的資産としての多様性を適度に強調し得ないことである。我々は、社会的結束力と共同資産をも重要視しなければならない時に、寛容と理解を強調する。まさに、イギリス文化とフランス文化という資産を有するからこそ、我が国はより良い国になれるはずである。多文化主義は、衣装や食べ物や祭りにおける多様性と結び付けて考えられる段階を超えて、我々が、世界の様々な所からやって来て一緒になった人々の多様な貢献から、共同の利益が得られるということを意味している。この場合、（多文化の）総体は、多様な部分の単なるモザイク的な集合以上のものであり得る。我々の多様性は、我々の最もすばらしい資源の一つである。トマス・バーガーが述べているように「多様性は我々を脅かすべきではない。それは、我々の弱さではなく、強さのはずである。」[18]

もし、我々がカナダ社会を、芸術作品の中に使われたタイルのように共存する一群の諸文化と見るならば、我々には隣接する部分部分があるに過ぎない。社会的に見ると、そのような見方はモザイク的狂気に転化する。しかし、もし我々が構想を持ち、異なった部分の単なる寄せ集め以上の社会を造るために、多様な資源を共同蓄積しようとするならば、我々は、最大限の福利を目指して協働できる。モザイク・モデルは、これで、ピエール・トルードーの「正気の聖域」実現への強化された手段となり得るであろう。

このような理想と並行して、我々は、カナダにおける多様な意見を奨励し続けていく必要がある。我々は、まさに非常に異なっているが故に、カナダの生活の想像できるありとあらゆる領域――財政、科学、技術、生産、政治、教育、家族生活、余暇、芸術、宗教、そして、このリストはどんどん長くなる――に持ち寄るものが多くある。カナダの異質性に匹敵する国はほとんどないが、それ（異質性）は将来加速の一途を辿るであろう。我々の多様性に関する不安は、様々な見解発表の積極的な奨励に道を譲らなければならない。

識別力の養成

これについで、それらの異なった見方を注意深く評価することが、カナダ人にとって極めて重要である。我々は、とりわけ、数多くの可能性を想定しがちなため、どの選択が、「悪い、より良い、また、最善」かを決定するための識別力が必要不可欠である。すべてが可能である。しかし、すべてが必ずしも同じ結果に行き着くとは限らない。我々がもっと理解を深めなければならないことは、どの価値とどのような行動が、個人及び社会の福利に最も貢献できるかということである。

それが達成されるためには「無分別な相対主義」への現在の執着は、可能な選択のもたらす利益と代価に関する内省的な批判に置き換えられる必要がある。無反省な相対主義は、何が最善かの探求に道を譲る必要がある。明らかに、これは、カナダ人の老人にも若者にも、あらゆることに最善を追求し、思慮深い選択をすることを奨励する必要があることを意味する。彼らは、色々な考えを容認することと、どの考えが最も適切かを吟味すること、また、他の人の生活様式を受け入れることと、どの生活様式が個人的、社会的福利に最も貢献するかを判断することの間には、相違があることを教えられなければならない。

それは、また、カナダ人が最良の選択をするのに必要な情報を提供するための調査と評価を行う必要があることも意味している。分かりやすい例をあげよう。カナダ統計局は、一九九〇年発行の『一九八八年カナダにおける人口統計的情勢に関する報告書』の中に、「青春期の女性の結婚と生殖力の長期的影響」[19]と題する社会学者、カール・グリンドスタッフによる分析を収めている。グリンドスタッフは、十代で結婚したカナダ人女性に何が起きるかを、「若年出産が及ぼすいくつかの影響」に焦点を当てて、調べた。彼は、結婚及び出産が早ければ早いほど、大学を卒業する割合、収入、専門職における地位が低いことを見付けた。彼は、家族研究の専門家、ハリエット・プレッサーの次の観察が当を得ているとする。「女性にとって、結婚、学歴、職業が社会的に有利に働き、女性自身がそういう願望を持っている限りにおいて、データは、十代で母親になることは、社会的に否定的な結果をもたらすことを示している。」

そのような報告は、是非を論ずるものではない。しかし、女性が二十歳前に結婚を選択するとどうなるかを明らかにしてくれる点で、非常に参考になる。それは、可能な選択から最善の選択をする際に利用できる基盤を若い人達に与えてくれる可能性を有する。

カナダでは、多様な観点を奨励する必要がある。そして、それから、我々はそれらを評価しなければならない。

冒険心を奨励

何事にも前進には、失敗を恐れずやってみることが必要である。「自分の居る所」というのは既知のことを代表し、ある程度の安心感と居心地の良さをもたらす——それが、どのくらい頼りになるかは別として。変化を取り入れるということは、不安定と損失の可能性を取り入れることである。それ故、我々が個人として前進し、より多くを経験しようとするなら、我々は期待したほど経験できないかもしれないことを覚悟しなければならないということになる。社会の発展は、これに引き換え、多数派を離れることによってどんな結果が生じるか、を恐れずに行動する創造的な人間に大きく依存している。皮肉にも、創造的な非協調性は、しばしば抵抗を受ける。しばしば引用されるアルバート・アインシュタインの言葉に、「偉大な精神は、常に凡庸な頭による激しい抵抗に遭遇してきた」とある。まさに、社会が、それから利益を得るはずの新工夫そのものを受け入れようとしないために、「危険を顧みない」個人が常に必要とされるのである。

今日、危険を冒すことの重要性には、かなりの活動の幅が付与されている。精神治療専門家や人格形成の大切さを主張する人は、人々に、「自分の殻を破り」、「自分達の快適領域を捨てる」よう求めている。「虎穴に入らずんば虎児を得ず」という民衆の知恵から生まれた古い常套句が、専門家によって採用され、言い換えられ、拡大されてきた。カナダ人は、自分達の目標——それが、社会的、財政的、物質的、職業的、教育的なものであろうと——を実現する鍵は、進んで「危険を冒す」気持ちにあることを思い起こさせられている。我々は、対人関係の問題を解決しようとする場合、拒絶される恐れを、財政状況を改善しようとする場合、金を失う恐れを、より好ましい職に就こうとすれば、今の職の持つ安定感を失う恐れを、学校に戻ろうとすれば、大学夜間部の授業に落第する恐れを、これまで習うことを延び延びにしてきたこと——例えば、スキー、ピアノ、話術――のような「何か」をすれば、気後れする恐れなど、覚悟しておく必要がある。

カナダの集団生活において、多元主義的な規範は、我々が余りにも自己主張が強く、独断的に聞こえたり、人種差別的、あるいは性差別的レッテルを貼られることを恐れる余り、我々が冒険するのを妨げる可能性がある。

しかし、もし、カナダが、真に表現の自由が存在する国になるはずであるなら、人々は、自分達の意見を聞いてもらう権利を主張する勇気――そして廉直さ――を持たなければならない。過去においては、頻繁に、右翼のイデオロギーは左翼の声を抑圧し、最近では左翼が右翼の声を抑圧する傾向にある。宗教団体は、一括して、人種差別を促進していると告発され、真の女性（反フェミニスト運動グループ）は、フェミニストから非難される。映画「アニー・ホール」の中で、ウディ・アレンがプロデューサーに自己紹介する時に付け加えた言葉、「私は偏狭者です――でも、左翼支持の」が思い起こされる。右翼の偏狭を矯正したものは、左翼の偏狭を矯正したものにはならない。自由社会において、我々には、イデオロギーをも含め、自由に冒険できる機会がなければならない。

まさに数多くのカナダ人が、よく考えもせずに過去に絶対主義を受け入れたように、非常に多くの人々が、現在、よく考えることもなく現在の相対主義を受け入れている。例えば、学問やメディアや宗教の分野において、我々の多くは、かなり安全第一に行動している。我々は、自分の身を危険や批判にさらすような真似は余りしない。更に、我々は、実際には我々の相対主義がしばしば自分達の心を完全に閉ざすにもかかわらず、厚顔にも自分達の心の広さに拍手喝采するのである。

国家として、我々は多元主義的基礎を造ることに成功してきた。今や我々は、我々が得たものを統合・強化して、前進する必要がある。最大限の福利を達成するためには、我々が、個人と集団との均衡を見付け出すこと、そして可能な限り最善と思われる生活を共に追求することが必要とされている。そのようなカナダの夢は、決して手の届かない所にはない。

第9章　将来を担う主役達

人間の思想には、それがよって来たる社会的な出所がある。我々の価値観、信条、願望などはたいていの場合、他の人々、とりわけ家族や友人、メディアや学校の教室、様々な社会経験にまで遡ることができる。もし我々が、カナダでより良いものへと移行しようとするならば、均衡及び最善の追求という対の目標は、我々の思想の主要な源泉から遙かに大きな支持を必要とするであろう。

一九八九年十一月、モントリオール大学で起きた痛ましい虐殺事件は、カナダの歴史のその時点での主要な思想源をはっきり確認した。メディアはその事件を国民に知らせると同時に、その解釈も行った。教育界からの対応は、メディアに依頼されたその道の専門家が、色とりどりの解説を与えるという形をとった。宗教界は意見も求められなかったし、何ら語るべきことも持ち合わせていなかったが、一連の慰霊祭を執り行うよう求められた。政治家達は、その事件そのもの及び現状の改革を叫ぶ人々に対して、主導的な役割を果たすよりはむしろその対応に終始しがちであった。その他の分野からの声はほとんど聞かれなかった。

個人と集団との間のより良い均衡を見付け、何事にも最善を追求するという過程で、より効果をあげるためには、メディアがその先導的な役割を果たす必要があるだろう。学校は主要な、ではないにしても、重要な役割を果たせる立場にある。宗教団体は、主役の一人を演ずるための資質はあるが、直接影響力の少ない協力者の立場にとどまらざるを得ないだろう。政府は、基本的には、他の利益集団に加えて、これら三つの組織による新しい動きに対応し続けていくであろう。

均衡状態をより良くしようとする動きと最善への追求は、上記の四つの組織すべてが、行き過ぎた個人主義や相対主義によって浸透を受け、大きく影響されていることから、困難が予想される。それでも、これら四つの組織は、情況を好転させるための主役である。これらの組織を目ざますことが必要であり、その可能性はある。幸いにも、我々にはそれを可能にするための人的、組織的資源がある。

個人

出発点

組織というものは、個人からまったく分離して動く不可解な一枚岩的存在ではない。組織が我々を形作る一方、組織も我々によって形作られている。組織は、結局、自分がその中で暮らす文化の価値観や展望を反映する個々人によって動かされている。例えば、最新のニュースの内容を担当する人々は、それ以外の我々と同じように、価値観や現実認識によって影響を受けている。更に、組織は、存続していくためには、一般大衆の要望に応えていかなければならない。新聞は購読者を、学校は保護者を、宗教は信者を、政治家は有権者を必要としている。

従って、カナダで必要とされている社会変革は、組織、特に、テレビに依存すること大であるが、その変革は、個々人――あなたや私のような――から始まる。我々は、主に次の二通りの方法で社会的影響力を及ぼすことができる。先ず、我々がその中に自分の存在を確認する様々な社会組織――家族から始まる――の成員として、それから、思想の主要な組織的源泉――メディア、教育、宗教、政治――に圧力をかけることを通してである。社会変革の歴史は、個人が組織を通じて働きかける歴史であり、また個人が団結して無視できない集合的な声をあげる歴史でもある。改革は個人に始まり、制度へと広がっていく。

説明が必要な苛立ち

ここ数年間、私は、自分の住んでいる南アルバータの不毛の峡谷を思い切って飛び出して、カナダを回って歩き、広範囲にわたる講演とメディア活動を行ってきた。この経験は、私の調査や他の人の調査で見付かったことを裏付けるものであった。それは、多くのカナダ人が自分の国に対して深い苛立ちを感じていることである。一九九〇年の保守党政権への史上最低の支持率は、国の脈拍の脆弱性を如実に物語っている。

カナダ人が生活に不満を感じているわけではない。しかし、連邦政府及び州の指導層に目を向ける時、彼らは、政治家達が、人々がどこにいて、何を求めているかということについて現状認識に欠けていることに気付く。

私の感触では、多くのカナダ人は、精神的に疲れ、苛立っているが、彼らは自分達がなぜそんな状態にいるのかはっきり分かっていない。全国の様々な所で、聴衆と、過度の個人主義と相対主義がどんな意味を持つかについて議論する中で、その分析が彼らの共鳴する琴線に触れていることが分かった。ほとんどのカナダ人は、国内の様々なグループに対して寛容で、許容することに反対してはいない。人々は、二つの公用語を持つことの大切さも認めている。しかし、ケベック州でも他の所でも、人々は生活に専念したいと思っている。彼らは生きたい、そして、生きるからにはより良く生きたいと思っている。彼らは単なる共存を超越し、国民を鼓舞するような国家的な夢に目を向けたいと思っている。彼らは、カナダの目的は、結局、選択に対して寛容であることである、と言われることにうんざりしている。多くの人々は、連邦政府と州政府が、より良いものに移行させてくれるような努力を、ほとんどしていないと思っている。人々の不満は、政治家が、異質性に寛容であって許容すること以外には、多元主義を維持する理由がないかのように行動する時に、表出する。

国民の間では、多元主義の、より建設的な解釈と前向きな変化への機が熟している。その気運は、特にミーチ・レイク後のケベック州の熱意の中に、容易に看取できる。しかし、それは、ミーチ・レイク後のイギリス系カナダの憤慨の中にも、明らかに認められる。カナダ人が、なぜ自分達が心穏やかでないかをより明確に理解し、モザイクの幕が上がるにつれて、可能である生活の質を見ることができるようになって初めて、個人及び組織は、その影響を実感し始めるであろう。

メディア

メディアが現代の世界の創造主であるという事実は、誰にとっても悪いニュースととらえられるべきではない。厳密に言えば、メディアは思想を伝達するための「媒体」に過ぎない。問題は、そういう思想の内容である。社会的現実を作り上げ、人々がほしいと願うような生活に大きな影響を与えることができる驚異的なメディアの力は、福利のために信じられないほどの可能性をもたらす。メディアの自由とメディアの無責任さに関する議論は、それより遙かに重要な次の事実を曖昧にしてはならない。それは、歴史上、いまだかつて、一つの組織が、個人及び社会的福利にとって、これほど強力な貢献をする潜在力を持ったことはないということである。しかしながら、これが現実に起きるとしたら、いくつかの重要な展開を経なければならない。

より自己に目覚めたメディア

カナダのメディアに関係している人々が、メディアの持っている影響力の大きさをその通り把握しているかどうかは、まったく明白ではない。テレビや新聞がいとも簡単に、不安や恐怖、そして不信や懐疑心を助長するような記事を公表するのは、メディア関係者の多くが、主に視聴率や収入源、購読料や売り上げによって左右されていることを示しているように思える。好意的に見ると、メディアの関係者は、しばしば自分達の影響力を過小評価する。そして、彼らは、視聴者と読者が、見たり、読んだり、聞いたりすることと、「現実の世界」で実際に起きていることを区別できると、思っている。しかし、悪く言えば、メディアは、常軌を逸脱した、突飛な、また目新しい事件に焦点を当てることによって、社会的、個人的に悪影響を与えかねないということに単に無頓着なのである。

科学技術は、コミュニケーションに革命をもたらし、メディアに、個人及び社会生活の将来を決定するほどの、前例を見ない影響力を与えた。メディアの力を確実に福利向上のために利用するための基本的な第一歩は、メディア自身が、人々や、社会、世界に対し影響を及ぼす際立った力を持っていることを、はっきりと認識することである。端的に言えば、情報を制御する側の人々は、この言わば新しいぴかぴかの意志決定機械の底力を知る必要がある。個人と社会を形成してゆくことは、極度に重要な事業である。そのため、高度の自己認識を持つカナダのメディアが必要とされている。

より社会的自覚のあるメディア

残念なことに、メディア関係者が、単に自己の力を認識するだけでは、彼らが、福利の追求に貢献するかどうかはまったく保証の限りではない。コミュニケーション産業に携わる多くの人々にとって、最大関心事が成功と利益であることは、ほとんど疑う余地がない。しかしながら、我々は、メディアに、メディアが自由あるいは営利の名目で、事実上したいことは何でもできる自由を持っているとは言え、そうすることが、著しく個人的、社会的被害を与えることになることを認識させる必要がある。

メディアは、知覚に影響を与えるというその力を認識しなければならないだけでなく、――視聴率や利益に関心を払うのは当然としても――福利追求のためにその力を行使する責任も持つべきである。メディアは、個人と集団との結び付きに均衡が必要であることを、カナダ人に銘記させる立場にある。現在のところ、その均衡はない。色々な番組、記事、広告では、個人的な満足や個人の自由が支配的な主題である。

メディアは、最新の悪いニュースを伝える、病的で否定的な媒体として知られている限界を超えて、前向きな取り組みと問題解決の大切さを実証できる立場にある。悲劇、困難、倒錯は永遠に大衆の好奇心をそそるであろう――メディアがそのような題材を捨てるべきだとは誰も思っていない。しかし、そのような報道が、問題は解決されなければならないという見解、また同時に、如何に個人や社会が解決策や希望を見付けるかを示すことで補完され得ないというわけではない。責任あるメディアなら、皆が、どこの小さなモーテルと地下駐車場で、また、シャワールームと地下室で、暴力行為にあうのではないかと心配しないですむように、暴力犯罪がどのくらい頻繁に、「代表的に」発生するか、また、実際の犯行現場がどこかに関して、何らかの情報も提供するであろう。

メディアは、また、社会生活を可能にするためにコミュニケーションが大切であることを、身近に感じさせる力も持っている。メディアは、カナダ人の様々な声が聞かれることを奨励し続けるだけではなく、個人や集団が、自らの行動に責任を持つよう強調することもできる。例えば、過剰なフェミニズムや反人種差別に対する、激しい反発を報道すること以上に、メディアは非難された人だけに応答を求めるだけでなく――たいていの場合そうなのだが――非難する側にも、「差別劇」における自分の役割に責任を取らせるよう求められるし、また求めるべきである。

カナダのメディアが、社会問題をしばしば軽減するよりむしろ、助長することは、皮肉屋の社会学者の言を借りるまでもない。今日話題になっても、明日には忘れられてしまうような記事を書くぐらいのために、分離主義のような旧聞が蒸し返され、個人と集団に関する当たり障りのない討論に油が注がれるのである。これではお話にならない。

移民を例にとってみよう。メディアは、移民問題の性格と範囲について、甚だしい誤解を生む一因となってきた。最も多くの移民を受け入れている、トロント、モントリオール、バンクーバーのような都市にその主な市場を持つメディアは、驚くべき数の新移住者がカナダに流入しており、彼らが、しばしば人種的反感に出くわすという話を作り出す。例えば、『マクリーンズ誌』

は、一九八九年七月号の表紙に「怒り狂う人種反感」という見出しを、移民担当相バーバラ・マクドゥーガルの表題写真に重ねて、その特集記事を載せた。(1)

この問題を統計的に見ると、一九八八年の移民の数は、約十六万人で、二十年前とほぼ完全に同じレベルにあるのが真相である。一九八三年から一九八六年にかけては、年間十万人を下回っていた。移民がやや減少していることの他に、変化しているのは、カナダへやって来る移民の構成内訳である。一九八八年には、発展途上国からの移民もより多くなったのに加え、初めて、移民の過半数がアジア人で占められた。またカナダで、より一般的な移住現象は、州から州へ動くことで、その総数は、毎年三十五万人近くに達している。例えば、オンタリオ州は、一九八八年に、移民は約九万人、他の州からの移住者は、十万人強を受け入れた。ブリティッシュ・コロンビア州では、その数は、それぞれ約一万人と二万五千人で、他の州からの移住者の方が圧倒的に多い。(2)

メディアは、また、カナダ人に、すべてのことにおいて最善を追求することを奨励する力を持っている。そして、我々が適切な選択（インフォームド・チョイス）をするために必要な、特別情報を提供することに、協力できる。少なくとも、近年においては、そのようなマスコミの教育的貢献は、即看取できるものではなかった。最も広く報道されている争点の二つに、自由貿易協定とミーチ・レイク協約がある。しかし、二度にわたるギャラップ社の調査でも、メディアのあれだけの報道攻勢にもかかわらず、自由貿易協定についてはアメリカと調印した時点でも、その協定を評価するための十分な知識を持っていると思っているカナダ人は、全体の十九％に過ぎなかった。一九九〇年五月の時点で、ミーチ・レイク協約について「ほとんど」あるいは「まったく」知らないと答えた人は、ケベック州住民の五十二%を含む、国民の五十四%であった。(3)

カナダ人の批判力を向上させるためには、メディアと学界との間により良い協力体制が必要である。現時点では、この二つの世界は、カナダにおける情報関係の二つの独立国を代表している。メディアは、出版業界のいくつかの部門で多少の違いは見られるものの、CBCの時事報道番組『ジャーナル』や『グローブ・アンド・メイル紙』に倣って、学者に対して相当の反感を抱いている。メディアは、たまに、また選択的にしか、学者や特別の学会をあてにせず、まれにしか専門誌を頼りにしない。学者達の方はと言えば、メディアに関してしばしば冷笑的であり、そういう気持ちも能力もないため、めったに自分達の研究成果を大衆に分かるような形で提供しようとはしない。メディアと学界という二つの世界を結び付けることに成功した例はほとんどないが、デイビッド・スズキ［「物事の本質」という連続テレビ番組の製作と司会で有名な日系カナダ人学者］は珍しい例外である。両者の断絶は、国家的また個人的損失である。橋渡しが必要な時期に来ている。

カナダのメディアには個人主義と相対主義が蔓延している。良くも悪くも、ある程度の横柄さが、メディアの知名度と力に結び付いてきている。しかし、時代は、自律性を主張し社会的に無責任に振る舞い続けるメディア以上のものを要求している。今は、小さな町の新聞社主に、言いたいことを言う自由があるかどうかが、争点になるような時代ではない。我々は現実を正しく構築することを問題にしているのである。学歴の高度化に伴い、平均的なカナダ人が、責任あるメディアという問題が、自律性のあるメディアという問題と同じように重要であることに気付くのは、時間の問題に過ぎない。

たぶん我々には、より良いお目付け役が必要である。新聞の編集者や放送網への投書、時たま与えられる短い反論の機会、報道協議会への苦情、などが、メディアの意志決定的、規範的役割が持つ影響を相殺することは先ずない。我々の社会的福利への関心は、メディアの影響を注意深く吟味することを必要とする。

しかし、これは裏面である。自己認識及び社会認識を持つカナダのメディアは、この国において、より強化された、福利の主要な源泉となり得る。メディアはこの挑戦に応じる必要がある。

ここで、大切な補足説明が必要であろう。アメリカのメディアが、ケーブルテレビ、映画、音楽雑誌、新聞、書籍を通じて、カナダ人に及ぼしている巨大な影響力を考えると、カナダが、国内でこれらの情報媒体に何らかの規制を加えることがますます大切になっている。このままでは、カエデの葉［カナダの国旗］をせっかくきれいに並べても、白頭鷲［米国の象徴］に食い尽くされることになってしまう。それは、手強い、少々人を怯ませるような仕事である。しかし、解決しなければならない問題である。経済的懸念が、自由貿易協定を含む数多くの加米間の合意をもたらした。環境問題についての関心が、酸性雨のような問題に関する同意を導いた。メディアが両国の社会的生活の質に与える影響についての関心が、真剣な協議と有意義な合意を必要にする。

教育

我々の教育制度は、明らかに、カナダの福利に本質的な貢献をする潜在的可能性を持っている。公立学校は、それに与えられた尊敬と信頼という点で、最高裁判所を遙かに凌ぐほどに、国の先端を行っている。多くの人々が、今日の子供は、彼らが受けたと同じかそれ以上の良い教育を受けていると主張する。かつてなかったほど多くの若者達が、単科大学（カレッジ）や大学へ行くことを望み、また実際にそうしている。更に、継続成人教育のプログラムの増加は、いったん実社会に出ると、次第に減っていく教育ではもうだめであると考えられていることを物語っている。教育社会学者のジョス・レナードは、「急速な科学的、技術的変化を考えると、我々が五歳から二十四歳までに得た知識や技術の蓄積だけでは、もはや一生を送るのに十分ではない。」と述べている。(4)

教育は良くなっているか悪くなっているか？

「子供達が受けている教育は、あなたが受けた教育より良くなっていると思いますか、それとも悪くなっていると思いますか？」

	良くなっている	悪くなっている	変わらない	分からない	合計
一九八九	47	34	14	5	100
一九八一	47	38	9	6	100
一九七一	63	20	12	5	100
一九四八	74	12	10	4	100

出典　一九八九年十月十二日　カナダ・ギャラップ社

これまでのところ、カナダの教育は、個人主義と相対主義の両方を支持する主力であった。一九五〇年代以降、大学で訓練を受けた教師や大学教授は、個人の自由が最も価値あるものであり、真理が、人や場所や時によって左右される相対的なものであると教えられた。このような教師達が、今度は自分達の学生に個人主義や相対主義の美点を伝えてきた。

均衡を回復

我々の学校における個人の強調は、集団をもっと強調することによって、均衡が保たれなければならない。集団と個人との均衡という考え方は、教師や教授がどのように教材を提示するかを特徴づける一つの観点である。しかし、それはまた、明らかにカリキュラムやコース内容、とりわけ、若い人々やその他が、人生を乗り切っていくのを助けるための教材、の提示にも影響がある。

もっと強調されてよいのは、生きる術を教えることとである。我々は、今や、個人的、対人的な福利にとって基本的な構成要素のいくつか——人々が目標を達成したり、他の人とうまくやっていくことを可能にする秘訣——についてかなりよく知っている。「読み、書き、算術」ではもはや十分ではなくなっている。「内省、冒険心、人間関係」を含む領域も大いに注目されてよい。カナダ人は、自主的参加、問題解決、コミュニケーション、義務責任（アカウンタビリティー）のような、社会生活にとって中心となる大切な概念を学ぶ必要がある。

人生の諸問題——家族、人間関係、職業など——をうまくやっていく手助けとなる本やコースやワークショップが、人々の間で大変な人気を博していることが、教育者に一つの教訓を与えるべきである。人間の歴史の中で、人々が、かつてなかったほど、正規の学校教育を受けているまさにこの時代に、多くの人がどう生きるべきかを知らない。何かが決定的に間違っているのではないだろうか。

カナダのいくつかの地域の教育者は、より高度な社会的・生活的技術の必要性を認めている。例えば、オンタリオ州やアルバータ州では、価値観や対人関係発展を教えるコースが拡充されている。他の州でも、類似のコースが開始されたり、目下計画中であったりする。しかし、いまだにそのような努力はしばしば抵抗にあう。教育者のゴードン・キャンベルは、カナダのある単科大学（カレッジ）の前学長で、教授であるが、現在、セントルシア及び台湾で教育カリキュラムを設置しているところである。最近、彼は状況を次のように語ってくれた。

> 教育者にとって、最近のカナダの状況は、あたかも危険な急流でカヌーのかじ取りをしようとするようなものである。人は、単に、ひっくり返ったり、岩にぶつかったり、舟に穴があいたりしないように気を付けて、浮んでいようとするだけである。救いは、急流がいずれ穏やかな湖に道を譲ることである。けれども、今のところ、大切なことは、如何に生存するかに尽きる。

探求の再開

カナダの教育機関は、あらゆる見方を表現すること及び最高の見方を追求することを奨励する方向に、国民を導くべきである。表現力、識別力、冒険心が教育の中心的主題になるべきである。

今日のカナダでは、相対主義が学術活動の規範である。我々は、文化相対主義の概念を広め、客観的であること、あるいは、少なくとも自分が先入観を持っていることに気付くこと、の重要性を強調する。社会科学者、それに、人文科学などの同僚達は、生活様式、家族構成、性的志向、宗教などの問題について議論する際、色々な見解を紹介し、価値判断は避ける。

ここで特に重要なのは、バークレー校のロバート・ベラーとその仲間達の言葉に示されているように、多くの学者は、「それぞれの領域の専門家同士でしか話をしないような専門家になっている」ことである。(5) ウォータールー大学のケネス・ウェストヒューズは、現代の社会科学を覆っている大きな懸念の一つは、「我々が、自分達の間で意見を交換することに過度に重きを置く余り、他の分野の人達とのコミュニケーションを、ないがしろにしていることである」と述べている。(6) 例えば、カナダの社会学者は、確かに社会学については良く知っているが、彼らが、人々にカナダの生活について色々語ることに成功してきたかは、それほど明らかではない。それにまた、もし、「真理」とか「最善」というようなものが存在しないとすれば、社会科学者が知的エネルギーを傾けることが可能な、より崇高な理由は、恐らく存在しないであろう。

そのような閉鎖的で偏狭な態度に反し、カナダの学校や大学は、何がより良くて、何が一番良いかの探究を再開する必要がある。幼稚園から大学院まで、そこに学ぶ者は、現存する見解を熟知し、それらを批判的に評価し、新しい可能性を創造的に仮説として立てるよう奨励されなければならない。学者はその先導役を務めなければならない。

あまりにも長い間、多くのカナダの教授陣は、「独話をしてきた」――超専門的な議論に耽り、二流の研究仮説を高度の統計的ミサイルで撃滅し、また、仲間内で創られ、仲間内で検討され、仲間内で読まれる専門誌に、自分達の研究成果を発表してきた。彼らは、我々の世界がどう機能しているかについては、それほど多くは教えてくれていない。社会学者のウェストヒューズは、この状況について、次のように述べている。「問題は、我々社会科学の実践家は…余りにも身内だけの議論に余念がなく、また余りにも外部者による評価から隔離されていて、一種の寄生的な集団を形成しているのではないかということである。」(7)

カナダでは、学術分野の水準を高めるためだけでなく、人生についてより良い理解を与えることも希求する社会研究が、大いに必要とされる。そのような研究があれば、カナダ人の老人も若者も可能な選択の中から上手に選べるようになるであろう。

そのような研究成果が一般に十分広められるべきであるなら、学者達にはメディアの力が必要である。学問的領域の内外どちらでも、メディアを貴重な味方として引き付ける必要がある。学校でも大学でも、メディアはもっと有効に活用される必要がある。しかし、メディアは、また、家庭の居間や新聞売場のような、教室を離れた所での教育的目的のために、その力が引き出される必要もある。学者達は、世の中がどのように動いているかについて、大衆全体に何か言いたいことを持っているなら、遙かに上手に宣伝をしなければならない。もっぱら学生や内輪の発表のみに頼っていては埒が明かない。

アメリカの学者は、彼らの研究成果を一般に広めることにかなり成功している。例えば、アルフレッド・キンゼイ、マーガレット・ミード、ハービー・コックス、デイビッド・リースマン、ピーター・バーガー、デイビッド・エルキンドなどの名前がすぐに思い浮かぶ。カナダでは、彼らに相当するような学者は、スズキ、そして、恐らく、一九六五年に『縦のモザイク』を著したジョン・ポーターを除いてはほとんど見当たらない。どちらかと言えば、カナダの学者は、そのような「交差的な」業績を「通俗的」とみなして、批判的な態度を取る傾向がある。前厚生大臣で、現在はオタワ大学の教授であるモニーク・ベギンは、その状況を簡潔にまとめて、次の言葉で話を始めた。「私の中のジャーナリスト的資質、それは学問の世界では病を持っているとみなされるが…」(8)

そして最後に、教育者は、もっと知的な冒険をすることに先鞭をつけなければならない。例えば、カナダの社会学者によって出版されたカナダに関するほとんどの本は、正確さと完璧さを特徴としているが、それには知的な冒険はほとんど見られない。二、三年前、友人と、ある同僚が書いたカナダの新しい本について意見を交わしていた。私が、「この本はいいと思う。徹底的に調べてあるし、でも、どことなく信頼できる百科事典を読むような感じがする。何かが欠けているようだ」と言うと、友人は、歯に衣を着せずに、「彼は知的な冒険をしなかったからね」とすかさず答えた。適切かつ安全が、カナダの学問的規範なのである。

教育者は、多様な見方や批判的な認識力を育てる以上のことをしなければならない。知的な冒険をすることも必要である。冒険とは、思考や成長を促すために何か新しいことを言う場合に誤りを冒す危険も辞さないということである。

クイーンズ大学のアーサー・ロウアーは、一九五〇年代後半に、その著作の中で、カナダの大衆教育の拡大は、カナダ人を、彼曰く「致命的な平均化」に導いているという懸念を表明した。ロウアーは、我々の「平等の神」は、「魂の平等を精神の平等」と同一視するよう我々を導いている、と述べた。彼は、今も昔も、平均的な人が、大量生産によって与えられたものを受け入れるしかなかったのに比べ、「偉大な文化は偉大な芸術家によって創られ」、また「優れた審美眼と認識力を持った」人々によって創られたことを指摘して、教育者に対して最善を追求するよう求める。(9) 均衡と最善を求める点において、カナダの教育界は、その主役の一人を代表している。我々はその貢献を必要としている。

宗教

宗教はカナダの眠れる巨人である。今日のカナダの生活が宗教に依存する割合は、それほど大きくはない。宗教が、国家的及び地域的な問題を決定する要因になることはまれである。自由貿易協定、ミーチ・レイク協約、税制論議は、宗教に関係なく行われてきた。宗教は、また、価値観、態度、判断などの個人的な問題に対しても、ごく限られた影響力しか持っていない。

潜在的な影響力

宗教は、それを過去の遺物として中傷する誹謗家達――オーギュスト・コント、カール・マルクス、ジグムント・フロイトのような――には事欠かない。しかし、その歴史的な背景には印象深いものがある。宗教は持久力を持っている。宗教なしに長く続いた社会はほとんどなかった。

更に、宗教の、人類の歴史並びにいくつかの特定の社会との関係は、静的と呼ぶには程遠いものであった。何世紀にもわたるその役割は、ダイナミックで変化に富んだものであった。宗教が終焉するという予言が当たったことは一度もない。

マルクスの、宗教の死を求める声が聞こえ、フロイトが宗教の消滅を時間の問題と断言していた時でさえ、マックス・ウェーバーは、西洋社会の経済組織がその影響の痕跡を保持している、と主張していた。ウェーバーは、彼の古典的著書、『プロテスタンティズムの倫理と資本主義の精神』の中で、西洋社会における資本主義の道徳的色合いが、宗教革命に深く影響を受けていると論じている。彼は、宗教的な考えは、人々の態度や行動に大きな影響を与え得ると主張した。(10)

今日、民主化と公正を求め、宗教は、停滞している国々を活性化する重要な役割を果している。ローマ・カトリック教会が、社会変革に著しい影響を与えていることを知るには、ポーランド、フィリピン、ラテン・アメリカを見れば十分である。聖職者の影響力は、デズモンド・ツツ大司教とアラン・ボサック牧師が、アパルトヘイトと戦う南アフリカを見ればよい。また、プロテスタントやカトリックの教会が、緊急事態について人々の関心を深めることを目的とした、公開討論会を開く中心勢力として機能していることは、東ドイツ［旧］とルーマニアを見ればよい。ロシアからでさえ、他ならぬミカエル・ゴルバチョフ大統領から、一九八九年終わりに、社会生活に必要な倫理と道徳を国民に教育するために、宗教の支援を求める呼び掛けが成された。

宗教は、カナダ文化も含め、文化に強大な影響を与えることができる。カナダにおいて、宗教は落ち目にはなっているが、決して消滅したわけではないということを示す、もっともな理由が二つある。

先ず、まだその構成要素が残っていることである。礼拝出席率、関心、影響力は低下しているかもしれないが、人々の宗教団体への帰属意識はいまだに高く、安定している。過去数十年間、定期的に礼拝に出席する者は激減しているが、決して宗教的儀式には出席しないと言うカナダ人は、ほんの十％に過ぎない。ケベック州では、実際、このような「決して出席しない」人が、一九七五年には十％あったのが、一九八五年には四％まで減少した。そして、あらゆる年代の多くのカナダ人が、洗礼や結婚式や葬式の時に、引き続き宗教団体を頼りにしている。

カナダの宗教団体は、非常に大きな会員組織を維持している。加えて、多くの、そして、恐らくほとんどの宗教団体は、通常、全国的乃至、多国籍的規模のかなり強力な組織である。総体的に見ると、その力は一層見事である。カナダの宗教団体は、今でもかなりの人的・組織的資源を維持している。

従って、宗教は、個人及び社会組織――メディア、教育、政府――に対して、潜在的に大きな影響力を持っていると言える。

しかし、その人的・社会的資源以外に、我々が二十一世紀に移行するにつれて、カナダの宗教が、たぶん復興を経験するであろうと思われる、二つ目の理由がある。行き過ぎた個人主義は、人生の意味を個人――個人的発展、個人的成功、個人的満足――に据えている。しかしながら、そのような自己中心的な意義がすべての人に当て嵌るかは、まったくはっきりしていない。

一九二〇年代に遡ると、マックス・ウェーバーは、労働の意味が、「（神の）思し召し」によって一所懸命によく働く、というような宗教的世界観の枠組みの中で解釈され得た時代には、労働が、自己超越的な意味を帯びていたことを指摘した。しかし、その時点までには、労働倫理が、その宗教的生い立ちからますます離れたものになりつつあったという事実に鑑み、ウェーバーは、労働が、「実際、しばしばそれにスポーツ的性格を与える、純粋に世俗的な情熱、に結び付けて考えられる」以外に、どのような個人的な意義を持ち続けるだろうか、と疑問に思った。(11) 宗教は、生――人間の究極的根元と目的――と死、を解釈するための基準となる枠組みを与えてきた。このような枠組みを、個人の強調で置き換えることは、多くの人にとって、理性的には魅力があるが、機能的には不適当である。

同様に、我々に喜び、ユーモア、暖かさを感じさせてくれる対人経験は――我々に狼狽《ろうばい》、空しさ、冷たさを後で感じさせる出会いとは反対に――すべてが相対的ではないということを痛烈に思い起こさせてくれる。我々を人間として高めてくれるものがある――文化の境界を越える、親切な、思いやりのある、人に手を差し伸べる行為。それとは逆に、我々のこの地球では、暴力と不正、そして苦しみに対する非難の声がますます高まっている。かの有名な裁判中に、ニュールンベルク法［一九三五年に制定され、反ユダヤ人政策の基本となった二法律］に関して、「文明は、それらが無視されることに耐えられない、なぜなら、それらが、繰り返されることに耐えられないからである」と言われた。カントの言葉に呼応して、ピーター・バーガーは、「天国に向かって叫ぶ行為は、地獄に向かって叫ぶ行為でもある」と書いている。(12) 個人主義と同様、相対主義は、最初は魅力的である。しかし、それは、人間の経験に照らして、やはり、うまくいかないのである。相対主義の限界は人々にそれ以上のものを求めさせる。

　カナダ社会は、個人と社会間の均衡、及び、すべてのことについて最善を追求する必要性、その両者を再確認する必要に迫られている。このような問題は、宗教にとってまったく末梢的なものではない。それどころか、その根幹に触れる問題である。個人と集団の関係は倫理的問題であり、最善を追求する必要性は、真理に関わる問題である。倫理と真理について論じる上で、宗教よりふさわしい立場にある組織は、あるにしても、ごく少ない。

　更に、宗教は、単なる共存を超えることについて語るべきことが多い。マギル大学宗教学教授、ダグラス・ホールは、多元的文化にあっては、例えば、キリスト教徒は、「寛容を乗り越える」よう喚起されるという重要な点を指摘する。彼らは、他の人と同様に、法律で他者に寛容であることを要求されている一方、キリスト教の信仰によって、「寛容だけでは十分でないことを認める」ことも求められている。ホールは、寛容とは、単に、人々を見過ごすことで、その信念が如何に「間違って」いようとも、別に我々とは関係ないので、彼らがそれを守っていてもいいと解釈され得ると指摘する。ホールは、「それは、多元的な社会にとって、法律的にも政治的にも、十分かもしれないが、『汝の隣人を許せ』ではなく、『汝の隣人を愛せ』と言った人にとっては十分ではない」と言う。[13]

　カナダにおいて、宗教は、利用できる機会に不足してはいない。カルガリー大学のハロルド・カワード教授が指摘しているように、歴史的に見ると、世界の主要な宗教は、実際、宗教的に多元的な状況の中では上向きになる。どちらかと言えば、多元的な挑戦が背後に退くと、——中世におけるキリスト教の場合のように——精神的停滞期が始まる。彼は、多元主義を再び強調することが、「立ちはだかる伝統に新しい命を吹き込んだ」と述べる。カワードは、「宗教的多元主義の挑戦は、我々の時代における一つの危機ではあるが、同時にそれは、精神的成長の好機でもある」と結んでいる。(14)

失われたメッセージ

もし、カナダにおいて、宗教が休眠状態から目覚めるべきであるとするなら、その最初の難関は、自分の家をきちんと管理することであろう。個人主義と相対主義によって引き起こされた破滅的な被害を算定し、問題を提起する必要がある。被害は広範囲にわたっている。

多くの場合、カナダの宗教団体は文化による制約を受けてきた。宗教団体自身は、自身の計画案を率先して進めてきたわけではない。その指導方針がどこから出てくるかについては、ほとんど疑いの余地はない。ピーター・バーガーが述べているように、宗教も含め、「関連性と適時性は、主にメディアによって社会全体に関して規定される。」彼は、警告的な但し書きを付け加えて、「関連性」を保とうとする宗教の試みは、それ自体では、危なっかしい事業であると言う。(15)

過度の個人主義が、教会の入り口で門前払いを受けることはほとんどなかった。相対主義の方は、宗教から明確で決定的な声を奪ってしまった。バーガーは、人々が、自分達がなぜ、「宗教色のまったくない世俗的なラベルのついた同じ商品が手に入る場合に」、宗教セットに入っている精神療法や、人種的公平への関心を購入しなければならないかを疑問に思わざるを得ない、と見る。彼はまた、「後者を好むのは、恐らく、伝統的象徴に心情的な懐古感を抱く人々に限られている——徐々に減っている一群の人々」と付け加える。(16)

しかしながら、個人主義と相対主義の限界は、宗教への入り口を示す。宗教は、その完全な形で、我々の時代に多くをもたらしてくれる可能性を秘めている。歴史的に見ても、信仰は、個と社会について、すなわち、福利の追求における個人と集団の微妙な均衡について、かなり言いたいことを言ってきた。信仰はまた、現実参加と問題解決、コミュニケーションと義務責任（アカウンタビリティー）の重要性についても、多くを語ってきた。宗教は、より良い、そして、最善の考え方や行動の仕方があることを、また真理が、とらえ所がないが、真摯に追求されなければならないことを主張してきた。

従って、多元的環境において必要なことは、信仰に価値を置く人々が、次の二つのことをすることであると、カナダ福音派教会総主事、ブライアン・スティラーは述べている。それは、彼らが、必ず参加すること及び意見を述べることである。(17) 多元主義の特徴は、宗教が当然利用すべきものである。例えば、有名な作家で、研究者のドン・ポステルスキーは、最近、キリスト教徒は、宗教独占の時代が終わったことを認める必要があると書いた。けれども、多様性という現実を受け入れ、様々な選択が可能であることに感謝の意を示す過程において、寛容という要素を、「新しい選択に対応する」ための良い機会として、使うことができる。(18)人的その他の資源はあるし、機会もある。必要なことは、宗教が、カナダ人に聞こえるように、できるだけはっきりと大きな声で言うべきことを言うことである。

より大きな声で

教育と同様、もし宗教がその所信を明らかにするとしたら、自身の目的のためにメディアを遙かに巧妙に組み込んでいかなければならないだろう。これまでのところ、宗教のメディアへの対応は、ほとんど生産的ではなかった。宗教はしばしばメディアの格好の材料となった。一九七〇年代、カナダのメディアは、新しい宗教運動や統一教会のような宗教団体が、誘拐や洗脳をしているという批判に相当注目していた。その一方で、メディアは、例えば、ローマ・カトリック教会の礼拝出席者が劇的に低下していたことについては、ほとんど見過ごしていた。一九八〇年代、カナダのメディアは、アメリカにおける宗教の性的、金銭的スキャンダルに大喜びで飛び付き、集中的に報道した。普通ならめったに宗教については報道しないテレビ局、ラジオ局、新聞、雑誌が、オラル・ロバートの判決や、ジム・ベーカーとジミー・スワガートの昼メロ的な失脚について、毎日最新情報を流していた。そのような報道がカナダの宗教的指導者やその支持者にどのような影響があるかについては、まったく配慮が見られなかった。一九八九年及び一九九〇年に、普通、全国報道はローマ教皇の訪問や臨時司教大会宣言に限られているローマ・カトリック教会が、突然ニュースに登場した——カナダ合同教会にとっては、同性愛者を牧師にすべきかどうかの論争の、歓迎すべき一時的中断である。神父による男の子への性的虐待が広く報道され、全国のすべての牧師にそのような破滅的なレッテルが貼られることを最小限にくい止めるのに不可欠な但し書きが、奇妙にも欠けていた。

宗教的指導者がメディアを敬遠するのは驚くに当たらない。しかし、宗教団体がメディア、特にテレビを通して、その声を聞いてもらえなければ、メディアが行っている意見形成や社会形成において、宗教団体の役割はかなり限られてくる。

宗教指導者ができる一つのことは、『分裂した神々』の中に報告されているような調査結果、すなわち、一九五〇年代後半の三十%近くに比べて、最近では、カナダ人のわずか四%しかテレビの宗教番組を定期的に見ていないこと、しかも、そのほとんどが毎週の礼拝出席者であることと、に目を向けることである。(19)しかし、そのような調査結果が、単にアメリカのテレビ伝道師に対する批評家を元気付けるだけなら、メッセージ本来の意味はなくなってしまう。調査結果は、信仰に価値を置く人々に、カナダ人と対話するためにテレビをもっと効果的に利用させ得る、問題解決の作戦を考え出すよう動機付ける必要がある。

ビジョン全国有線放送チャンネル［宗教番組専用チャンネル］は、出だしとしてはあっぱれである。しかし、肝心なのは視聴者を引き付けることである。と言うことは、宗教団体は、その他のメディアと同様、民放放送網においても、その存在を明示しなければならない。一つの明らかな戦略としては、放送時間や広告スペースを買うことである。それは、費用がかかるが、時には、恐らく取るべき最善の道であろう。二つ目の戦略は、宗教的信仰を強調する個人や組織が、メディアの報道内容に影響を及ぼす利益集団として機能することである。そうなれば、メディアも時折、進んで放送時間や記事のスペースを割いてくれるであろう。

三つ目の可能性もある。ここ数十年来最も知名度の高い宗教家――デズモンド・ツツ大司教、マザー・テレサ、ジェシー・ジャクソン、テリー・ウェイト、マーチン・ルーサー・キング――は、時の人であった。彼らは、何らかの変化をもたらしているとみなされることをしていたために、人々の注目を勝ち得た。カナダの宗教界の指導者が、メディアの注目をほとんど集めない主な理由の一つは、恐らく、彼らがめったに予言者的役割――間違いを恐れず、言いたいことを言う――を果たしてこなかったからであろう。唯一の例外は、故トロント・英国国教会司教、ルイス・ガーンズワージーである。彼は、率直にものを言い、強い批判を浴びることも少なくなかった。しかし、彼は怯まず自分の意見を貫いた。そして、報道される機会を得た。

一九八九年のモントリオール虐殺事件後の一週間で、驚くべきことは、カナダの宗教団体が何も発言しようとしなかったことである。性の両極化が進む最中、私は、自分としては、合同教会、英国国教会、ローマ・カトリック教会、保守派プロテスタント教会、あるいは、他のどの宗教団体も、何か――恐らく、カナダ人に対する、仲違いをせず、国家的及び個人的福利のために、一致協力しようという呼び掛け――を言ってくれるのではないかと耳をすませていた。自己分析・反省及び糾弾の嵐が十日間ほど吹き荒れている時、そのような声はとうとう聞かれなかった。

「荒野で叫ぶ予言者」という古い常套句は、前マス・メディア的光景を描写したものである。そのような宗教的個人主義者達は、現代なら、当然、メディアの注目を浴びる手立てを講じるであろうと思われる。ウィリアムズ・ホーダーンが言っているように、「文化について、すでに文化がそれ自身について言っていること以外には何も新しいことを言わない」[20] 宗教指導者達が、放送時間を与えられるはずがない。反対に、信仰に価値を置く人々が、カナダの文化をただ単に描写するよりむしろ、まさにそれに取り組み始めるちょうどその時に、メディアもより注意を払うようになるであろう。

宗教は、文化について論じることができると自負しているが、個人主義と相対主義の存在に直面して、異常なまでに沈黙を守っている。予言者はまれにしか現れない。行き過ぎを批判したり、矯正策を提示する声はほとんど聞かれない。現代は、そのような声が聞かれるべき時代である。宗教は、歴史的に知られているように、カナダの生活が現在必要とするような価値・評価を認めてきた。バーガーの言葉を借りれば、「宗教のもたらす主要な道徳的恩恵は、宗教が、その時代を超越することによって均衡状態をもたらすという見通しを持って、まさに人々が生きているその時代への対決を、許すことにある。」[21] もし宗教がいまだに何か言いたいことを持っているならば、それを言うのは「まさに今」なのである。

政府

ミーチ・レイクは、連邦政府と州政府によって国家的な危機として公示された。政治家とメディアは緊張した厳しい姿勢を取り続けた。国全体もその例に倣うよう期待された。そこまでしないと、息を引き取る寸前にあるかもしれないカナダに、非礼な態度を示すことになっていたであろう。この大危機が我々の国家的関心とエネルギーを消耗した。また、金もかかった。五月二十三日に、大蔵大臣のマイケル・ウィルソンは、記者団に、ミーチ・レイクは、「ただ単に、立憲的あるいは政治的問題だけではなく、経済的な問題でもあり、それは、貨幣価値、投資決定、人々の生活に影響を及ぼす可能性もある。カナダ人は、まだ、ミーチの経済的意味を評価していないと思う」と言った。この発言のあった翌日、『グローブ・アンド・メイル紙』は、「その危機」は、恐らく、最低金利を、一九八二年の夏以来の最高レベルの十四％に引き上げるだろうと報じた。(22)

ミーチ・レイクは、ケベック州の署名を得るという形で、カナダ憲法を修正する試みを代表した。そのこと自体は、「国内問題」であり、急いで合意にこぎつける必要性はまったくなかった。ケベック州の署名は、それまで結局八年間なかったのであるから。結果的に見ると、意見の不一致の範囲を解決するために、数ヵ月、あるいは、数年がかかろうが、大袈裟に騒ぐ理由はなかったのである。色々な意味で、ミーチ・レイクは家庭内的な問題であった。世界的な観点から見れば、それは体裁を繕うに過ぎない問題であった。

それにもかかわらず、我々が選んだ政治家達は、どういうわけか、このどちらかと言えば無害な問題を、大規模な危機に膨らませてしまった。決まった期限がないので、彼らは、批准の「Dデー」（Xデー）を一九九〇年の六月二十三日であると、彼ら自身と他の人々に確信させた。メディアは、退屈な紙面や空いているニュースの放送時間帯を、浮上してきたこの危機に関する最新情報で埋めて、政治家達に歩調を合わせた。結局メディアは、本当にカナダが崩壊するという可能性を、普通のカナダ人に警告するという、際立った仕事に一役買った。

この国家的緊張と消耗は、結局は明らかな勝利に終わった。首相と州知事が、その十一時間目の勇敢な行為で、カナダのための試合に勝利した選手として現れ、お互いに少なからず背中を叩き合って祝福した。我々すべてがわざわざ試合後のパーティーに出席したわけではない。結果として、もちろんその勝利の祝いは短命に終わった。

時代遅れの政治

歴史的に連邦政府及び州政府を特徴づけてきた対決的な政治は、世界の動向からますます遠ざかるものである。勝者がほとんど出てこない戦争や緊張状態にうんざりして、この国に限らずどこでも、人々はますます平和と協力を選択し、そのために共に努力することの必要性を認識している。

現代は、ロシアの大統領とポーランドの首相が人々の生活の質を向上させるために、共産主義者と非共産主義者が共に努力することの必要性について話し合い、釈放された黒人の政治犯と大統領が、新しい南アフリカを建設するために、黒人と白人が協力することの必要性を認識し、アメリカとソビエト［旧］が、時代が変わったことを認識して、軍事力の大幅な解体に同意する、時代である。そんな時代に、国内問題を巡って取っ組み合いをしているカナダの政治家を見るのは、こちらが恥ずかしく感じるほどである。ミーチ・レイクが最終段階に入った際、マギル大学教授のモートン・ウェインフェルドとピエール・アンクティルは、「なぜ、我々の政治の指導者達に国の運命をもてあそぶことが許されるのか？」と問うた。未来は、わくわくさせるような機会を孕んでいる。「しかし、今世紀が終りに近付くにつれて…我々は比較的取るに足らない口喧嘩に終始している。恥ずかしいと思わないのか。」(23) コラムニストのアラン・フォザリンガムは、「ミーチは我々すべてを腹立たしくさせる。弁護士達が憲法の補助修正条項における読点を巡って議論している間に、一つの国が分裂するというばかばかしさにいらいらさせられて、さもなければある程度良識のある人々でも、分別のない行動に駆り立てられる」(24) と書いている。

もし、我々の連邦及び州の代議士達が我々の会社の重役だったら、我々は彼らを首にしているだろう。もし首相が会社の取締役社長であったなら、彼の任期はいくばくもないであろう。彼らは仕事をやり遂げなかったばかりか、不成功に終わる過程において国を引き裂いてしまったのである。

二十一世紀の夜明けは、指導者達が、社会的及び個人的福利を最大限追求することに、力を注ぐこと、それぞれの違いを棚上げし、可能な限り最高の生活を実現するために協力することが、ますます期待される時代に向けて明けて行く。自主的参加（オプティング・イン）、問題解決、コミュニケーション、義務責任（アカウンタビリティー）というような概念がすべて支配的な規範となるであろう。それはなぜであろうか？　それは、世界が、他に取り得る道は、良くて単なる生存、悪くすると自己破壊であることに気付き始めているからである。

人々がいい暮らしをしたいと思っているカナダでは、我々は、共存というありふれた目標を乗り越えられる政治家を探している。自分の政敵を葬り去ったり、恐喝したりするような戦略は時代遅れである。もし、我々が、福利の追求を目指す国を持つべきであるなら、我々には、無条件にカナダを積極的に選択し、問題解決的見通しを持って、その相違を解消して、その目的を達成しようとする政治家が必要である。

我々は、世界に一つのモデルを提供することを論じ、我々の崇敬するモザイクを指差す。より崇高な目標は、ミーチ・レイクを繰り返さないこと、我々の政治的代表者達が率先して、福利とその実現をもたらす方法に専念することで、世界をリードする国になることを切に願うことである。

肯定的な政治

カナダは、それによって、連邦及び州レベルの政府が、勢力と影響力を得るための自己目的的な政治操作を超える、政治への肯定的なアプローチを必要としている。

カナダは、福利追求を第一とした政府を必要としている。各政府レベルで起こることは、生活のすべての色調を定め、我々の存在が関わる国家的、地域的、集団的、対人関係的、個人的なレベルに影響を与える。もし政府が戦争状態にあったり、不安定な状態にあれば、我々は社会的にも個人的にも動揺と不安を感じるだろう。逆に、もし政府が肯定的に機能していれば、社会的及び個人的成果も肯定的である。我々の社会的存在が保証されて、我々もまた福利の追求に注意を向けることができる。

政治家は、恐らく、ミーチ・レイクという憲法上の闘争の結果、一九九〇年五月に（ケベックの）ブラサ州知事が提唱したように、「協力しよう、ページをめくろう、国際経済への準備をしよう、他の問題にも立ち向かおう」[25]と進んで言うであろう。もし彼らがそうしなければ、彼らを一人ずつ、その職から辞めさせる必要がある。我々は、他の国で近年、革命を通じてやろうとしていることを、役者の振り替えによって成し遂げることができるという特権的な地位にいる。現在の配役達がいてもいなくても、興行は改良されなければならない。

今や、政府が次の仕事に移行すべき時が来ている。文化的に多様なカナダの礎石である、二言語併用主義と多文化主義の重要性は、再確認される必要がある。しかし、政府は、そこにとどまっているなら、引き続き国民の期待に背くことになろう。

未来像のない共存を乗り越えられるような指導者は、もっと重要な目標や夢を切望しているカナダ人の敏感な心の琴線に触れるであろう。

第10章　結論

私はかなり典型的なカナダ人である。私の父方の祖父母は、それぞれペンシルベニア州、及びミズーリー州出身のアメリカ人で、一世代隔ててイギリスからやって来ている。母の両親は同じ村ではないが、ウェールズの小さな村の出身である。私にとっては、ウェールズとのつながりが一番影響が大きい――私は、やや定期的に冒険を覚悟でカーディフに戻り、昔はどんな風だったのだろうと想像しながらウェールズの田舎をあてもなく歩いたりする。私はアメリカを訪れても気楽に行動できる。私は間をおいて、三年間ずつ二回アメリカに住んだことがあり、今でも頻繁に訪れる。

しかし、このように、私は自分の民族的遺産を大切に思う一方、私はカナダ人であり、このことは、私にとって、ウェールズの歌祭りに参加したり、テレビでアメリカのスポーツを見たりするウェールズ系アメリカ人の混血であることより遙かに意味がある。カナダに住むということは、自分達の持って生まれた民族文化を最優先するよう奨励されてきた、他のすべての様々な混交文化、また同質文化を背景に持った人々と、ただ単に共通の地理的領域を共有する、という以上の意味を持っている。

それはなぜか。一つには、私は自分のウェールズ系の過去についてほんの少ししか知らず、私のアメリカ側の伝統も本当には育まれなかったことがある。更に、私が知る限りの二つの文化については、それぞれ肯定的な面は大切にしたいが、改良すべき特徴までも保持しようとは思わない。

それでは、我々の国家目標が、それぞれの文化遺産を固守することであると我々に言う国、カナダで、私や、いや何千、何百万もの他のカナダ人はどうしたらいいのだろうか。その答えは我々の祖先の過去をよく見ることにある。

多様性を創り出した夢

我々の両親、祖父母、曾祖父母達の大多数は、ここで前と同じ生活を保持するためではなく、新しい生活、つまり自分が生まれた国で知り得た生活よりも更に良い生活を求めて、カナダに来たのである。

一九九〇年五月、私は、北ウェールズのナザレスの村に通じる曲がりくねった狭い道路を運転し、再び、羊があちこちに点在するうねうねと続く丘の斜面を眺めた時に、私の祖父——当時はほんの二十代前半の若者——が、決して戻ることのない祖国を後にして、カナダへの長い旅に出ようとした時の、彼の覚悟を思いやった。また、私は、祖母が子供の頃歩いた、ウェールズ中部にあるコリスの狭い本通りを歩いている時、一人の若い女性だった祖母が、カナダという遠い未知の国へ旅立って行くことの、危険性を考えずにはいられなかった。彼女もまた、決して祖国を再び見ることはなかった。

私の祖父母を含む、何十万もの移民達は、より良い生活を夢見てカナダにやって来た。歴史的に見て、恐らく、その夢ほど、この新しくやって来た様々な人々に、共通する単一要素は他にないであろう。イギリス、フランス、他のヨーロッパ諸国や、アジア、アフリカ、南北アメリカから、我々より以前にカナダにやって来た親類達は、より良いものが得られるという希望があったからこそ、カナダにやって来たのである。より良い生活への夢が、まさに我々の文化的多様性の源泉であると言っても過言ではない。

その夢は我々の時代でも再び強調される必要がある。彼らと同様、我々も生き長らえ、良い生活がしたい。それ故、共存という問題を解決することがとても重要であり、そうすることによって、カナダにやって来た我々と、我々が来た時にはすでにカナダにいた人々が、この国で共に可能な限り最高の生活を追求するために、エネルギーを注ぐことができるようになるだろう。

我々の文化的多様性は、我々のもっとも豊かな財産の一つである。我々の福利への夢――その実現のために努力しようとする気持ちに加えて――は、この多様性に凝集力をもたらすための一つの目標である。社会的正気への鍵は、多民族国家カナダを創ったこの夢に、もう一度焦点を当てることにある。

今後何が必要か

前述の分析から、動機の問題が浮かび上がってくる。カナダ人をして、より良いものに向かわせるには何をしたらよいか。人々が、個人主義と集団との均衡や、可能な選択の中から最も良いものを追求することに、もっと関心を持つようになるためには、何が必要か。個人主義と相対主義を強調することが、自分達にとって一番有益であると考えてきた組織が、この均衡と最善という点を奨励するようになるにはどうしたらよいか。

利他主義に訴えて、カナダ人にもっと社会的利益に関心を持つよう促すこともできる。東はニューファンドランドから、西はブリティッシュ・コロンビアまで、そのような訴えかけに応えてくれるカナダ人がたくさんいることを信じたい。個人主義が蔓延している一方、その破壊的な影響についてますます認識が深まっている。我々の多くは、個人や組織が、他を犠牲にして成功を手にする時、ある種の嫌悪感を持つ。我々は確かに、勝利に対して拍手を送るが、敗者がどうなろうと構わず勝つ者にはほとんど支持を与えない。私は、多くの人が、社会的及び個人的福利という目的を目指し、また、集団生活を向上する手段としての問題解決やコミュニケーションというような課題を強調する一方、個人性を大切にするという、カナダの考えに魅力を感じていると思う。

同様に、可能なものの中で最善のものを追求することの大切さを「売り込む」のは、それほど難しくない。カナダ人に対して識別力を育てろと言うことは、より少なくではなく、もっと多く考えることを求めることである。

もちろん、このような「思慮深い利他主義者」の多くは、すでに均衡及び最善のものを追求する必要性をよく認識している。望まれるのは、より良い個人生活や集団生活を願ってきて、今はちょうどその実現のためには何が必要かを垣間見始めている他の人々も、そのような利他主義者に加わることである。

社会全体の福利を達成するため、利他的な関心に訴えることには、もちろん明確な限界がある。哲学者の提供する論議と社会学者と心理学者のデータから、結論ははっきりと出る。それは、かなりの数のカナダ人が、単純明快に、私利によって動かされていることである。利己主義はこの国に根強く生き残っている。ここで我々に難問が残される。こういう人々の考えを変えさせるにはどうしたらいいだろうか。

幸いにも、答えはある。それは、彼らの私利そのものである。カナダ厚生局の主任政策アドバイザーのフリダ・パルティエルが最近述べたように、権力を持っている者が、その権力の共有を請われると、彼らは次のような三つの典型的な対応を示すことが多い。第一は、「ええっ、かあちゃん、しなきゃ駄目?」、第二は、「無理にやらせる気?」、この二つがうまくいかなければ、第三は、「嫌だと言ったらどうなる?」である。(1)我々は今、この「どうなる?」という段階にある。カナダ人が、社会全体への関心から、均衡と最善の追求を自主的に選択することが望ましい。しかし、実のところ、結局、誰にもあまり選択の余地がないのである。

もし、社会全体の犠牲の上に、あくまで個人主義を推し進めるならば、我々は、国家的、組織的、また人間関係の面で、せいぜい共存と生存をするに過ぎなくなるだろう。悪くすると、我々は恒久化する社会崩壊を経験することになるだろう。カナダの大きなかたまりが切り落とされる、ケベック州の分離の可能性は、一つの問題の終りというよりは、むしろ、もっと多くの問題の始まりに過ぎないだろう。他の地域――沿岸州、西部、準州――も、すぐさまそれに倣う可能性がある。組織的にも対人関係でも、過度の個人主義と相対主義は、集団生活と人間関係を一層困難なものにするであろう。

いったいどうなってしまうのだろうか。予想はつけにくい。正気はどこから始まるのだろうか。その答えは簡単である。それは、他の人のためであろうと、自分のためであろうと、個人と集団間の均衡を見付け、共に、できる限り良い生活を目指すカナダ人の中から始まる。その選択は、急速に迫りつつある高速道路の分岐点のように、我々の前に現れている。片側は「進め」の矢印、もう一方は、進入禁止の丸にバツ印が印されている。私は、人々が正気を選択することを願っている。

カナダ物語の教訓

そして、我々は、また出発点に戻る。自由に傾注し、個人主義、多元主義、相対主義にますます門を開いて行こうとしている世界は、カナダで制作されているドラマを見るとよいだろう。前ブリティッシュ・コロンビア最高裁所判事のトマス・バーガーは、「二つの異なる言語社会が共存し、協力するという考えは、必ず成功させなければならないものである。もし我々がカナダでそれが実現できなかったら、イスラエルやアイルランドやパキスタンのような国々の人々は、いったいどんな希望が持てると言うのだろうか。カナダには、教養のある国民も忍耐のある国民もおり、また生活水準も高い。もし我々に実現できなければ、誰にできようか」とまで言っている。

我々は、カナダだけではなく、我々の世界がますます社会的混沌に陥っていくのを見るだろう。でもそれは、最悪の筋書きである。カナダの歴史の中でも世界の歴史の中でも、思いやりと理性が機能しなくなった時、何度も、残された救いの手――必要性――が現れた。それは、あたかも神々が、自己崩壊寸前の状態になるまで我々にものごとを「めちゃめちゃ」にするようにさせておいて、「もういいだろう、終わりにしなさい。真剣になってきちんと片付ける時が来たよ」と言ってるようなものである。

カナダでも他の所でも、利他主義者も利己主義者も同様に、やがて自分達の相違を保持するという贅沢はあきらめ、均衡と最善にもっと注目せざるを得なくなるだろう。その代案は魅力的ではない。時代は、人々に、社会生活を機能させ、問題解決と可能な限り最高の生活を意識的に追求することを始めるよう求めている。道徳的価値を持って生まれようと、功利主義を持って生まれようと、望みはまだかなりある。国家的にも、全世界的においても、狂気が正気に道を譲る可能性がまだある。しかし、我々が行動を起こさなければならない時が来ている。

参考文献

Agòcs, Carol

1987 "Ethnic Group relations." In James Teevan (ed.) *Basic sociology: A Canadian Introduction.* Second Edition. Scarborough: Prentice-Hall. Pp. 161-193

Ainlay, Stephen C.

1990 "Communal Commitment and Individualism." In Leo Driedger and Leland Harder (eds.) *Anabaptist-Mennonite Identities in Ferment.* Occasional papers no. 14. Elkart, Ind: Institute of Mennonite Studies.

Anderson, Doris

1988 "Status of Women." In *The Canadian Encyclopedia.* Edmonton: Hurtig. Pp. 2072-2074.

Armstrong, Pat

1988 "The Family." In *The Canadian Engyclopedia. Edmonton*: Hurtig. Pp. 743-744.

Axworthy, Thomas S. and Pierre Elliott Trudeau (eds.)

1990 *Towards a Just Society: The Trudeau Years.* Toronto: Viking.

Badgley, Robin

1984 *Sexual Offences Against Children.* Ottawa: Minister of Supply and Services.

Beaujot, Roderic

1987 "The Family." In James Teevan (ed.) *Basic Sociology: A Canadian Introduction.* Second Edition. Scaborough: Prentice-Hall. Pp. 197-231.

1988 "Canada's Demographic Profile." In James Curtis and Lorne Tepperman (eds.) *Understanding Canadian Society.* Toronto: McGraw-Hill Ryerson. Pp. 39-70.

Begin, Monique

1990 "Rewriting the Report for the 1990s." Paper presented at the annual meeting of the Canadian Sociology and Anthropology Association, Victoria, May.

Bellah, Robert, Richard Madsen, William Sullivan, Ann Swidler, and Steven Tipton

1985　*Habits of the Heart*. New York: Harper and Row.（島薗進、中村圭志訳『心の習慣—アメリカ個人主義のゆくえ』みすず書房 1991）

Berger, Peter L.

1969　*A Rumor of Angels*. Garden City: Doubleday.（荒井俊次訳『天使のうわさ—現代における神の再発見』ヨルダン社 1982）

1986　"Religion in Post-Protestant America." *Commentary* 81:41-46.

Berger, Thomas R.

1981　*Fragile Freedoms: Human Rights and Dissent in Canada*. Toronto: Clarke, Irwin.

Berry, John W.

1987　"Finding Identity: Separation, Integration, Assimilation, or marginality?" In Leo Driedger (ed.) *Ethnic Canada: Identities and Inequalities*. Toronto: Copp Clark Pitman. Pp. 223-239.

Bibby, Reginald W.

1979a　"Consensus in Diversity: An Examination of Canadian Problem Perception. *International Journal of Comparative Sociology* 20:274-282.

1979b　"The State of Collective Religiosity in Canada." Canadian Review of Sociology and Anthropology 16:105-116.

1986　*Anglitrends: A Profile and Prognosis*. Toronto: Anglican Diocese of Toronto.

1987a　*Fragmented Gods: The Poverty and Potential of Religion in Canada*. Toronto: Irwin.

1987b　"*Bilingualism and Multiculturalism: A National Reading*." In Leo Drieger (ed.) *Ethnic Canada*. Toronto: Copp Clark Pitman. Pp. 158-169.

Bibby, Reginald W. and Donald C. Posterski

1985　*The Emerging Generation: An Inside Look at Canada's Teenagers*. Toronto: Irwin.

Bloom, Allan

1987　*The Closing of the American Mind*. New York: Simon and Schuster.（菅野盾樹訳『アメリカン・マインドの終焉—文化と教育の危機』みすず書房 1988）

Borovoy, A. Alan

1988　*When Freedoms Collide: The Case for Our Civil*

Liberties. Toronto: Lester and Orpen Dennys.

Boyd, Monica and Edward T. Pryor
1989 "Young Adults Living in their Parents' Home." *Canadian Social Trends*, Summer, 17-20.

Burke, Mary Anne
1986 "Immigration." *Canadian Social Trends*, Autumn, 23-27.

Burnet, Jean
1987 "Multiculturalism in Canada." In Leo Driedger (ed.) *Ethnic Canada: Identities and Inequalities*. Toronto: Copp Clark Pitman. Pp. 65-79.

Cardinal, Harold
1969 The Unjust Society: *The Tragedy of Canada's Indians*. Edmonton: Hurtig.

Carey, John
1988 *Eyewitness to History*. Cambridge: Harvard University Press. （仙名紀訳『歴史の目撃者』朝日新聞社 1997）

Census Dictionary
1986 Cat. 99-901. Ottawa: Statistics Canada.

Christiano, Kevin J.
1990 "Federalism as a Canadian National Ideal: The Civic Rationalism of Pierre Elliott Trudeau." unpublished paper.

Cooley, Charles Horton
1964 *Human Nature and the Social Order*. New York: Schocken Books.

Corpus Almanac of Canada
1974 Don Mills, Corpus Information Services.

Coward, harold
1985 *Pluralism: Challenge to World Religions*. Maryknoll, New York: Orbits Books.

Curtis, James and Lorne Tepperman (eds.)
1988 *Understanding Canadian Society*. Toronto: McGraw-Hill Ryerson.

Demerath, N. J.
1969 "Irreligion, A-Religion, and the Rise of the Religionless Church." *Sociological Analysis* 30:191-203.

Dewey, John
1964 Democracy and Education: *An Introduction to the Philosophy of Education*. New York: Macmillan.（松野安男訳『民主主義と教育』上・下岩波文庫）

Dirks, Gerald E.
1988 "Immigration Policy." In *The Canadian Encyclopedia*. Edmonton: Hurtig. Pp. 1047-1048.

Driedger, Leo
1989 *The Ethnic Factor: Identity in Diversity*. Toronto: McGraw-Hill.

Driedger, Leo (ed.)
1987 *Ethnic Canada: Identities and Inequalities*. Toronto; Copp Clark Pitman.

Dumas, Jean
1990 *Report on the Demographic Situation in Canada 1988*. Cat. 91-209E. Ottawa: Minister of Supply and Services.

Durkheim, Emile
1964 *The Division of Labor in Society*. Glencoe: Free Press.（井伊玄太郎・寿里茂訳『社会分業論』上・下 理想社 1982）
1965 *The Elementary Forms of the Religious Life*. New York: Free Press.（古野清人『宗教生活の原初形態』上・下 岩波文庫 1975）

Eaman, Ross A.
1987 *The Media Society*: Basic Issues and Controversies. Toronto: Butterworths.

Epp, The Honourable Jake
1986 *Achieving Health for All: A Framework for Health Promotion*. Presented at the International Conference on Health Promotion. Ottawa: November.

Fletcher, Joseph
1966 *Situation Ethics*. Philadelphia: Westminster Press.（小原信訳『状況倫理—新しい道徳』新教出版社 1971）

Friedan, Betty
1963 *The Feminine Mystique*. New York: Dell.（三浦冨美子訳『新しい女性の創造』大和書房 新装版：1986）

Frum, Linda
1990 "Broadcast News." *Saturday Night*, May:27-35.

Frye, Northrop
1982 Divisions on a Ground: *Essays on Canadian Culture.* Toronto: Anansi Press.

Garnsworthy, Lewis S.
1986 *The Archbishop's Charge to the 134th Synod.* Toronto: Anglican Diocese.

Gee, Ellen M.
1990 "The Family." In Robert Hagedorn (ed.) *Sociology.* Fourth edition. Toronto: Holt, Rinehart and Winston. Pp. 315-341.

Ghitter, Ron
1990 Presentation to Edmonton Multicultural Communications Foundation. March 21.

Gilbert, Sid N. and Ian M. Gomme
1987 "Education in the Canadian Mosaic." In Michael M. Rosenberg, William B. Shaffir, Allan Turowetz, and Morton Weinfeld eds.) *An Introduction to Sociology.* Toronto: Methuen. Pp. 197-234.

Grey, Julian
1988 "Family Law, Quebec." In *The Canadian Encyclopedia.* Edmonton: Hurtig. P. 278.

Grindstaff, Carl
1990 "Long-Term Consequences of Adolescent Marriage and Fertility." In Jean Dumas, *Report on the Demographic Situation in Canada 1988.* Cat. 91-209E. Ottawa: Statistics Canada.

Grosman, Brian A.
1988 *Corporate Loyalty: A Trust Betrayed.* Toronto: Viking.

Hall, Anthony J.
1988 "Indian Treaties." In *The Canadian Encyclopedia.* Edmonton: Hurtig. Pp. 1056-1059.

Hall, Douglas John
1989 *The Future of the Church: Where Are We Headed*? Toronto: The United Church Publishing House.

Hiller, Harry H.
1986 *Canadian Society: A Macro Analysis.* Scarborough: Prentice-Hall.

Hordern, William

1966 *New Directions in Theology Today*, Vol. 1, Introduction. Philadelphia: Westminster Press.（布施濤雄訳『現代キリスト教神学入門』日本基督教団出版局 1969）

Horowitz, Gad

1972 "Mosaics and Identity." In Bryan Finnigan and Cy Gonick (eds.) *Making It: the Canadian Dream*. Toronto: McCelland and Stewart. Pp. 465-473.

Hunter, Linda and Judith Posner

1987 "Culture as Popular Culture." In Micheal M. Rosenberg, William B. Shaffir, Allan Turowetz, and Morton Weinfeld (eds.) *An Introduction to Sociology*. Second edition. Toronto: Methuen. Pp. 79-107.

Johnson, Holly

1988 "Wife Abuse." *Canadian Social Trends*, Spring, 17-20.

Johnston, Donald (ed.)

1990 *Pierre Trudeau Speaks Out on Meech Lake*. Toronto: General Paperbacks.

Kallen, Evelyn

1987 "Ethnicity and Collective Rights in Canada." In Leo Driedger (ed.) *Ethnic Canada: Identities and Inequalities*. Toronto: Copp Clark Pitman. Pp. 318-336.

Lasch, Christopher

1979 *The Culture of Narcissism*. New York: Warner Books.（石川弘義訳『ナルシズムの時代』ナツメ社 1981）

1984 *The Minimal Self*. New York: W. W. Norton and Company.（石川弘義ほか訳『ミニマルセルフ—生きにくい時代の精神的サバイバル』時事通信社 1986）

Latouche, Daniel

1988 "Quebec." In *The Canadian Encyclopedia*. Edmonton Hurtig. Pp. 1793-1802.

LeFevre, Perry

1966 *Understandings of Man*. Philadelphia: The Westminster Press.

Lennards, Jos. L.

1990 "Education." In Robert Hagedorn (ed.) *Sociology*. Fourth

edition. Toronto: Holt, Rinehart and Winston. Pp.399-432.

Lindsay, Colin
1989 "The Service Sector in the 1980s." *Canadian Social Trends*, Spring, 20-23.

Lipset, Seymour Martin
1989 *Continental Divide: The Values and Institutions of the United States and Canada*. Toronto: C. D. Howe Institute.

Levy, Joseph
1989 "Are Well Off Grays Too Materialistic and Self-Centered?" *Foresight*, March-April, 26-27.

Lorimer, Rowland and Jean McNulty
1987 *Mass Communication in Canada*. Toronto: McClelland and Stewart.

Lower, Arthur R.
1958 *Canadians in the Making*. Toronto: Longmans, Green & Company.

Lundy, Katherine L. P. and Barbara D. Warme
1990 *Sociology: A Window on the World*. Toronto: Nelson.

Lupri, Eugen
1989 "Male Violence in the Home." *Canadian Social Trends*, Autumn, 19-21.

Mackie, Marlene
1987 *Constructing Women and Men: Gender Socialization*. In Robert Hagedorn (ed.) *Sociology*. Toronto: Holt, Rinehart and Winston.

MacLeod, Linda
1980 *Wife Battering in Canada: The Vicious Circle*. Prepared for the Advisory Council on the Status of Women. Ottawa: Minister of Supply and Services.

Mandel, Eli and David Taras (eds.)
1988 *A Passion for Identity: An Introduction to Canadian Studies*. Toronto: Nelson.

Marshall, Catherine
1951 *A Man Called Peter*. New York: McGraw-Hill.（岡村花子訳『ピーターという男—妻の描いた夫の肖像』創元社 1954）

Marshall, Katherine
1989 "Women in Professional Occupations: Progress in the 1980s." *Canadian Social Trends*, Spring, 13-16.

Matthews, Robin
1988 *Canadian Identity*. Ottawa: Steel Rail.

Maxwell, L. E.
1987 *Women in Ministry*. Wheaton, Ill.: Victor Books.

McSkimmings, Judie
1990 "The Farm Community." *Canadian Social Trends*, Spring, 20-23.

Moore, Maureen
1988 "Female Lone Parenthood: The Duration of Episodes." *Canadian Social Trends*, Autumn, 40-42.

Morris, Cerise
1988 "Royal Commission on the Status of Women in Canada." In *The Canadian Encyclopedia*. Edmonton: Hurtig. P. 2074.
1989 "Dual-earner Families: The New Norm." *Canadian Social Trends*, Spring 24-26.

Naisbitt, John and Patricia Aburdene
1990 *Megatrends 2000*. New York: William Morrow.（木村尚三郎監訳『トウェンティハンドレッド2000—黄金世紀への予告』日本経済新聞社 1990）

Nagel, Joane
1987 *The Ethnic Revolution: Emergence of Ethnic Nationalism*. In Leo Driedger (ed.) *Ethnic Canada: Identities and Inequalities*. Toronto: Copp Clark Pitman. Pp. 28-43.

Nettler, Gwynn
1976 *Social Concerns*. Toronto: McGraw-Hill.

Newman, Jay
1982 *Foundations of Religious Tolerance*. Toronto: University of Toronto Press.

Ottawa Charter for Health Promotion
1986 An International Conference on Health Promotion. November.

Owens, Donna

1989 "Public Libraries." *Canadian Social Trends*, Winter, 15-16.

Palmer, Howard

1988 "Prejudice and Discrimination." In *The Canadian Encyclopedia*. Edmonton: Hurtig. Pp. 1740-1743.

Parliament, Jo-Anne B.

1989 "Women Employed Outside the Home." *Canadian Social Trends*, Summer, 2-6.

1989 "How Canadians Spend Their Day." *Canadian Social Trends*, Winter, 23-27.

Paltiel, Freda L.

1990 "Status of Women in Canada: Zeitgeist, Process, and Personalities." Paper presented at the annual meeting of the Canadian Sociology and Anthropology Association, Victoria, May.

Patterson, E. P.

1988 "Native-White Relations." In *The Canadian Encyclopedia*. Edmonton: Hurtig. Pp. 1461-1462.

Patterson, R. S. and K. Kach

1988 "Education." In *The Canadian Encyclopedia*. Edmonton: Hurtig. Pp. 660-662.

Penelhum, Terence

1983 "Faith, Reason, and Secularity." In Eugene Combs (ed.) *Modernity and Responsibility: Essays for George Grant*. Toronto: University of Toronto Press.

Pike, James A

1967 *You and the New Morality*. New York: Harper and Row.

Pike, Robert.

1988 "Education and the Schools." In James Curtis and Lorne Tepperman (eds.) *Understanding Canadian Society*. Toronto: McGraw-Hill Ryerson. Pp. 255-286.

Ponting, Rick

1988 "Native -White Relations." In James Curtis and Lorne Tepperman (eds.) *Understanding Canadian Society*. Toronto: McGraw-Hill Ryerson. Pp. 619-644.

Porter, John
1965 *The Vertical Mosaic*. Toronto: University of Toronto Press.
1967 *Canadian Social Structure: A Statistical Profile*. Toronto: McClelland and Stewart.

Posterski, Donald C.
1989 *Reinventing Evangelism*. Markham, Ontario: Intervarsity Press.

Posterski, Donald C. and Reginald W. Bibby
1988 *Canada's Youth: Ready for Today*. Ottawa: Canadian Youth Foundation.

Potts, Margaret
1989 "University Enrolment in the 1980s." *Canadian Social Trends*, Winter, 28-30.

Prentice, Alison, Paula Bourne, Gail Brandt, Beth Light, Wendy Mitchinson, and Naomi Black
1988 *Canadian Women: A History*. Toronto: Harcourt, Brace & Jovanovich.

Ram, Bali
1990 *New Trends in the Family: Demographic Facts and Features*. Catalogue No. 91-535E. Ottawa: Statistics Canada.

Reisman, David
1950 *The Lonely Crowd*. New Haven: Yale University Press.（佐々木徹郎、鈴木幸寿、谷田部文吉訳『孤独なる群衆』みすず書房 1955）（加藤秀俊訳『孤独な群衆』みすず書房 1964）

Robbins, Linda
1989 "Eating Out." *Canadian Social Trends*, Summer, 7-9.

Rosenberg, Michael M., William B. Shaffir, Allan Turowetz, and Morton Weinfeld.
1987 *An Introduction to Sociology*. Second edition. Toronto: Methuen.

Royal Commission on Bilingualism and Biculturalism.
1965 Ottawa: Queen's Printer.

Royal Commission on the Status of Women in Canada.
1970 Ottawa: Information Canada.

Scheff, Thomas J. (ed.)

1966 *Mental Illness and Social Process.* New York: Harper and Row.

Schwarts, Mildred

1967 *Public Opinion and Canadian Society.* Berkeley: University of California Press.

Singer, Benjamin D. (ed.)

1983 *Communications in Canadian Society.* Don Mills: Addision-Wesley.

Spencer, Metta

1990 *Foundations of Modern Sociology.* Fifth edition. Scarborough: Prentice-Hall.

Stahl, William

1986a "'May He have Dominion': Civil Religion and the Legitimacy of Canadian Confederation." Presented at the annual meeting of the Canadian Sociology and Anthropology Association, Winnipeg, June.

1986b "The Land that God Gave Cain: Nature and Civil Religion in Canada." Presented at the annual meeting of the Society for the Scientific Study of Religion, Washington, D.C., November.

Steiner, George

1974 *Nostalgia for the Absolute.* CBC Massey Lectures, 1974. Toronto: Canadian Broadcasting Corporation.

Steinman, Jim

1977 "Two Out of Three Ain't Bad." Performed by *Meatloaf.* Epic Records.

Stiller, Brian C.

1988 "Understanding Our Times" seminar.

1990 "The Feminist Critique: Hype or Reality?" *Sundial*, First Quarter, 1-2. Willowdale: Evangelical Fellowship of Canada.

Strike, Carol

1988 "The Film Industry in Canada." *Canadian Social Trends*, Summer, 14-16.

Szasz, Thomas

1960 "The Myth of Mental Illness." *The American Psychologist.* 15:113-118.

1970 *The Manufacture of Madness*. New York: Dell.

Symone, Thomas H. B. and James E. Page
1984 *Some Questions of Balance: Human Resources, Higher Education and Canadian Studies*. Ottawa: Association of Universities and Colleges of Canada.

Templeton, Charles
1983 *Chales Templeton: An Anecdotal Memoir*. Toronto: McClelland and Stewart.

The Canadian World Almanac and Book of Facts
1989 Toronto: Global Press

Thomas, W. I.
1928 *The Child in America*. New York: Knopf.

Trudeau, Pierre Elliott
1968 *Federalism and the French Canadians*. Toronto: macmillan. （田中浩、加藤普章訳『連邦主義の思想と構造―トルドーとカナダの民主主義』御茶ノ水書房　1991）（カナダ社会学叢書/ジョン・セイウェル、田中浩監修；２）

Valentine, Victor
1980 "Native Peoples and Canadians: A Profile of Issues and Trends." In Raymond Breton et al. (eds.) *Cultural Boundaries and the Cohesion of Canada*, Part 2. Montreal: Institute for Research on Public Policy.

Wannel, Ted, and Craig McKie
1986 "Expanding the Choices." *Canadian Social Trends*, Summer, 13-18.

Washington, James Melvin
1986 *A Testament of Hope: The Essential Writings of Martin Luther King, Jr*. New York: Harper and Row.

Waller, Willard
1936 "Social Problems and the Mores." *American Sociological Review* 1:line 22-933.

Weber, Max
1958 *The Protestant Ethic and the Spirit of Capitalism*. New York: Charles Scribner's Sons.（大塚久雄、梶山力訳『プロテスタンティズムの倫理と資本主義の精神』岩波文庫 上 1955、下 1962）

Weinfeld, Morton

1987 "Ethnic and Race Relations." In James Curtis and Lorne Tepperman (eds.) *Understanding Canadian Society*. Toronto: McGraw-Hill Ryerson. Pp. 587-616.

Weiner, Myron

1985 "International Migration and International Relations." *Population and Development Review* 11:441-455.

Westhues, Kenneth (ed.)

1987 *Basic Principles for Social Science in Our Times*. Waterloo: University of St. Jerome's College Press.

White, Pamela M.

1989 "Ethnic Origins of the Canadian Population." *Canadian Social Trends*, Summer, 13-16.

Wilson, S. J.

1988 "Gender Inequality." In James Curtis and Lorne Tepperman (eds.) *Understanding Canadian Society*. Toronto: McGraw-Hill Ryerson.

Wuthnow, Robert

1989 "Individualism, Altruism, and Religious Tradition." Presented at the Spring Research Forum, Independent Sector, Washington, D.C.

Young, Anthony

1989 "Television Viewing." *Canadian Social Trends*, Autumn, 13-15.

注

序　論

(1) Naisbitt and Aburdene, 1990:298.
(2) Naisbitt and Aburdene, 1990:311, 313.

第１章・我々の置かれた状況

(1) Cited in Christiano, 1990:21.
(2) Hunter and Posner, 1987:104.
(3) Agòcs, 1987:187.
(4) Weinfeld, 1988:600.
(5) Weiner, 1985.
(6) Beaujot, 1988:57.
(7) Canadian Press, May 29, 1990.
(8) Canadian Press, April 30, 1990.
(9) *Maclean's,* January 1, 1990:2.

第２章・どうしてこんなことになってしまったのか

(1) Lipset, 1989.
(2) Anderson, 1988:2073.
(3) Anderson, 1988:2074.
(4) Cited in Prentice et al., 1988:303.
(5) Grey, 1988:748.
(6) Prentice et al., 1988:406.
(7) Maxwell, 1987:128.
(8) Prentice et al., 1988:170-171.
(9) Prentice et al., 1988:172.
(10) Prentice et al., 1988:172.
(11) Anderson, 1988:2074.
(12) Cited by Saywell in Trudeau, 1968.
(13) Palmer, 1988:1741.
(14) Palmer, 1988:1741.
(15) Palmer, 1988:1741.
(16) Weinfeld, 1988:591.
(17) Weinfeld, 1988:591.
(18) Palmer, 1988:1742.
(19) Weinfeld, 1988:593.
(20) Palmer, 1988:1741.
(21) Beaujot, 1988:55.
(22) Palmer, 1988:1742.
(23) Palmer, 1988:1742.

(24) Palmer, 1988:1742.
(25) Palmer, 1988:1742.
(26) Palmer, 1988:1742.
(27) Beaujot, 1988:55.
(28) Schwartz, 1967:87.
(29) Lower, 1958:375.
(30) P. Such, cited in Lundy-Warme, 1990:263.
(31) Patterson, 1988:1461.
(32) Hall, 1988:1057.
(33) Cited in Ponting, 1988:625.
(34) Patterson, 1988:1462.
(35) Patterson, 1988:1462.
(36) Ponting, 1988:621.
(37) Ponting, 1988:630.
(38) Lundy and Warme, 1990:266.
(39) Valentine, 1980:47.
(40) Palmer, 1988:1743.
(41) Agòcs, 1987:176.
(42) See, for example, Cardinal, 1969.
(43) Rutherford, 1978:39.
(44) Beaujot, 1988:41.
(45) Beaujot, 1988:41.

第３章・変革の萌芽
(１) Friedan. 1963.
(２) In Washington, 1986:217-220.
(３) Bibby, 1987a:139.
(４) Fletcher, 1966.
(５) Pike, 1967.
(６) Bloom, 1987:25.
(７) Bloom, 1987:26.

第４章・真の北、ついに自由
(１) Christiano, 1990:4.
(２) Axworthy and Trudeau, 1990:4.
(３) Lower, 1958:382.
(４) Royal Commission Report on Biligualism and Bilculturalism, 1965.
(５) Latouche, 1988:1802.
(６) Breaujot, 1988:56.
(７) Corpus Almanac of Canada, 1974.
(８) Christiano, 1990:19-20.
(９) Dirks, 1988:1047.

(10) Hall, 1988:1058.
(11) Section 25, Canadian Charter of Rights and Freedons, 1982.
(12) Weinfeld, 1988:593.
(13) *Project Can 85 and Maclean's,* January 1, 1990:20.
(14) *Project Teen Canada 88.*
(15) *Maclean's,* January 1, 1990:20.
(16) *Projet Teen Canada 88.*
(17) Bibby, 1987 b.
(18) Bibby, 1987 b and Gallup Canada, Inc., May 27, 1968.
(19) Poyal Commission on the Status of Women in Canada, 1970.
(20) Morris, 1988:2074.
(21) Morris, 1988:2074.
(22) Ram, 1990:35.
(23) Statistics Canada, varied publications.
(24) Boyd, 1984:1.
(25) Lipset, 1989:190-191.
(26) Canadian Press, January 31, 1990.
(27) Canadian Press, January 31, 1990.
(28) Parliament, 1989:6.
(29) Gllup Canada,Inc., April 20, 1990.
(30) Section 15.2, Charter of Rights and Freedoms, 1982.
(31) Trudeau in Johnston, 1990:46.
(32) Lipset, 1989:116.
(33) Gallup Canada, Inc., May 1987.
(34) Canadian Press, April 6, 1990.
(35) Lipset, 1989:224.
(36) Ram, 1990:28.
(37) Associated Press, July 5, 1989.
(38) Marshall, 1951.
(39) Bellah et al., 1985.
(40) Steinman, 1977.
(41) Peck, 1978:98,104.
(42) Spencer, 1990:327.
(43) Armstrong, 1988:745.
(44) Census Dictionary, 1986.
(45) Ram, 1990:4-8.
(46) Drawn from varied Statistics Canada publications unless otherwise noted.
(47) *Project Can 85.*
(48) *Project Teen Cnanada 88.*
(49) *Project Can 85*
(50) *Project Canada Survey Series.*

(51) Pike, 1988:267.
(52) Drawn from varied Statistics Canada publications.
(53) Gilbert and Gomme, 1987:214, 216.
(54) Cited in Patterson and Kach, 1988:661.
(55) Pike, 1988:274.
(56) Provided by Don Posterski, 1990.
(57) University of Lethbridge, 1990.
(58) McSkimmings, 1990:21.
(59) Grosman, 1988:97-98.
(60) Grosman, 1988:173.
(61) Gallup Canada, Inc., May 1990.
(62) Cited in LeFevre, 1966:67, 74.
(63) Templeton, 1983.
(64) Cited in Hunter and Posner,1987:100.
(65) Canadian Almanac, 1989:552.
(66) Wannel and McKie, 1986:14.
(67) Canadian Almanac, 1989:279.
(68) Young, 1989:14.
(69) Wannel and McKie, 1986; Young, 1989.
(70) Owens, 1989.
(71) Strike, 1988:13-14.
(72) Carey, 1988:xxxiv.
(73) Patteerson and Kach, 1988:662.
(74) Rutherford, 1978:25.
(75) Rutherford, 1978:25-26.
(76) Rutherford, 1978:26.
(77) Canadian Almanac, 1989:552
(78) Young, 1989:13-15.
(79) Gallup Canada, Inc., March 19, 1990.
(80) *Maclean's,* January 2, 1989:14.
(81) *Maclean's,* January 2, 1989:15, 16.
(82) See Bibby, 1987a.
(83) *Project Teen Canada 88.*
(84) Bibby, 1987a:43-45.
(85) *Project Teen Canada 88.*
(86) Penelhum, 1983:93.
(87) Bibby, 1989a:126.
(88) Bibby, 1989a:131.
(89) Bibby, 1986.
(90) Bibby, 1979.
(91) Demerath, 1969.

(92) *Project Can 85.*
(93) *Project Can 85.*
(94) *Maclean's,* January 1, 1990:26.
(95) *Maclean's,* January 1, 1990:38.
(96) Lipset, 1989:117-118. Income is in purchasing power units, standardized across countries.

第５章・過剰な成功

(1) Freud, 1928.
(2) Durkheim, 1964.
(3) Trudeau, 1968:xxii.
(4) Christiano, 1990:20.
(5) Horowitz, 1972.
(6) Bellah et al., 1985:285.
(7) Lipset, 1989:26.
(8) Wuthnow, 1989:2.
(9) Cited in Lipset, 1989:40.
(10) Lipset, 1989:42.
(11) Berger, 1981:xvii.
(12) Christiano, 1990:25-26.
(13) Levy, 1989:26.
(14) Bloom, 1987:34.
(15) Bloom, 1987:39.
(16) Bloom, 1987:128.
(17) Garnsworthy, 1986.
(18) Ken Mckee, *Toronto Star,* March 17, 1989.
(19) Gallup Canada, Inc., May 4, 1989.
(20) Stahl, 1986a:15-16.
(21) Lipset, 1989:xiii.
(22) Christiano, 1990:11-12.
(23) Christiano, 1990:12-13.
(24) Christiano, 1990:9.
(25) Cited in Christiano, 1990:14-15
(26) Christiano, 1990:3.
(27) Cited in Christiano, 1990:3.
(28) Christiano, 1990:22.
(29) Cited in Christiano, 1990:21.
(30) Axworthy and Trudeau, 1990:4.
(31) Trudeau, 1968:xxii.
(32) *Lethbridge Herald,* March28, 1990.
(33) Ghitter, 1990:18, 22.
(34) Porter, 1965:366.

(35) Canadian Press, March 22, 1990.

(36) For an excellent discussion of the role of the land imagery and Canadian nationalism, see Stahl, 1986b.

第6章・人間関係における犠牲者リスト

(1) Cited in Christiano, 1990:20.

(2) Levy, 1989:27.

(3) *Maclean's,* January 1, 1990:42 and Canadian Press, April 10, 1990.

(4) *Maclean's,* January 2, 1989:36.

(5) In Wolff, 1950.

(6) Associated Press, December 5, 1989.

(7) Cited in Vic Parsons, Thomson News Service, March 31, 1989.

(8) Canadian World Almanac, 1989:336.

(9) Vic Parsons, Thomson News Service, March 31, 1989.

(10) Alberta Association of Registered Nurses, *Lethbride Herald,* May 1989.

(11) Wuthnow, 1989:6.

(12) *Maclean's,* January 2, 1989:36.

(13) Associated Press, March 3, 1990.

(14) Context Training Seminar, Edmonton, December 1988.

(15) See, for example, Posterski and Bibby, 1988:12-13.

第7章・組織的犠牲者リスト

(1) Naisbitt and Aburdene, 1990:139.

(2) See, for example, Bibby, 1978.

(3) Thomas, 1928.

(4) Canadian Press, December 13, 1989.

(5) *Toronto Star,* February 23, 1990:A5.

(6) *Edmonton Journal,* April, 1986.

(7) Wannel and Mckie, 1986:18.

(8) Bloom, 1987:26-27.

(9) Scheff, 1966:33-34.

(10) Szasz, 1960.

(11) Epp, 1986:20.

(12) Ottawa, Charter, 1986:1.

(13) Bloom, 1987:27.

(14) Dimma, 1989:2-3.

(15) Dimma, 1989:2.

(16) In Colin Hughes, The Independent, July 12, 1988.

(17) Dimma, 1989:12.

(18) Grosman, 1988.

(19) *Toronto Star,* August 26, 1989:C1.

(20) Cited in Dimma, 1989:4-5.

(21) Dimma, 1989:8.
(22) Clair Bernstein, *Toronto Star,* April 15, 1990.
(23) *Project Teen Canada 88.*
(24) Carey, 1988:xxxv.
(25) Bibby, 1987a:259ff.
(26) Berger, 1986:44.
(27) Trudeau in Johnston, 1990:25.
(28) Johnston, 1990:107.
(29) Statistics Canada, cat. 91-209E, 1990:92.
(30) *Maclean's,* January 1, 1990:13-14.
(31) Canadian Press, April 18, 1990.
(32) Lethbridge Herald, March 28, 1990.
(33) Canadian Press, March 30, 1990.
(34) Canadian Press, April 6, 1990.
(35) Gallup Canada, Inc., May 18, 1990, and February 5, 1990.
(36) *Project Can 85.*
(37) *Maclean's,* January 1, 1990:13.
(38) Johnston, 1990:138.
(39) *Maclean's,* January 1, 1990:16.
(40) Johnston, 1990:vi.
(41) *Vancouver Province,* December 4, 1989:A7, A10.
(42) *Maclean's,* January 2, 1989:36.
(43) Goar,*Toronto Star,* March 19, 1990.

第８章・より良いものに向かって
(1) Nettler, 1976:10.
(2) In Washington, 1986:491.
(3) Trudeau, 1968:xxii.
(4) Cooley, 1964.
(5) Penelhum, 1983:91.
(6) Peck, 1978:82ff.
(7) Waller, 1936.
(8) Peck, 1978:15.
(9) *London Evening Standard,* Audust 24, 1981:1.
(10) Canadian Press, February 12, 1990.
(11) Stewart MacLeod, Thomson News Services, June 20, 1990.
(12) Stewart MacLeod, Thomson News Services, March 36, 1990.
(13) Burnet, 1987:79.
(14) Ghitter, 1990:21.
(15) Canadian Press, April 2, 1990.
(16) *Vancouver Province,* December 4, 1989.
(17) Borovoy, 1988:309.

(18) Berger, 1981:xvii.
(19) Dumas, 1990.

第9章・将来を担う主役達

(1) *Maclean's,* July 10, 1989.
(2) Gallup Canada, Inc., November 16, 1987.
(3) Gallup Canada, Inc., May 18, 1990.
(4) Lennards, 1990:429.
(5) Bellah et al., 1985:238.
(6) Westhues, 1987:9.
(7) Westhues, 1987:10.
(8) Begin, 1990.
(9) Lower, 1958:431-434.
(10) Weber, 1958.
(11) Weber, 1958:182.
(12) Berger, 1969:84.
(13) Hall, 1989:57.
(14) Coward, 1985:94-95.
(15) Berger, 1969:29.
(16) Berger, 1969:29.
(17) Stiller, 1988.
(18) Posterski, 1989:168-169.
(19) Bibby, 1987a:32-34.
(20) Hordern, 1966:46.
(21) Berger, 1969:121.
(22) *Globe and Mail,* May 24, 1990:B1.
(23) *Globe and Mail,* May 31, 1990:A7.
(24) Fontheringham, *Halifax Daily News,* June 16, 1990.
(25) *Toronto Sun,* May 23, 1990:4.

第10章・結 論

(1) Paltiel, 1990.
(2) *Vancouver Sun,* May 36, 1990:B1.

訳者あとがき

世界第二の面積を持つ「森と湖と山の国」カナダは、アメリカ合衆国の陰に隠れがちで、一般にその国内で何が起こっているかについてはよく知られていない。現在、世界中で異民族間の衝突が激化している。同じ国内に多数の異民族を抱えている国は数多く、言語・文化・宗教など様々な問題をどう調和させて統一国家としてまとめていくかという難問に苦しんでいる。イギリス系とフランス系以外に色々な人種が同居しているカナダは世界の縮図と言える。多民族国家がその人種問題に対処する方法・政策は様々である。よく知られているように、アメリカは「るつぼ」モデルを採用し、カナダはそれに対して「モザイク」モデルを標榜している。「二言語併用主義」（一九六九年）及び「多文化主義」（一九七一年）を二本の柱としてカナダのトルードー元首相は、それ以上の国家的同質性を求めないことを宣言した。このカナダの理想主義は、その後の権利と自由の憲章（一九八二年）によって体制が整備された。その間、政治的・経済的・社会的に色々な変化を経験し、モザイクモデルの問題点が顕在化してきている。

政治的に見ると、一九九〇年のミーチ・レイク協約の締結に失敗して以後、連邦選挙で、マルーニー首相のあとを継いだキャンベル党首の率いる保守党が、議席数二という壊滅的な大敗を喫し、クレティエン氏率いる自由党に政権を奪取された。既成政党の新民主党も振るわず、新たに台頭してきた、改進党とケベックを基盤にしたケベック・ブロック党が野党第一党の座を争い、後者が僅少差でその地位に就くことになった。その間、ケベック州では、州選挙で、ケベック独立をかかげるパリゾウ氏率いるケベック党が、ジョンソン氏率いる自由党を破り、政権につき、ルシエン・ブシャード氏率いる連邦レベルのケベック・ブロック党と連携して、ケベック独立の気運が高まった。そして、多くのカナダ人が、連邦支持派と独立支持派に関する世論調査の結果に一喜一憂する中、一九九五年十月三十日、ケベック独立か否かを問う州民一般投票が行われた。その結果、まさに紙一重の差で、連邦派が独立派を退けたが、連邦議会ブロック党首を辞し、パリゾウ氏の後を継いでケベック州知事に就任したブシャード氏は、依然ケベック独立を画策して現在に至っている。一九九八年八月、連邦最高裁判所が、ケベック単独分離が違法か合法かに関して、基本的にはケベックに自決権があるとしながらも、他州との合意及びかなりの票差が必要という判断を下したが、連邦派も独立派も我田引水的な解釈で判決をとらえ、この問題は解決どころかますます予断を許さない状況に陥っている。

経済的に見ても、カナダは一九八〇年代のバブル経済が破綻して以来、低迷を続け、米加自由貿易協定と、それに代わるメキシコを含めた北米自由貿易協定［ＮＡＦＴＡ］の影響で、主要産業の脱カナダ化が目立ち、経済再建のめどはたっていない。財政引き締めの波は社会のあらゆる層に暗い影を落とし、福祉国家を標榜してきたカナダに将来の選択を余儀なくさせている。特に、無料医療制度及び社会福祉制度がその槍玉にあがっており、雪だるま式に増大してきた国家的債務を軽減することに連邦政府も州政府も躍起となっているのが現状である。産業の脱カナダ・南方移動にともなう失業率の増加及び社会不安と犯罪の増加は、カナダの理想主義的な政策を根底から覆す可能性を持っていると言えよう。この影響は、教育、その他の社会生活にも深刻な影響を及ぼし、ケベックの分離運動と共に、国家全体に暗い影を投げ掛けている。最近の好材料としては、クレティエン首相率いる自由党政権下で、ポール・マーティン蔵相の政策が功を奏し、政府の短期的な債務を解消し黒字財政に転換したことがあげられる。経済も最近では上向きになる傾向を示しているが、アジア諸国の財政危機のあおりや、ロシア経済の破綻などの影響を受けて、カナダドルが米ドルに対して低迷を続けており、こちらもすぐには解決のつかない難問を抱えている。

カナダはもともと移民の国であるが、一九九七年の香港大陸復帰を憂慮した香港からの移民の大量移入が、カナダの大都市、バンクーバーやトロントで人口分布の地図を急速に塗り替え、アジアからの移民に対する排斥の感情や事件が増加している。新しい移民の進出により、危機と脅威を感じる白人のカナダ人との間に人種間対立が先鋭化していることは、多文化主義・反人種差別・国際主義を唱えてきたカナダにその政策の見直しを強いることになろう。

カナダの多文化主義は、その端緒から様々な問題を孕んでいたが、トルードー元首相の掲げた高邁な理想とは裏腹に、いまだにあまり成果があがっていないと言えよう。その理由は色々考えられるが、一つには、多文化主義という概念がはっきりとした未来像を持っていないことがあげられる。それぞれの人種が独自の伝統文化を保持・保存することが奨励され、それが自然に融合してカナダ文化を構成するというのが、トルードー元首相の考えであったが、できあがった「モザイク」をどうするのかについては、自然に任せるというのでは、国民は困ってしまう。結局、カナダ人としての共通な民族意識・感情と「モザイク」の一つに属する個別の感情をどう融和するかという、非常に不明確な均衡状態に、多文化主義が基盤を置いていることが、その実現を難しくしていると言えよう。もう一つの理由は、各人種が他の文化についてほとんど無関心・無知であることがあげられよう。様々な人種が同居しているトロントでさえ、異人種間の交流は表面的な域を出ていないように見える。例えば、中国文化に関しては、新年の行事、料理、カリブ海の黒人文化では、「カリバナ」と呼ばれる祭り、ぐらいで、それ以上知ろうとする人は少ない。

訳者の太田は、カナダ・アジア太平洋基金及び、トロントの北ヨーク市教育委員会より財政援助を得て、約七年前から、高校の教員数名とともに「日本を通じて異文化間コミュニケーションを学ぶ」という学際的コースの開発を進めてきたが、これは、日本を深く知ることによって、他の文化に接した時にも、役に立つ、異文化間コミュニケーション教育を目指したもので、正規の高校科目として認められ、すでに数校で教えられている。現在その中国版も進行している。このような試みが、カナダの多文化主義を内部から強化し、人種差別及びそれに基づくステレオタイプ化と戦うための有効な手段となってくれれば、と願って始めたプロジェクトであるが、自分のような外国人にこのような仕事をさせてくれるカナダの懐の広さには特に感銘を受けた。自分が開発した科目が、実際に現場で教えられているのを見るのは奇異に感じると同時に、カナダの底辺を流れている開放性を垣間見た気がした。

本書『モザイクの狂気』の著者、レジナルド・ビビー氏は、アルバータ州のレスブリッジ大学の社会学の教授であるが、社会評論家としても多数の著作があり、講演会の依頼も非常に多く、カナダの精鋭の学者として大活躍中である。ビビー氏は、特にその幅広い見識と詳細な資料に基づいた論述、そして鋭い洞察力及び射程の長さで定評のある著者である。それだけに、氏の著作は賛否両論を引き起こし、常に論争の的となる発表をしている。本書では、カナダにおける各分野における様々な問題に、過剰な相対主義と個人主義という二つの視点から、非常に鋭い観察と解釈を加えている。多文化主義政策を例にとってみると、すべての価値観の相対主義化の結果、すべてが相対的であるから、どちらがより優れているとか、どれが一番いいといった価値判断はできず、だからすべては同じであるというような短絡的な結論に達し、それが、各文化の優れている所だけを選択し、それを新しいカナダ文化の要にしようという努力を妨げていると見る。過剰な個人主義的な思想は、各人種・文化にも当てはまり、それぞれの権利・価値観を無批判に受け入れるという弊害を引き起こしている。ビビー氏は、この分析を、政治・文化・マスコミ・宗教・教育などのすべての分野に起きている共通の問題としてとらえ、カナダの行く末に警鐘を鳴らしているが、カナダが前人未到の多文化主義を含めた非常に理想的な政策を掲げてきたことに深い理解を示し、カナダの抱える問題を、人類が抱える問題としてもとらえているので、人種・異文化問題を抱えている数多くの国の将来にとっても非常に有益な示唆に富んだ書になっている。日本も国際化を唱え、大量の外国人を日本に入れ、バブル経済の時期に不足した労働力を補ったが、その後のバブル破綻のために多数の外国人失業者が生まれ、早くも外国人排斥の気運が高まっている。これは、日本人の異文化・異人種経験が如何に足りないかを示す良い例であるが、口先だけの国際化から真の国際化を成し遂げようとすれば、カナダの多文化主義の実験は日本にとっても非常に有益な指針となるであろう。

『モザイクの狂気』は一九九〇年に出版され、私（太田）はその翌年に読んだのであるが、ちょうど異文化間コミュニケーションと多文化主義の問題を考えていた時であったので、本書は、様々な疑問に答えてくれる初めての本であった。折しも友人の獨協大学の町田喜義氏が私の勤務するヨーク大学に客員教授として来ておられ、本書を紹介すると、一読してぜひ日本語に翻訳したいということで、南雲堂の青木泰祐氏に連絡を取ってくれ一九九二年の秋に翻訳を開始することになった。この間、太田がカナダにいて、町田氏が日本なので、お互いの連絡が取りにくく、結局一九九四年の夏に一応の翻訳が出来上がったが、その前年の四月に町田氏が学生部長に就任し、行政上、多忙になり、また、太田がまったく時間がとれず、全体の監修が遅れ、一九九九年の夏にようやく完成を見た。この間、南雲堂の青木氏には本当に迷惑をかけてしまい、訳者を代表して深謝すると共に、売れ行きの危ぶまれるカナダの書籍を日本語に訳すことに協力して下さったことに多大な感謝の意を表したい。

出版が遅れることになったが、本書の内容は少しも時代遅れになっていないどころか、その洞察の正しさは、本書が出版されてからの状況を見てみると一目瞭然である。多文化主義政策という独特な実験をしてきたカナダから、やっと国際化の一歩を踏みだした日本が学ぶことは非常に大きい。本書が、その一助となってくれれば、訳者にとってはこの上もなくうれしいことである。

最後に、本書を翻訳、監修するに当たって、注意したことを付記したい。先ず、翻訳は、原著者の意向をできるだけ忠実に網羅するよう原文に沿うようにした。そのため、少々日本語として難解な所があるのは御容赦願いたい。次に、用語の使い方であるが、「政治的正さ」という観点を重視し、言い換えや少々耳慣れない用語を使用した。例えば、「片親」を「一人親」、「女性問題」を「女性の処遇に関する係争点」、「生命尊重派」と「選択尊重派」をそれぞれ「生命優先派」と「選択優先派」、「兄弟」を「兄弟姉妹」に変えることにした。また、日本語表記における外来語の氾濫に眉を顰める者として、外来語の使用は最小限にとどめた。訳語で適当なものが見付からない場合は、「義務責任」（アカウンタビリティー）、「混成結婚」（インターマリッジ）、「介護職業」（ケアリング・プロフェション）などのように新しく用語を作った。一番翻訳に困った用語は、「福利」（ウエル・ビーイング）、「積極的な取り組み」（コミットメント）、「自主的参加」（オプティング・イン）、「思いやり」（ケアリング）などで、どうしても自然な日本語では表現できず、これらは、「超言語」（メタ言語）として考えて下されば幸いである。

この訳書の底本には、原書の最新の改訂版を使うことができ、資料も一部新しくなっている。これは、原著者のビビー氏とストダート出版社の御厚意によるもので、感謝の意を表したい。特にビビー氏には、友人として多大な激励と示唆をいただいた。これは、訳者にとって、まったくの幸甚であった。また、カナダ生まれの妻のフランセスには英語及びカナダの社会・文化に関して難題を吹きかけて、教えられることが多く助かった。最後に、私を忍耐強く励まして下さり、南雲堂の青木氏との連絡を取って下さった共訳者の町田喜義氏には心からの感謝の意を表すると共に、その労をねぎらいたい。同氏には索引作成や校正もお願いしたが、奥様の町田蓉子氏並びに獨協大学助教授（当時）の佐々木輝美氏、大学院生の方々にも色々とお手伝い頂き、読者の視点から、有益な助言をいただいた。本書がやっと日の目を見ることができるのも、これまでご協力下さった多くの方々の支援によるものと、訳者を代表して、心からお礼を申し上げます。

訳者代表　太田徳夫

一九九九年八月トロントにて

索　引

さ行

た行

ま行

や行

ら行

わ行

＜訳者紹介＞

太田徳夫（おおたのりお）

1945年3月生まれ。ヨーク大学（カナダ）、日本語科主任・準教授。国際基督教大学教養学部語学科卒業。サイゴン大学日本語科（科長・コロンボ計画専門家）、国際基督教大学、シートン・ホール大学（米国・フルブライト交換教授）、モナシュ大学（豪州）、ミシガン州立大学にて日本語指導。1984年から現職。言語学・日本語学・第二言語習得専攻。主要論文に'Cross-Cultural Communication through Japanese:Communicating with Japan through high school education'（1995），'A poor Man's Server - A Key to Successful Transition in Computerization'（1998），'Culture in Language Context'（1999），'Coping with Sociolinguistic and Pragmatic Changes in TJFL'（2000）など。

町田喜義（まちだきよし）

1944年8月生まれ。獨協大学外国語学部教授。獨協大学外国語学部英語学科卒業。国際基督教大学［教育学研究科修士課程修了］、ミシガン州立大学［コミュニケーション研究科修士課程中退］、ヨーク大学（カナダ）言語・文学・言語学学科客員教授、1986年から現職。教育方法学・コミュニケーション論・教育社会学専攻。主要著書・論文に「英語教育における語彙理解の実態と問題点—発話動詞の分析」（1993年度JACET賞受賞論文・共著）、『英語教育における語彙習得』（共著・南雲堂・1995年）など。

モザイクの狂気 ― カナダ多文化主義の功罪
二〇〇一年 四月二十五日 第一刷発行
定価 三七〇〇円
著者 レジナルド・W・ビビー
訳者 太田 徳夫・町田 喜義
発行者 南雲 一範
発行所 株式会社 南雲堂
東京都新宿区山吹町三六一 〒一六二―〇八〇一
電話 東京（〇三）三二六八 二三八四（営業）
（〇三）三二六八 二三八七（編集）
振替口座 東京 六―四六八六三
ファクシミリ（〇三）三二六〇 五四二五
印刷所 SOUTH FLIGHT AND COMPANY
製本所 長山製本
装丁者 銀月堂
乱丁・落丁本は、小社通販係宛御送付下さい。
送料小社負担にて御取替えいたします。
〈1-387〉〈検印廃止〉

ISBN4-523-26387-6 C-0036